U0922764

坐看云起时

酒旅数字化场景创新与实践

张兴国 著

中国旅游出版社

贤达雅荐

（按推荐人姓氏音序排列）

张兴国先生的《坐看云起时——酒旅数字化场景创新与实践》（以下简称《坐看云起时》），是中国酒旅业第一本全面论述数字化场景创新理论与实践的佳作。作者长期耕耘在酒旅信息化和数字化领域，积累了丰富的实践经验，获得了多项令人尊敬的荣誉，且在理论探索上一直坚持不懈，推陈出新，构建出许多引领行业的深邃认知。

作者深入剖析酒旅行业在数字化浪潮中的变革与机遇，以独到的见解展现了创新数字化场景的无限可能。书中阐述的实践方法切实可行，为中国酒旅企业在数字化转型道路上指明方向。此书洞悉行业未来，把握发展脉搏，推动酒旅业数字化高质量发展，读后受益匪浅，特向全国酒旅同仁们推荐此书！

——常德胜　天津市饭店协会会长

数字化是一种战略的选择、一种创新的思维，是行业高质量发展的必然趋势。作者多年来一直致力于推动中国酒旅行业数字化实践，对行业的数字化、数智化有着深刻的理解和思考。《坐看云起时》一书，站在全新的视角和高度，研究和分析了酒旅数字化过程中最重要的各种场景创新，提出了许多新的观点。本书展现出作者宽广的视野、严谨的逻辑、丰富的实践、流畅的文笔，是一本让人颇有启迪和回味的好书。

我非常认同和支持作者提出的观点。我理解作者撰写此书的初衷，这和作者担任中国饭店协会酒店数字化专业委员会理事长，带领各大集团数字化专家和合作伙伴凝聚共识，齐心协力推出《数字酒店运营服务规范》这一重要标准的目标完全一致：通过分享最佳实践，引入更多创新技术和解决方案，更好地服务于企业，提高运营效率，创造更大的价值，为酒旅行业的数字化转型提供强有力的支持。

中国饭店协会作为国家一级行业协会，有义务担当起引领和规范行业数字化健康发展的责任。我也更希望酒旅行业涌现更多的像作者一样的理论探索者和实践者，创造出新的产品、体验、场景、服务、商业模式和增长潜力，加快形成新质生产力，循序渐进，久久为功，深层次地推动行业的转型升级和结构的变革。

——丁志刚　中国饭店协会副会长

新质生产力将成为推动中国经济高质量发展的新引擎，酒旅业如何实现创新、高效、个性化和可持续性的融合，是摆在行业面前的一道必答题。

兴国理事长将自己在酒旅行业多年的信息化和数字化实践经验，毫无保留地总结分享出来，干货满满，我深受启发。众多的酒旅数字化场景与创新抓住了数字化的本质，指出了数字化转型的关键，为酒旅行业数字探索提供了指引。相信书中很多经验和观点能够为酒旅业的同仁们提供有价值的见解和启发。如果您的企业正在寻求实现数字化破局，强烈推荐您阅读这本书，很多困惑都可以在这本书中找到答案。

——李浩　山东文旅酒店集团党委书记、董事长，
山东文旅集团首席商务官

张兴国老师是中国酒旅行业数字化转型领域杰出专家，在智慧酒店建设、数字资产、人工智能、区块链、元宇宙等前沿技术的行业应用方面，有着多年的深入研究和观察。

《坐看云起时》一书系统梳理了数字化转型的理论框架，呈现了作者对酒旅场景数字化创新的研究成果，为读者提供了宝贵的洞察与实用的策略。本书叙写、推荐了大量成功实践案例，无论是酒旅企业的决策者，还是致力于行业创新的研究人员，抑或对科技驱动的未来旅行体验充满好奇的个人，都能从中获得启发。希望这一部不可多得的行业宝典，引领我们探索酒旅行业的数字化未来。

——罗钦　迈点网总裁，东方网升科技首席运营官

《坐看云起时》是酒旅数字化领域的扛鼎之作，张兴国先生以其深厚的行业经验和前瞻视野，系统阐述了酒旅数字化的理论与实践，为行业提供了宝贵的转型指南。本书厚积薄发、见解独到，案例丰富，叙述生动，无论是企业管理者、学者还是技术从业者，都能从中获得启迪与灵感，是推动酒旅行业数字化升级不可多得的佳作。

《坐看云起时》书名充满诗情画意，让每一个品读本书的读者，在严肃的话题中感受漫步山林的轻松，眺望云海的悠然，这其实就是酒旅数字化的一种最佳境界。

——李圆　中国软件行业协会CIO分会秘书长，锦囊专家创始人

《坐看云起时》一书以数字化国家战略开局，把酒旅行业开展数字化实践的主要场景创新作为研究重点，采撷了这场数字革命中涌现的许多优秀实践案例，读来让人欲罢不能。

作者具有丰富的实践经验，同时具备时代最需要的数字化思维方式，提出了在酒旅数字化过程中，需要进行企业价值、商业模式、组织架构、工作流程、产品和服务多维度的创新和再造，而不是简单的技术迭代或系统更新等。这些观点在各行业数字化开局阶段都特别重要。

香港理工大学酒店与旅游业管理学院，在数字化的理论研究和实践探索上一直走在前列，与国际和国内著名的酒旅集团紧密合作，每年为内地培养为数众

多的酒旅数字化高端人才。我曾邀请作者到香港理工酒管学院参观、讲学，就是想加强香港、内地等区域的专业合作，在酒旅数字化转型和创新上更有成果。

本书值得细细研读，以此特别推荐。

——宋海岩　香港理工大学酒店与旅游业管理学院讲座教授、副院长、博士生导师

兴国先生的专著《坐看云起时》以其深刻的洞察力和丰富的实践经验，深度论述了酒旅数字化的理论和最新的技术趋势，对数字酒店建设等关键场景进行了深入探讨，为我们描绘了一幅酒旅数字化转型的宏伟蓝图。

科大讯飞始终坚信，人工智能技术的发展必须服务于社会、造福于人民。因此，我们不仅关注技术的突破，更关注技术在行业里的应用和普及，书中关于AI大模型、人工智能应用等方面的论述，无疑将极大地启发我们的创新思维和实践路径。

我相信，本书将成为酒旅行业数字化转型的重要参考，为对这一领域感兴趣的读者提供丰富的知识资源和思考视角。在此，衷心推荐《坐看云起时》给所有追求创新与卓越的同仁们。

——邱志超　科大讯飞股份有限公司副总裁

读完《坐看云起时》有豁然开朗的感觉。许多盘亘在心中多年的困惑，许多一知半解的概念，在看了本书后都消弭、清晰了。作者像一位循循善诱的老师，没有端着架子讲“数字化”，而是以一种娓娓道来的语气，一个个生动的故事和案例向我们讲述其中的精要，恰如其分的解释，平心静气的探讨，高屋建瓴的展望，这对长期忙碌在酒旅第一线的管理者、员工、业主来说，特别的宝贵。作者的这种治学精神和风格，我特别欣赏。在此，郑重向酒旅业的各位业主、高管和朋友们推荐本书，值得一看。

——任兴本　舜和酒店集团董事长，山东精品旅游促进会会长，山东省饭店协会副会长

数字化能力是未来酒旅企业经营发展的核心要素之一！它不只是简单的信息化、数字化，更是在现有业务场景下，通过数据本身的收集、分析和挖掘去优化、再造企业的业务流程，创造企业全新的效率和价值。

笔者作为酒旅行业资深的ICT专家，通过对19个业务场景下信息化、数字化、智能化实际应用场景创新和相关案例的剖析，梳理归纳了酒旅行业数字化的现状并指出了未来发展的趋势和方向，具有极强的实践指导意义！

——孙坚　首旅酒店集团总经理，如家酒店集团董事长兼CEO，
中国饭店协会副会长

《坐看云起时》基于作者数十年的丰富实践经验，提出了一系列具有前瞻性和实践价值的酒旅数字化场景创新方案。这本书不仅具备战略高度，同时也深入细节，提供了实际操作的指导，对于行业内外的读者都具有极高的参考意义，我强烈推荐所有对酒旅行业数字化有兴趣的朋友阅读本书。

雅高，作为全球拥有超过5600家酒店的著名国际酒店集团，始终致力于数字化技术和创新来提升品牌价值和客户体验，创造差异化的竞争优势。我们有幸邀请作者在雅高集团年度峰会上，围绕酒店数据资产和数字化场景等议题，发表了深刻的见解和精彩的演讲。深入浅出的分析让非技术人员也受益匪浅，收获满满。

作者对酒旅数字化的热爱及对业界的持续贡献，我们深感敬佩和赞赏。相信这本书将为酒旅行业带来宝贵的启示，助力您在酒旅行业的数字化道路上取得更大的成功。

——沈微（Rene Shen）　雅高集团大中华区信息技术副总裁

在数字化的浪潮中，酒旅行业正经历着一场深刻的变革，《坐看云起时》一书，不仅是对这场变革的见证，更是对酒旅行业数字化转型的一次深刻思考和全面总结。

张兴国先生，作为中国酒旅数字化领域的领军人物，以其丰富的实践经

验和深邃的理论洞察，对酒旅数字化转型多个关键领域进行了细致的分析和前瞻性的预测。

本书的内容丰富而深邃，每一个章节都是对酒旅数字化转型路径的一次深入剖析，每一场对话与案例都能激发更多的思考和创新。愿每一位读者都能从这本书中获得启发，都能在数字化的浪潮中找到自己的位置，共同推动酒旅行业的创新与发展。

——王建平　君澜酒店集团总裁，浙江省饭店业协会会长，中国旅游饭店协会副会长

数字化转型是一个没有终点的长期旅程，是所有组织的必答题。1.0 时代利用数字技术做试点创新，2.0 时代利用数字技术做倍增创新，3.0 时代要发挥数据要素的价值实现智能创新，未来是一个 AI 无处不在的时代。酒旅行业与人们追求的美好生活紧密相连，客户体验与转型升级至关重要，如何更新与迭代数字化转型路线图，利用最新技术提效降本并给客户提供超凡体验是每一家酒旅企业的核心诉求。

《坐看云起时》一书出版正当其时，书中有理论、有框架、有方法、有实践，是酒旅行业在数字化时代的转型创新宝典。

——武连峰　IDC 中国副总裁兼首席分析师

本书重点聚焦场景，这具有非常重要的价值，太多的人关注技术，却忽略了企业是由一个个具体的场景构成，只有创新场景才能真正将技术用起来，因此，场景是永久的当下。

针对酒旅这个传统行业面临的全新挑战，作者贡献了多年的实践经验，作出了系统性的理论总结，结合新的数字技术，畅论了酒旅行业关键的应用场景；场景立足企业实际，聚焦问题本身。场景的梳理与探索，让我们真正知道数字技术将会在什么关键环节帮助我们解决什么问题，从而更好地为企业创造价值。本书对酒旅业数字化给出了具体可行的指导，有着难得的参考

价值。

——万宁　钛媒体联合创始人、研究院院长，ITValue 发起理事

甲辰秋季，酒店餐饮行业收获了最值得期待的一部鸿篇巨著《坐看云起时》。作者，张兴国，亦师亦友亦兄弟，我向他表示敬意。作为我国酒旅数字化学者型专家，无论本书的创作，还是推动、参与起草中国第一部数字酒店标准——《数字酒店运营服务规范》，他都是站在后天，看明天的数字化先行者。

本书既有深度思考，又充满了智慧和洞察力。三大部分，洋洋洒洒 30 多万字，从酒旅数字化理论解析到最关注的场景创新，以及精心采撷的 25 个最佳实践等，是一部启迪思想，改变思维，拓宽视野，又传承着酒旅行业智慧的大作。本书因时代变革而生，为酒旅数字化而谋，通过阅读本书，有助于更加深入全面了解并掌握酒旅企业数字化的变革之道。

——张宝学　辽宁省饭店餐饮协会资深会长

数字经济在大数据、云计算、移动互联网、人工智能等新一代数字技术的推动下，正在成为宏观经济发展的新引擎。在国家“十四五”规划中，将数字中国单列成篇，新的数字经济时代已经来临。

由酒旅数字化专家、中国饭店协会酒店数字化专业委员会张兴国理事长撰写的《坐看云起时》，对正在进行“产业数字化、数字产业化”探索的酒旅企业、酒旅院校、科技公司都具有积极的推进作用和较大的参考价值。

——朱承强　上海杉达大学管理学院教授、院长，国家级教学名师

《坐看云起时》从理论与实践两个视角，坚持“问题导向，系统思考，守正创新”的认识论原则，对酒旅数字化转型的时代背景与技术脉络、焦点难点与操作方案、具体场景与实践路径均作出了十分细致的分析，既体现了历史演进逻辑，也把握了现实操作路径，更有对未来发展趋势的理性思考，其

意义已经超出酒旅行业，不仅是学习、理解和把握酒旅行业数字化转型规律的经典教材，而且是对我国数字经济发展规律的可贵探索与经验总结。

——张烽　万商天勤律师事务所合伙人，
上海市突出贡献专家协会知识产权专委会副秘书长

酒旅业作为现代服务业之一，数字化转型已然成为极其重要使命。移动通信、物联网、AI等都是中国移动的强项，数字化百年的机遇让我们紧密地走到一起。

作者是酒旅数字化领域的开拓者、推动者与实践者，其积多年来数字化理论和实践优势，推出了《坐看云起时》这部专著，对酒旅行业最关键的数字化场景进行了系统性研究，如庖丁解牛，游刃有余，成就了一部充满前沿性和实践性的著作。阅读本书是一次深邃的精神之旅，思考、启发、共鸣、收获的感觉始终相伴其中。我十分赞同作者的理论体系和观点，非常乐于向各位推荐。

中国移动将在酒旅垂直领域数字化深耕过程中，充分发挥技术支撑和场景创新的优势，积极参与酒旅业的创新与变革。

——赵峰　中国移动政企事业部副总经理

《坐看云起时》是张兴国先生基于其在酒旅行业的深厚背景所著，这部30多万字的作品，以其翔实的笔触，对当前和未来的酒旅数字化场景创新之路展开研究，深入浅出，颇具前瞻性，读后深受启发。

我在国际品牌酒店集团主持数字化工作十多年，深切感受到无论本地还是国际品牌酒店，数字化都是绕不过去的一个阶段，谁能走在前面敢为天下先，谁就能享受数字化红利。

本书为酒旅业从业者在数字化道路上的探索提供了清晰的指引，细致地勾勒出了行业变革的轮廓，读后，必有斩获。

——钟捷　洲际酒店集团大中华区酒店及业主信息技术
解决方案原副总裁

中国百万家酒店正蓬勃发展或在经营的道路上面临抉择，此时犹如典章制度一般的中国酒店科技场景创新专书，在张理事长的精心执笔之下，终于出版了！本书详述了酒旅不同的创新场景，也有各种真实的体验，对于品牌酒店、连锁酒店、度假酒店或商务酒店等，都可以观察到数字化带来的赋能。本书提供了各种面向的场景与方案，每一个酒店可以依照自己的需求选择自己的解决方案。

透过本书我们可以了解到中国酒店数字科技的影响力，不管是业主、酒管集团、管理层、工程部门或信息部门，对书中所提到的各种场景、各种技术及各种经验都会有非常多的启发。

——郑乾池　台湾饭店科技工程管理协会（THTA）执行长

数字化浪潮的到来，酒旅传统的服务模式正在被颠覆，新的商业模式和顾客体验正在形成。

锦江国际集团在数字化建设上责无旁贷，为了实现国家战略，为了行业未来，为了自身的核心竞争力，我们举旗扛鼎，在思想、人力、财力等方面加大投入，一大批新的系统陆续上线，也创新了许多优秀的实践。

我与作者共事多年，平时在酒店管理和数字化方面多有交流、分享，熟知作者在业内广受尊崇，在酒旅数字化领域的理论和实践上一直处于前沿。这次集几十年实践经历写成此书，既体现了作者的感悟和思考，又多视角、多维度地诠释了酒旅数字化理论与实践的价值。

期待本书成为数字化转型中的指南，帮助那些敏锐把握数字化趋势并积极行动的企业，成为市场的成功者。

——张晓强　锦江国际（集团）有限公司党委副书记、总裁

序 言

古老的酒店业与数字技术和智能技术在特定的时空交汇点碰撞，汇聚的火花在张兴国的《坐看云起时——酒旅数字化场景创新与实践》中展现。

几十年来，我观察过很多行业的信息化、数字化、智能化或数智化的进程。酒店业务的离散、多样、客户对象多元、盈利水平差异大等特殊性，决定了数字技术和智能技术对酒店经营管理的特殊重要性；同样由于酒店经营管理的特殊性，决定了认识并利用数字技术和智能技术的不平衡及相对滞后性。

四十多年前，高端连锁酒店开始探索计算机应用，在财务、办公、主营业务管理等领域取得了进展；成体系的应用大都在20世纪90年代中后期才开始；到了近几年，感知物联、语音图像、大数据、云计算等技术与酒店各类场景结合，有效提升了经营管理的质量和效率，降低了成本，发展进入加速期，开始了智慧酒店1.0向2.0的跃迁。

张兴国先生在这个领域深耕20多年，经历了技术的发展、应用的丰富和模式的更新，经历了管理者、员工、客户的认识和需求的变革，以其对事业的热忱和持续不断地学习、思考、总结，再将总结的经验反馈行业。我赞赏这种精神：锲而不舍地努力，坦坦荡荡地反馈。各行各业、各个企业数智化的领军者应该有这种精神。

数智化转型还在路上，实现酒旅业高质量发展任重道远。智慧酒店不仅要实现2.0，还有3.0及以后，从业者依然需要脚踏实地负重前行。

我是酒旅业的外行，张兴国先生书中的洞见常令我茅塞顿开，许多金句值得同行借鉴。例如，“酒旅业数字化转型需要数据洞察与实战经验，才能真正指导其战略构建与落地，引导实施路径更深层次的思考”“掌握数字化方法，就是学习使用数字化时代发现问题、分析问题、解决问题的工具”“眼里不仅仅要有服务器、通信网络、桌面系统、云计算、CRS、CRM，更要着眼财务、能源、人力资源、运营、物业等酒店要素的运行，同时要掌握必需的数字化方法，用这些数字化方法像外科手术刀一样游刃有余地剖析数字外壳包含下的企业运行密码、规律”。

企业数智化转型的过程就是创新的过程。我们应该坚持守正创新、系统观念，使其在培育新质生产力、实现高质量发展的历程中发挥更加积极的作用。

是以为序。

杨学山

2024 年 7 月 26 日

注：本序言作者为中华人民共和国工业和信息化部原副部长。

寄 语

智能机器之于人类智能，如同曾经的书籍之于思想家、望远镜之于天文学家、显微镜之于生物学家，机器人用软构体延伸和拓展了人的思维（记忆智能和计算智能），不但把人从繁重的重复劳动中解脱出来，更好地符合相应工作岗位的规范化要求（具身智能）；更重要的是可以暴力思维，人与机器互教互学，人机交互协同创新。机器和科学家、工程师可一同做出发现、发明和创造，至于是不是机器做出的创造，人们已经不再计较。

智能时代的机器智能已经从数学的机械化跃升为思维的自动化，进而跃升为认知的自成长。

人类长期以来的一个梦想就是用机器替代、延伸人的体力和脑力，拓展人类的体能和智能，无敌于天下，无畏于圣人，这就是我们身处的智能时代。

人类文明的发展、哲学的发展，应该让人发挥人的智慧，机器发挥机器的智能，各智其智，智智与共，用人的智慧培育机器想象力和创造力，用机器暴力思维的成果反馈人类，迭代发展。

李德毅

2024 年 8 月初

注：本寄语作者为中国工程院院士、指挥控制和人工智能专家。

自　序

走进中国的各类酒店，智能前台、智能客控、服务机器人等随处可见，再到数据驱动的市场营销和数字资产的管理，数字技术的进步和消费行为的变化正在重新定义这个行业的每一个方面，数字化转型和创新成为不可或缺的一部分，整个酒旅业正经历着前所未有的变革。

在这场数字化变革中，场景创新的深远意义越发凸显。当年乔布斯设想出“苹果”触摸屏，创造了摆脱键盘使用手机的崭新场景，今天我们对触摸屏的体验已经习以为常，然而智能手机对生活的影响还在深远地影响着我们，带动无数产业创造巨大价值。

所谓酒旅业的场景，通常被理解为酒店与旅游特定的时空以及客人、服务人员、管理者等在这些时空中的各种交互。这是一种正确的解读，但我更看重的是，用数字化思维创造新场景对酒旅业进步的推力、把数字化场景创新看作一个产生新机遇创造新价值的过程。

我在酒店行业研究信息化、数字化至今二十多年，深知服务场景对客人感知和满意度的重要性，也体会到酒旅企业在营造各种利客消费场景中所做的努力，以及突破传统习惯束缚进行场景创新的艰难，今天数字化为我们改变这种状况增添了一股新动力。

我特别聚焦于数字化场景创新，还在于，酒旅业在基础技术上并非本身的强项，而服务场景创新不仅是技术的应用，更是对用户体验的深度理解和重塑。从用户视角（包含客人和管理方等）出发，用数字化技术构建出更加贴近用户需求和期望的服务场景，这也许是酒旅人比较擅长的一条路径。

场景创新能否有效提升客户体验？数字化时代客人已不满足于酒旅业“千篇一律”的标准化服务，他们追求个性化、独特的体验。酒店可以利用数字化工具和数据分析，为每位客户打造量身定制的服务，例如，酒店可以根据客史数据和偏好，提供个性化的房间设置、娱乐内容和餐饮选择，从而增强客户的满意度和归属感。

场景创新同样可以显著提高酒旅企业运营效率。传统酒店运营依赖大量的人工和繁琐的流程，这在劳动力资源日趋紧张的今天过显“奢华”和浪费，利用物联网技术，可以实现对酒店设施的远程监控、安防的无人巡逻、智能清扫、绿地自动浇灌、楼宇灯光的智能开关、车库的无人管理、仓库货物的智能存取和盘点。这一连串的新场景无疑对提高劳动效率，降低管理成本有事半功倍的效果。

我细致研究了酒旅行业数十种与数字技术相结合的场景，将其中认为特别值得关注的 19 种进行了研究与讨论，这并非意味着酒旅业只有这些场景需要数字化；讨论的重心并没有落在具体的技术上，也并非意味着数字技术无关紧要。恰恰相反，是默认酒旅数字化场景的无限多样性和数字技术的重要性，因为所有的新场景构造都是基于新技术的不断推陈出新，才有酒旅数字化的精彩和前景。

东钱湖畔，辉驿酒旅研究院院长李军建议我选择这个题材进行综合的研究，他认为这对正在进行数字化探索的酒旅同行具有重要的参考价值；迈点网总裁罗钦也认为，从酒旅数字化场景创新入手，可能会比研究纯数字化技术路径更有特点。这让我定下心来，系统研究数字化场景对酒旅数字化过程的作用机理，并愿以图书的形式开展行业交流。这也是我担任“中国饭店协会酒店数字化专业委员会”首任理事长期间进行的一项探索性工作。

本书从确定题材到动笔及至完稿，共花费了半年多的时间。我翻出了一些多年前发表的文章，进行了思路比照和预测的检验，能用的观点斟酌后再用，毕竟“经过了时间的检验”；许多酒旅集团和科技公司也给我大力的支持，为我提供了一份份非常有价值的实践案例，让我在形成观点时有了清晰的时间轴和技术标向，增加了我对酒旅数字化发展趋势判断的底气。

近些年，在和许多酒旅集团和科技公司合作探索数字化的过程中，切身感到了这项事业的价值和投身其中的不易。因此，这本书与其说由我撰写，不如说是我们行业对数字化的一次集体讨论和真实记录。书中提到的公司和具体的专家，都是活跃在中国酒旅行业数字化建设前沿的探索者。记录他们，是为了替更多的探索者蹚路；记录他们，也是对所有为中国酒旅数字化发展呕心沥血、披肝沥胆的前行者表示感谢和敬意。

酒旅行业在中国的发展虽然时间不短，但与国际同行相比，我们一直是跟随者。数字化国家战略给了我们行业机会，数字技术这一新质生产力成了我们前行的新动能，这次我们要做全球酒旅数字化的领军者。

“行到水穷处，坐看云起时”，这是唐朝诗人王维的诗句，描绘了诗人在终南山寻胜过程中经历的艰辛，对未知佳景的一种期盼以及终有所得的轻松与惬意。这种意境与我目前的内心十分相近，这“云”象征着以云计算为代表的数字化技术，象征着中国及酒旅行业风起云涌的数字化实践之壮观，我愿以此破题，是为序。

目录

PART 1　永久的当下——酒旅数字化之路

PART 2　一个新舞台——酒旅数字化场景与创新

PART 3 酒旅数字化实践案例和圆桌对话

附 录

PART 1

永久的当下——酒旅数字化之路

进入新时代——百年的机遇

今天，每一个中国人都切身感受到一股数字文明的浪潮正在滚滚而来，裹挟着我们的城市、行业、场景、人群向着令人期待的远方奔腾而去。

数字文明凌驾着农业文明、工业文明、信息文明留给我们的一切，以全新的姿态和不可拒绝的力量冲击着21世纪的人类新天地，包括社会、政治、经济、文化、生态、科技、产业的方方面面，印证着托夫勒在20世纪80年代撰写《第三次浪潮》时所预测的：社会将迈入信息文明时代，“谁掌握了信息，谁就拥有网络，谁就拥有整个世界”。然而托夫勒没有想到的是，世界发展的步伐如此之大、如此迅捷，以至于我们大多数人还没有在他预测的“信息文明”中定过神来，就已经侧身飞入了另一个实实在在的“数字文明”世界。

从清朝的康雍乾盛世之后150年，中国一直被西方发达的文明压制，经历了百多年殖民地和半殖民地惨不忍睹的政治、文化、社会、经济和科技蹂躏，西方在大多数人的心目中是不可逾越的灯塔。中华人民共和国的成立，我们在政治上站立了起来，解放了压在头上的西方枷锁，然而在经济和科技的大多数领域，我们依然长期尾随在西方列强之后。

这一切在人类进入“信息文明”的下半场改变了，中国用十几年时间迈过了西方世界五十多年走过的信息化的历程，与世界多数发达国家几乎并驾齐驱地行进在信息化时代。1994年，中国正式接入全球互联网，诞生了第一个网民，到2008年6月底，中国的网民数量已达到了2.53亿人，从规模上超过了美国当时的网民数量，成为全球网民数量最多的国家；从2009年起，又用5年的时间，在2013年，完成了PC互联网到移动互联网的跨越，成功地进入“数字文明”的新阶段。这一跨越的主要驱动力是我国移动手机用户的快速增长，移动网民规模占总网民数的八成以上，手机端应用App成了网络应用发展的核心。截至2023年年底，我国网民总数达到10.92亿人，互联网普及率77.5%。

这是300年来第一次，中国与西方发达国家在一项主导社会和产业的科学技术和应用上，完全没有代差，甚至在某些领域有所超越地共存于地球村。

“数字文明”给了中国全新的感受和动力，我们的社会、政治、文化、生活和科技等各方面发生了天翻地覆的变化。2023 年中国数字经济规模全面发力，发展势头迅猛。中国信通院数据显示，2023 年我国数字经济规模将达 56.1 万亿元，同比增长约 11.75%，数字经济占 GDP 比重接近于第二产业，占国民经济的比重，达到 40% 以上。

国家数字化大战略

人类已经进入数字文明时代，但不意味着所有的国家都已如此。中国是这次进入数字文明的先驱者，未来的数字化道路是艰难而持久的。

中国迈进这个崭新时代时，就意识到这条道路的久远，这个任务的艰巨，这个方向的正确。2023 年 8 月，中共中央和国务院发布《数字中国建设整体布局规划》，提出建设数字中国的重要战略，旨在推动数字化、网络化、智能化和信息化深度融合，加快建设数字经济、数字政府、数字社会和数字中国，以推动经济转型升级、提升国家治理能力和治理水平。

在这个战略规划中，有两点非常值得我们关注：

一是明确将建设数字中国确立为数字时代推进中国式现代化的重要引擎，是构筑国家竞争新优势的有力支撑。这就将数字中国的建设列为中国的国家战略，对全面建设社会主义现代化国家、全面推进中华民族伟大复兴具有重要的意义和深远的影响。

二是数字中国建设目标非常明确，阶段清楚、时间紧迫：到 2025 年，基本形成横向打通、纵向贯通、协调有力的一体化推进格局，数字中国取得重要进展。到 2035 年数字化发展水平进入世界前列，数字中国建设取得重大成就。其间，中国的数字基础设施建设将大大加快，一系列重大项目得到启动，数字基础设施的大动脉将被打通；数据资源畅通的大循环形成，无数促进数据资源循环、释放数据资源价值潜能的机构和政策、制度将在创新中产生。

数字中国建设战略关注的是全面赋能社会经济的发展，在以下五个方面赋能成为规划的核心重点：一是做强、做优、做大数字经济；二是发展高效的数字政务；三是打造自信繁荣的数字文化；四是构建普惠的数字社会；五是建设绿色智慧的数字生态文明。

五个方面涉及60多个事关国计民生的数字化大系统，每个大系统又扩展成无数个渗透到中国社会和人民生活中的一个个鲜活的子系统、孙系统。这些数字化体系一旦建设完成，中国国力将在现在的基础上实现飞跃，人民生活水平的提高和精彩程度将呈现出一个万人景仰的盛况。

举一个规划中提及的数字化要求："普及数字生活智能化、打造智慧便民生活圈、新型数字消费业态、面向未来的智能沉浸式服务体验。"这可能是这份数字化战略与百姓生活最贴近的一条，仅是这一条就包括酒旅业和其他服务、消费、社区管理、数字消费等行业的数字化转型和创新的无数系统和场景。数字中国给了我们无限的想象空间和动力。

因此，数字化战略已经毋庸置疑地成为国家战略，它也自然而然地成为酒旅业的行业级战略。

《数字中国建设整体布局规划》中，我注意到一个提法，那是在强调"要加强整体谋划、统筹推进、把各项任务落到实处"时说的"将数字中国建设工作情况作为对有关党政领导干部考核评价的参考"。

轻轻的一句话，似雷霆万钧。不可否认，许多领导干部的工作报告、日常话语中对信息化并没有轻视的痕迹，但心底里对信息化工作是有莫名其妙感的，嘴上重视，心里不当回事是相当一部分领导的真实情况。一位朋友告诉我，他们企业的董事长就是嘴里念叨"信息化工作最重要"，而实际上却是一位到"三年疫情"后退休时连微信也不"玩"的"老古董"。

中央对各级领导在推进数字化落地的过程中的作用是清醒的，数字化就应是政府和企业"一把手"工程，没有党政"一把手"或"有关领导"的数字化政绩考核，没有把数字化发展放在本地区、本企业工作重要位置，切实落实责任这样的谆谆督导，数字化建设很可能浮于形式，而有这样的机制，在中国特别是在政府部门和国企中真有事半功倍的效果。

我国酒旅业的头部企业锦江集团和首旅集团，其旗下的酒店覆盖中国酒旅行业的半壁江山，如果这两家国企集团在酒旅数字化建设中，在数字化转型和创新的竞赛中，能举旗扛鼎，加上华住集团这个信息化、数字化“先进分子”的加力，中国酒旅业的数字化大剧就很有看头。

中国酒旅数字化的评估

中国酒旅业的数字化发端于 IT 时代。

IT 时代一般认为包括两个阶段，即电子化阶段和信息化阶段。我国酒店成形较早，但发育很慢，中华人民共和国刚成立时酒店业停留在旅馆和招待所阶段，数量和品质与当时的国民经济发展规模是匹配的。高端酒店极其有限，大多数旅馆、招待所管理并没有经历过 IT 的初级阶段：电子化阶段。

20 世纪 80 年代后期，我国进入了改革开放期，一大批高端酒店喷涌而出，此时国外的酒旅业信息化已经开展了一段时间，大量的以 PMS 和 POS 为主的信息系统和设备进入我国市场。如果说 1970 年美国夏威夷 WAIKIKI 的喜来登饭店（SHERATON HOTEL）安装了全世界第一套酒店管理系统，标志着国际酒店行业进入了信息化时代，那么清华大学的金国芬教授 1984 年用 foxpro 为北京前门饭店建立国内第一套酒店信息系统，则标志着我国酒店信息化时代的开始，两者相差大约 14 年时间。

国内酒店大规模进入信息时代是在 20 世纪 90 年代初，彼时，高星级饭店开始成为潮流，普遍引进几家比较成熟的海外产品如 EECO、HIS、Lodgistix、CLS 等；国内 PMS 产品的推出是在 1993 年和 1995 年，以杨铭魁和另外两个联合创始人高亮和王敏敏推出“西湖软件”，金士平、刘旭、韩刚为联合创始人推出“中软好泰”PMS 产品为标志。

如今高档酒店市场流行的 Opera，其前身可是 Fedelio，2003 年将中国大陆地区的经销权卖给了北京中长石基，从此一骑绝尘在高端酒店市场风生水起。国产 PMS 占据酒旅信息化主流市场那是 2010 年以后的事。

随着我国经济规模的不断扩大，国内酒旅业发展迅速，特别是进入新世纪后，经济型等有限服务酒店快速进入发展风口期，一批海外归来的先知先觉者将信息化理念和技术带入酒店行业，OTA 依靠技术快速发展、轻型连锁酒店将发展和管理平台构建在网络基础上。特别是进入移动互联网时代，手机和移动支付普及，物联网技术带来新的应用场景，大数据和人工智能逐步使用，中国酒旅业从 2014 年开始进入数字化时代。

从定义出发，我国酒旅业在信息化发展阶段表现的特征是跟随，它的发育是不健全的。大多数酒店使用 PMS 仅仅是为了完成前台的入住和退房，以及必要的配房等。我曾经做过一个调查，有的酒店花重金追逐购买某品牌 PMS 产品，但实际工作中，该产品 50% 左右的功能在使用期间没有用过或极少使用。

在集团层面，大多数酒店集团并未完成 PMS 等主要系统的标准化，多种酒店集团经营必需的信息化系统也没有配置（有的是没有能力，有的是没有意识到需求），比如酒店的 CRS 系统、LPS 和中央采购系统。中国酒旅业在信息化阶段，在 PMS 使用的基础上基本实现了客房资源的流程化管理，后期在财务、人力资源上也陆续完成了信息化的升级，初步达到了信息化管理的基本要求。

数字化时代是信息化时代的递进阶段，这个阶段伴随着物联网等新技术的诞生，特别是 4G 和 5G 网络技术的升级，以及大量传感器的采用，加上云计算、大数据、人工智能介入，我们采集信息的方法和颗粒度发生了根本性的改变，数据处理的能力和形式也出现了质的变化。这种能力和形式导致我们可以用一种崭新的数字思维来对我们传统的行业进行重构，使其产生新的效能。我们把这个过程叫作数字化转型，由于这个过程充满了各种要素的重新组合，如“互联网 +”“人工智能 +”，具有无限的创造性，我们习惯性地把它称作“数字化转型和创新”。

数字化时代又被叫作 DT 时代，即数字技术时代。DT 时代被认为可以分为“数据化”和“数智化”两个阶段。

前者着重解决行业、企业或系统中的数据收集问题，包括来自内部和外部的各种数据，如客户数据、销售数据、市场数据等。数据化的重点是收集和存储数据，并建立起数据的基础架构和数据管道以及企业的数据治理体系，还包括把信息化时代的许多模拟信息收集方法转换为数字信息的过程（典型的场景是各酒店的监控由模拟转数字的过程）。数智化着重利用数据进行深度分析和洞察，利用数据分析、人工智能、机器学习等技术，将数据转化为洞察和决策的智慧，以形成新的企业管理行为或产品，包括预测客户行为、优化业务流程、形成数字化应用场景（酒旅业典型场景是智能前台和智能客控）、形成新的服务和产品、提高生产效率等方面。

中国酒旅企业的数字化以建设“智慧酒店”为切入口，利用物联网技术，改善客房的智能管理。移动支付在中国推广得比较顺利，酒旅企业的线上营销活动和服务也构成了 WEB2.0 时代的主要内容，业务的创新加上方便的移动支付立刻形成闭环，加上由于智能手机及微信等即时通信工具的迅速普及和大量小程序、App 的开发，酒旅业的数字化在众人的朦朦胧胧中起步、摸索、发展。

中国酒旅业的数字化进程在先前信息化的基础上跨过了朦胧期、经过了反应期，理应度过进展期，进入沉浸期，最终在预计的 2025 年达到成熟期。这是一些数字化大企业对酒旅行业研究后描绘的一幅“数字化路径图”（图 1）。我对这幅路径图所划分的数字化阶段比较认可，它基本反映了一般行业数字化过程的生命周期，但我认为对其每一阶段的时间节点的划分过于乐观。

图 1　中国酒旅企业在数字化发展生命轨迹中的位置

熟悉酒旅业的人士都知道，中国酒店行业是一个传统服务行业，从业人员包括高级管理人员、基层员工，其职业素质和知识结构与信息化和数字化要求其实相距甚远，这几年从信息化到数字化的实践中，他们学到了许多的新知识，在概念上开始认可这种实践。然而，对大部分人而言，数字化依然十分陌生，能将数字化讲清楚的凤毛麟角。

目前，中国酒旅数字化在整体水平上已经填平了信息化时代与国际同行的代沟，国外有的数字化应用系统品类，国内基本上有同类的产品可以替代。除了部分高端酒店因为习惯和海外酒店品牌公司的技术要求和限制的因素，国内大多数高端酒店品牌已经接受国内科技公司的开发理念和产品。在一些酒旅数字化应用场景中，特别是在面向客人的C端服务中，国内的许多应用系统和工具已经超过了海外同行。

向外看，中国酒店数字化的步伐很快，场景创新也新奇，硬件的开发也基本适应这种步伐，值得我们骄傲。然而与我们对这个行业发展的生命周期期待相比、与国家数字化规划的阶段要求相比、与国内其他行业特别是与我国制造业数字化相比，酒旅行业的数字化步伐还是落后的。

这种落后，主要表现在对酒旅数字化的认知还是肤浅的，仅仅把它看作是一种可有可无的应用系统采用，当资金丰裕时，应景的投入多一点，否则就少一点，缺乏整体的规划是大多数酒旅连锁企业数字化的现状。这种认知上的短板，形成中国酒旅行业数字化发展不平衡，部分头部集团和一些新锐连锁企业数字化建设发展很快，大部分酒旅企业则依然盘亘在信息化时代初期，这一特征在酒旅连锁企业的总部层面尤为明显。

C端的数字化应用，如智能前台、智能客房、智能车库、移动支付、智能会议、服务机器人等场景创新比应用普及做得好，也就是说大量酒店特别是单体酒店的数字化应用普及并没有期待的那样好。以服务机器人为例，在三年疫情期间，服务机器人因为适时提供了“非接触”服务，引起了行业的关注。像华住这样的品牌，使用机器人代替员工送“六小件”、接替小哥送外卖到房等，机器人使用规模达到5000~6000台，使用渗透率极高。但同样的服务机器人，在行业中还有60%的酒店从来没有使用过。有的酒店品牌，规模和华住类似，服务机器人的使用率也不在一个水平上。因此，数字化应用的不均衡是当前酒旅业的又一个问题。

酒旅业与国内其他行业并驾齐驱在2035年进入“数字时代”，这是国家的规划，也是行业的目标。如果我们能够如期实现这个振奋人心的目标，意味着中国酒旅业在数字化进程中走在了国际同行的前面，我们的核心竞争力将名列前茅。从现在起到 2035 年只有短短的十来年时间，我们的任务是艰巨的，我们的市场是广阔的，我们的努力是具备深远价值和影响力的。

酒旅数字化追求的本质

酒旅业的数字化发展，为什么会出现不平衡的现象？回答这个问题，就是如何看待酒旅数字化驱动力的问题。一项事业要获得长足的发展，必定有其内在的动力。国家推进数字化，有国家层面的动力，酒旅业推进数字化，除了响应国家的号召，必须有其自身的动力，否则就是被动地响应，就有应付的可能。

数年前，我曾经对“中国酒店科技联盟（CHTA）”里的酒旅企业 CIO 做过一次征询：酒旅数字化的本质是什么？这是一个开放的话题，反馈五花八门，至少在文字上没有一个共识。同时，换了一种问法：酒店为什么要开展数字化，并给出了几个预置选项。结果是，三个选项集中度较高：选择“为了提高经营效果”的占 78%，选择“改善客人体验”的占 76%，选择“提升管理效率”的占 68%。这些反映了当时的酒旅企业 CIO 对数字化的认知（图 2）。

酒旅企业：希望以数字化转型为契机多维度改善行业经营现状，优化顾客体验，提升经营效率，打造长期竞争力

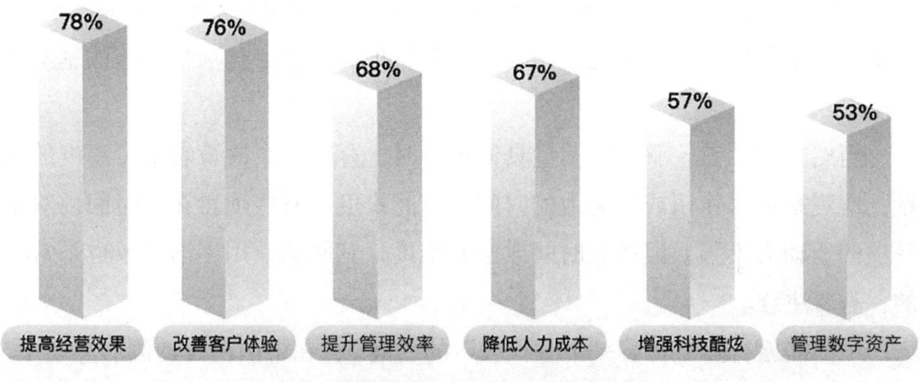

图 2　酒店数字化本质与“三轮驱动”

今天我来回答“驱动力”的问题，会更倾向以下的观点：酒旅数字化能够驱动行业和企业的经营效益提升和成本的下降，即“降本增效”；能够驱动行业和企业的管理改善，更臻精致和高效；能够驱动行业和企业客户体验的大幅度改善。

一句话，推进数字化的目的就是让行业和企业竞争力更强、管理更高效、用户体验更好，如果把这三方面的改善比作驱动酒旅企业不断前进的“三个车轮”，那我们可以把这个“三轮驱动”归纳为酒旅数字化本质，或用另一句话概括：成本向下、管理向上、体验向新。

“三轮驱动”不仅回答了数字化对酒旅行业的推力所在，也可以作为衡量本轮数字化过程中酒店数字化项目合理性的标准。

无论你是哪种类型的投资者，当你需要决策酒店数字化项目时，面对被技术指标和各种需求与标签包裹得灿烂无比的项目时，问一下符合“三轮驱动”的哪几项？

如果“三轮”均能驱动，一定是个好项目，在你力所能及的范围内大胆决策，你唯一要跟进的是确保项目实施的效果和“可行性”报告的一致性。如果项目能驱动其中“二轮”，同样可以支持，看看你所在的集团和酒店究竟在“三轮”中哪几个“轮”特别需要加强驱动，如果项目设计的驱动目标符合你的期待，即使只能驱动“二轮”，也有必要，就看你的实力。如果项目对“效益、管理、体验”这三轮均无太大的推动，则项目的决策就需要格外小心。没有其他，只因“三轮驱动”指代了酒旅数字化的本质，掌握了本质，就把握了事物发展的基本走向，在决策上就把握了数字化项目实施的基本成功率。

当然在用“三轮驱动”衡量具体项目时，存在一个决策者站位高度的问题，即观察项目作用或影响力的时间和空间维度。有些项目在短时间内对某一项的驱动力不强，但放大时间或空间维度，其驱动效用逐渐释放也是常有的，需要注意。

中国酒旅行业流传着一个“很久”的“谜”，在中国前三的酒店集团中，为什么华住集团的酒店数量并非居于第一，而它的市值与处于第一和第三的同行相比“遥遥领先”（图 3）？

	市值（亿元人民币）	门店数（家）	会员数（亿人）
锦江	227.94	11258	1.9
华住	751.21	9263	2.4
如家	143.26	6261	1

数据来源：东方财富choice 2024年6月30日

图 3　三大酒店集团规模和市值比较

各路专家和业主、管理者的解读见仁见智，排除掉上市地区的地缘因素和不同交易所估价方式的差异，我注意到几个现象也许很能解释其中的奥秘：

一是华住是近些年在数字化建设方面投入最多的企业；二是华住在数字化项目推广过程中执行力最强，对加盟商的数字化项目影响力也最强；三是华住已经从“最懂技术的酒店管理公司”成功地过渡到“最懂酒店的数字科技企业”。

如果这三项确实成立，那么华住集团数字化价值高，继而对其公司市值的支撑力度高就是一个可以理解的现象。

这个推理若能成立，对促进中国酒旅业数字化整体发展步伐，解释酒旅行业目前存在的对数字化作用的迷惑，坚定行业对数字化的信心，对探索酒旅数字化的场景、路径和技术都将是一个积极的因子。

请相信，这就是数字化赋能的魅力。

酒旅数字化和信息化的关联和区别

数字化和信息化是一个事物的两个不同发展阶段，数字化是建立在传统的信息化基础之上的，没有脱离信息化的数字化。在酒旅行业我们采用了 PMS 系统进行客房管理、采用 CRS 系统进行客房的直销和分销、采用了 LPM 和 CRM 对客户积分和资源进行管理、采用财务系统和人力资源管理系统进行内部管理等，这些系统都是在酒旅信息化时代引入的应用系统，这些系统和其他一些应用系统一起构成了酒旅信息化时代的管理能力。它们虽是信息化时代的产物，但也依然在数字化时代发挥着作用。因此，酒旅数字化是在信息化基础之上的，它与信息化并非割裂的、对立的。

但是，我们今天强调数字化时代和数字化转型，并非“信息化”一词在现阶段的一种时髦代名词。数字化与信息化相比确有其自己的特征，它更强调信息采集自动化，数据处理、场景创新的智能化特征，是物联网时代新技术应用的综合产物。

在信息化时代，信息传递的两端一般是人，电脑介于我们中间，起着提高效率的作用。我们通过电脑和网络传递信息，输入信息的形式以手工为主。我们把信息输入电脑，电脑把处理的结果输出给人：企业里的 MIS 系统工作原理大抵如此，电子邮件的工作模式也是如此。数字化时代，物联网的诞生是一个很重要的特征，连接电脑两端的可能不再仅仅是人，也可能是机器、系统、家具等。输入信息的是大量的传感器，完全自动地采集数据，输送到中央处理系统。

信息化时代，在酒旅应用层面普遍采用的是服务器加局域网，酒店以独立的机房为载体处理事务。数字化时代，酒旅企业的机房消失了，数据处理、数据储存更多地通过网络迁移到“云计算”中心，功能更强大，服务更周全。

信息化时代，处理的信息基本上都是结构化的数据，这些数据简单地说就是都可以在关系型数据库中得到充分处理的，或者都可以在 Excel 中体现。数字化时代数据类型多样化了，90% 以上为非结构化的数据，因为我们采集数据的技术和形式发生了改变，各种传感器、摄像头等记录着客人的消费行为、线上线下活动轨迹、位置、行为动作，记录着诸如温度、亮度、速度甚至人的情感等一切现象，数据类型的复杂度远远超出信息化时代的数据特征。

信息化时代我们处理数据以时点“批处理”为方法，最典型的是酒店的“夜审”，我们通过对某一时点某一现象进行处理得出结论。数字化时代，我们采用大数据技术，处理的数据是海量的、结构是异化的，是实时的、智能的，如我们的“陌生人系统”可以通过摄像头获取的数据，实时指认非酒店客人，以确保酒旅场所的安全。当然这些系统也有能力在众多的客人中告知谁是 VIP 或谁是需要监控的人员。数字化系统可以实现数据处理过程的可视化，管理和控制过程的移动和远程化（LBS），因为数字化时代的数据都是基于位置信息的（图 4）。

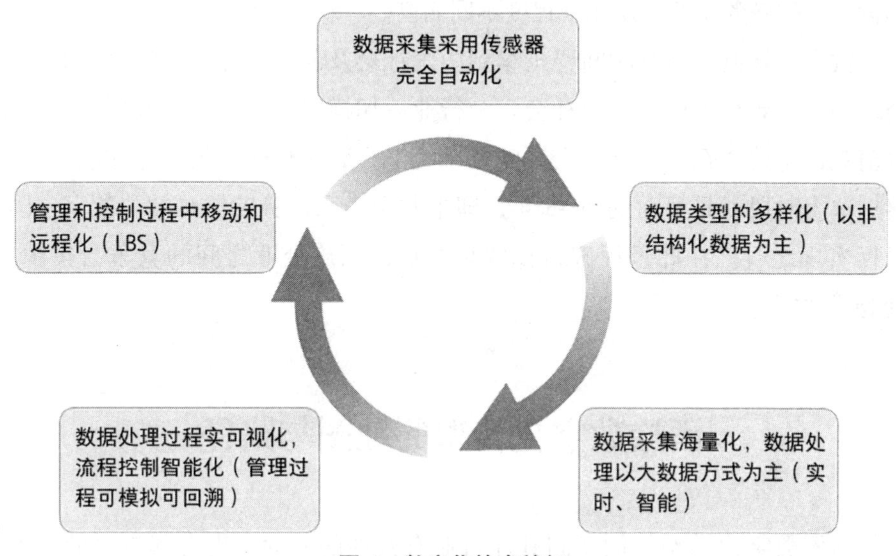

图 4　数字化技术特征

从以上对比中，我们可以看到，数字化技术具备了信息化技术不具备的能力。这些能力为我们进行场景创新、服务手段和产品的创新提供了大量的可能性。这些创新，直接构成了国家、行业和企业的竞争力。

因此，数字化不是一个简单的软硬件系统搭建的过程，也不仅是一种纯粹的技术迭代，而是伴随着技术的升级而产生的商业模式和思维的升级，是一种实实在在的转型与创新。

数字化包括更多的流程再造、场景创新、体验重塑、组织架构重组、数字新媒体营销、数据资产挖掘，甚至可以重新定义酒旅企业与一切关联对象的关系，是对现行酒旅模式的一种颠覆性的革命化过程，孕育着无限的机会和新层次的核心竞争力。

不明白这个关键，酒旅行业的数字化就会变成一个纯粹的技术问题，走进一个简单的技术升级的“窄胡同”或“独木桥”。“窄胡同”或“独木桥”从方向上也可能符合目的地指向，但其路径效率与数字化追求的大相径庭。

对于数字化时代诞生的新企业，完全采用数字化时代的技术或系统，也仍然有数字化转型的任务。使用数字化技术和系统，并不意味着使用者具有了数字化的思维和意识。新酒旅企业与传统的老牌酒旅企业同样具有“转型和创新”的任务，差别仅在于程度不同而已。

数字化转型的持续时间要延续到中国社会及各行业完全过渡到“数字社会”为止，到那个阶段，全社会、全行业一切模式、一切产品和服务、一切价值观都是建立在”数字社会”的基础之上，数字化转型的任务才能告一段落。这个时段就是目前到2035年，即中共中央和国务院擘画的“数字中国”目标实现之日。在此里程碑目标实现之后，酒旅企业之间的竞争会集中在“创新”之上。

酒旅数字化转型的地图与路径

酒旅数字化转型与创新同其他行业有共性的一面，也有其自身的特点。共性的一面就是各行业全链路数字化转型与升级地图所揭示的路径，一般都要经历“触点数字化”“业务在线化”“运营数据化”“决策智能化”几个过程。不同的是，各行业和领域数字化过程的内容异常多样化。

1. 酒旅数字化转型的四个过程（图5）

（1）触点数字化：包括全流程覆盖：住前、住中、住后阶段所有与客人、员工、管理人员、管理系统、设备设施关联的数字化触点，包括在线预订、自助入住、AI电话、人脸识别、门禁、机器人、智能客控、智能家居、智能影音、助眠和催醒、智能香氛、信息服务、快速离店，会议及各种设施之间、人与人之间、人与物之间信息、数据交换的触点等。触点越多数字化程度越高，数字化过程及结果就越有价值。这是酒旅企业数字化基础建设成分较多的一个阶段。

（2）业务在线化：就是把酒旅企业的一切经营业务、管理流程和设备管理等从线下迁移到线上的过程，这个过程越充分越彻底则数字化程度越高。并且，业务从线下迁移到线上不能是简单的平移，线上的流程不可局限在手工流程的模拟上，要把这个过程当作商业模式优化的过程、内部组织重构的过程、工作流程再造的过程、服务和产品创新的过程。这个过程的广泛性和彻底性以及创新的程度直接决定酒旅企业数字化的水准和价值高低。

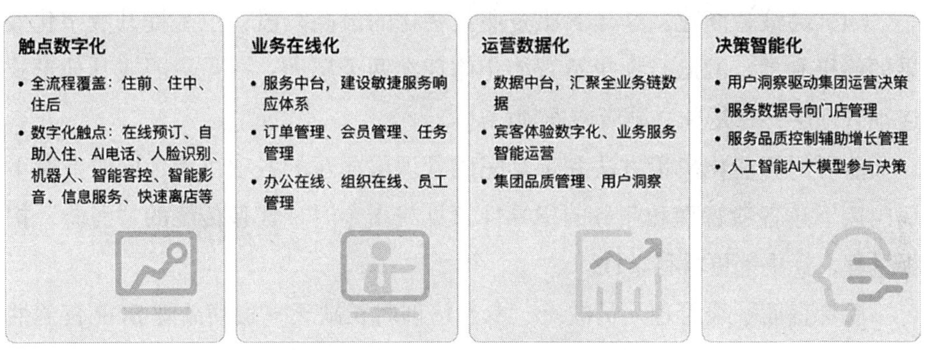

图 5　酒店数字化内容和全链路转型升级战略地图

需要提醒的是，酒旅企业在向客人提供数字化旅居产品或向生态合作伙伴提供中间产品和服务的同时，要对内部的管理流程进行数字化转型，实现内部管理业务在线化也是重要一环。类似地，酒旅科技企业在对行业提供数字化产品的同时，也要完成自身企业产品研发和管理的数字化转型。偏重一条腿而忽视另一条腿，必定会影响数字化整体的质量和速度，对内对外“两条腿”同时有序运动才是健康的。

（3）运营数据化：这个过程主要是运营管理的数字化。把核心系统的数据汇聚到“数据中台”，让企业运营的节奏、内部各系统的因果关联、经营效果的动态趋势、设施设备的运行状态、宾客体验过程和结果、集团品质管控效果、人力资源池的状态及对其他系统的支持和制约等各种数据全部数字化呈现，并找到其内在的关联。

运营数字化是用数字化平台解决运营问题的过程，也是用数字化方法挖掘企业数据资产价值的过程。通过平台将运营数据进行实时的加工、分析、处理，发现数据背后隐藏的问题、陷阱、机遇、趋势，在运营数据化的过程中，我们可以主动地在客户偏好分析、价格优化、能源优化、设施管理、维护预测、人员调度、市场分析、房价房量分析、在线评论等方面获得竞争优势和创新机会。

如果说“业务在线化”必须由酒旅企业亲力亲为，那么“运营数字化”

过程则可以较多地借助行业科技公司等外部第三方力量参与，搭建专门平台或引入 SaaS 系统服务。

（4）决策智能化：这是酒旅企业数字化的最高阶段，也是提升数字化效果的终极利器。酒旅行业决策智能化体现在两个层面：一是集团或其他形式连锁管理层；二是独立酒店或连锁门店。

前者用智能化决策方法和工具完成管理层面对的各项决策，同时在对下属门店下达各项管理和业务的指导性意见或指令时，代替传统的“经验”拍板过程，让决策更具科学性。

后者直面一线管理人员缺乏、专业培训时长缺乏、贯彻品牌 SOP 自觉性缺乏、应对现场紧急情况能力缺乏（四缺乏）的现状，用系统的专业性和智能性替代门店店长因缺少应有的培训强度和实践长度导致的不专业“决策”行为，这可以在一定程度上缓解酒旅高速发展引起的一线合格“店长”不足的矛盾。

智能化决策的方法随着人工智能的介入正变得越来越有效。传统的决策智能化多采用数理统计理论归纳的各种模型法，将酒旅企业经营、管理等过程中的数据经过处理，输入模型进行结果外推或回归测算，这种方式对解决大部分现象的决策是有用的，的确能够改变“拍脑袋”决策时产生的许多不确定性。近年来，语言大模型、多模态大模型的诞生使人工智能参与决策更加普遍，也使原来比较复杂的系统决策更加容易施行，决策的方式和结果将更加多样和准确。单个酒店或企业的决策智能化水准依赖于集团的数字化程度，特别是数据治理的水准，因为所有的决策都来源于数据和人工智能。

2. 酒旅企业数字化建设的路径

首先要有一个数字化总体发展规划或战略。无论是酒旅集团还是独立酒店，都该有此一步。明确企业数字化的愿景、目标、技术路线、产业数字生态圈的范围、企业的数字化能力以及数字化对企业未来核心竞争力的贡献等。

围绕数字化战略，编制企业数字化建设方案，确定实现战略目标必需的数字化建设项目、类型、数量、层级、人才、资金和时间节点、负责部门等。

特别要规划好一个集中的、高水平的数字化基础平台，把“业务全上线、营运数字化、决策智能化”这些数字化基本形态所需要的数据全部纳入这个基础平台，把企业管理功能和数据（诸如人力资源、财务、设备运行、物业管理等）也纳入其中，在平台上形成一个基础牢固、渠道贯通、功能强大的“数据底座”，以此对数据形成集中统一的高水平治理，便于今后对这些数据进行资产性的挖掘；也便于随着业务发展，灵活地在“数据底座”上架构新的管理系统。

数字化建设方案要注重企业平台整体架构的科学性和适度的领先性，具体采用什么技术和形态，一要根据酒旅行业的具体业务以及对业务流程创新的内容而定，二要依据企业的技术力量和可能援引的外部支援的技术资源而定，三要着眼企业长远的发展目标以及相应的数字化建设方案，如果企业定位于行业第一梯队，那就要有第一梯队相对应的方案，这一点特别重要，关系到方案的适用性，也关乎方案的资金投入规模。

无论采用哪种技术、哪种形式建设，一些基本要求却是共性的：一是对外业务，无论 2B 还是 2C 或两者共有；内部管理过程，无论对人、对财、对物，都要坚持逐步、全面上线，以保证“一切业务数字化”的实现，并在过程中实现业务和管理流程的优化或转型。二是各种业务和管理在企业平台上要实现智能总控，即要对链接企业平台的各应用系统（无论是自研的还是外购的、无论是私有部署的还是 SaaS 模式的）实现功能智能驱动和数据智能驱动，确保企业各职能部门在数字平台上的协作畅通、高效；确保业务、管理和数据流转的透明，彻底消除各应用系统之间的“数字孤岛”。三是所有应用系统必须具有移动互联的多终端控制和多种形式的数字展示模式，保障系统可以在任何地方、任何时间、多种终端上进行业务、管理和数据控制及展示。四是平台和数据的安全性有可靠的技术保障。

在确立了上述数字化战略和具体方案后，即可进入数字化建设实施阶段。在这一个阶段，我建议采用“系统数字化”和“企业数字化”两翼同时推进的策略。

前者是打磨一个个具体的应用系统，以构成企业数字化的技术平台和技术环境，后者是企业数字转型过程的软实力的积累和培养，包括培育“数字思维”、建立新的数字化组织架构、优化各种适用数字化系统的业务、管理、沟通流程、人员的技术培训等。两者互为犄角，缺一不可，但后者常常被忽视。

数字化建设过程是一个复杂而困难的过程。大多数酒旅企业本身不具备自研能力，需要借助科技公司的力量，采用定制或采购的方式，但自身能否深度参与其中，也是成败要素。

大型酒旅集团虽都有一定的研发力量，但我建议能“采购的尽量采购、能定制的尽量定制”。这也是我在锦江集团主持信息化时长期坚持的原则之一。

科技人员的单位成本是一定的，但在酒旅集团和在市场化的科技公司里效能是不一样的。酒旅集团数字化场景多，自有人才的技术结构未必都能覆盖到，就算能覆盖，与精做一个产品的专业公司相比在性能等指标上未必能够 PK；科技人员在酒旅集团内部集中于职能部门（包括向内服务的公司），集团向市场采购是商务行为，两者的权益和责任是有差距的。更何况中国的酒旅科技公司正在形成综合性的数字产品生态，其水准在大多数领域已经超过国际同行，其产品有足够多的样式和选项可供酒旅企业挑选，更易形成酒旅新服务、新产品，形成生态圈协同。

数字化建设实施阶段还要强调“执行力”。在正确的战略和方案确定之后，酒旅企业数字化最终的效果仍然会是不一致的，有企业文化、人才、技术、资金、地域、社会及市场环境等诸多因素影响，执行力的高低可能是最关键的。

华住集团在数字化转型和产品研发上能够长期独树一帜，CIO、总裁刘欣欣对集团数字化战略的坚强执行力，在行业中是有目共睹和令人钦佩的。

但现状是，大多数酒旅企业 CIO、科技公司的 CTO 们，在公司里都缺乏必需的话语权，以至于在企业的数字化进程中没有发挥出他们应有的智慧和价值。这一点对酒旅数字化成败殊为关键，这种情况的改善有赖于来自企业“一把手”或企业老板的智慧及定力的发挥。我期待它能够逐步改善。

“智慧酒店”与“数字酒店”

同样一件事，中国和国外因为传统和文化的差异会有不同的做法。比如，西方家庭的厨房革命是从粉碎机开始的，而中国家庭的厨房革命则是从脱排油烟机起步，因为中西方完全不同的烹调方法决定了“厨房革命”这件相同事情不同的解决方法。同样在酒旅数字化这件事上，中西方也呈现出不同的路径。国外从 PMS“上云”为起步，中国以“智慧酒店”建设为入口。

云计算在美国等西方国家的发展比中国早、快，对这些国家酒旅数字化的影响大，以 PMS 为代表的酒旅系统“上云”是主流，数字化重点在 B 端（企业端）展开，对 C 端（客人端）的影响较小。“智慧酒店”在中国酒旅业流行，意味着数字化在 C 端（客人端）展开为先，原因在于我们的移动互联网普及速度很快，各种移动应用渗透我们的生活；我们的网络环境改善速度远远超过西方国家，造成中国客人对物联网的场景创新更欢迎、更适应。

中国酒旅业以建设“智慧酒店”为数字化入口是有一定的道理的。中国自 2014 年起正式迈进移动互联网时代，第一代“90 后”已经迈入有消费能力的“青年期”，第一代“00 后”也正值精力旺盛的“青春期”，他们是真正的数字原生代。到 2023 年这些数字原生代已是当前酒店的主体客群。据某集团 CRS 客群数据，29 岁年龄群的客群占据了 49%，是客群中最大的一族。

他们的消费理念、消费习惯与传统客群有极大的差异。他们对所谓的“隐私”有与西方人不同的认知和价值尺度，使数字化消费场景比较容易被接受；他们的决策链路、决策模式、消费主张和消费文化都发生了变化、他们倚重的个性消费、即时消费、互动消费、内容消费、场景消费、定制消费、碎片化消费等，成为酒店市场需求主体特征。“智慧酒店”一定程度上能满足他们数字科技和新奇消费的需求。

物联网和新的技术的踊跃产生是中国“智慧酒店”流行的技术原因。网络环境的持续改善，养成了人们永远在线的习惯。以往传统酒店中，客人第一关注的是电梯等候时间，移动互联网时期，中国客人关注点移向有没有 Wi-Fi？进入 4G、5G 时代后，因为流量的充足，Wi-Fi 逐渐有被忽略的迹象，人们更关注手机与酒店设备的连接，能否远程订房、远程注册、远程退房、远程控制设备等，这些“连接”引发了中国酒旅市场数字化场景的变换，各种“智慧酒店”应运而生。

目前，在中国“智慧酒店”的构建中，有十几种成熟的数字技术：网络连接、语音识别、客房控制、门禁系统、智能客服、智能前台、VR 体验、智能图像监控、服务机器人、智能车库、智能催眠促醒、智能灯控氛围、智能灯光调控、智能泳池卫士、花园灌溉智控、能源与环境智控等，将来还会有区块链、元宇宙、数字孪生等技术的加持（图 6）。

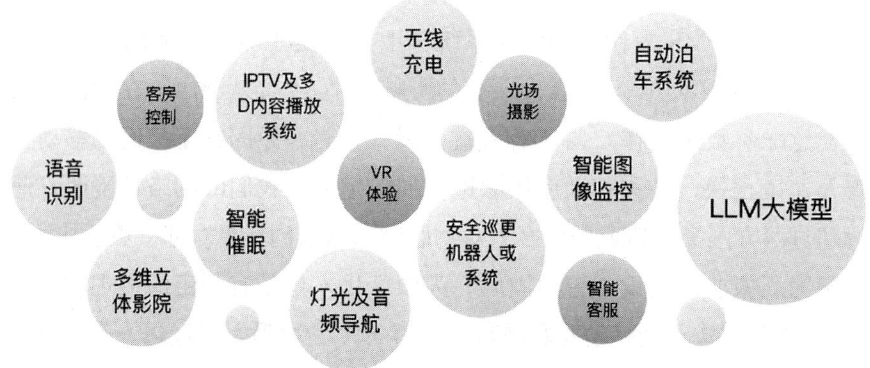

图 6 建设“智慧酒店”的物联网技术基础

这里特别提一下“数字孪生”，美国密歇根大学教授 Michael Grieves 在 21 世纪初提出了“数字孪生”概念，他认为通过数字的方式创建一个与现实物理实体相对应的虚拟模型，该虚拟模型能够实时反映物理实体的状态、行为和性能等特征，并且能够根据所获取的数据进行模拟、分析和预测，从而实现对物理实体的优化、监控和管理。

未来，酒旅数字化过程中“数字孪生”技术应用会成为日常管理的一个重要工具，新建酒店在交付使用时，除了一个实体的酒店、一套与酒店相关的技术档案，必定还有一个与真实酒店完全一致的“虚拟酒店”同时交付，这个虚拟酒店就是利用“数字孪生”技术搭建的。

换句话说，以后酒旅企业的决策在付诸实施前，可先在“数字孪生”上模拟。例如，要测算节约能源的效果，我们可以在数字孪生酒店里进行各种方案的试验，并可以方便地看出每一种方案对数字孪生酒店各方面的影响，从而在多种方案中遴选最佳者以驱动真实酒旅企业的运营和管理。

“数字孪生”技术在中国其他行业里已经开始探索，如工程领域和城市建设，目前在酒旅行业还未见成熟的尝试，它何时能成为现实取决于这门技术的发展，也取决于酒店数字化探索的步伐，但数字孪生酒店一定是酒旅数字化探索进程中的一个有益尝试。

前述中我们提到，中国酒旅业的数字化是以建设“智慧酒店”为入口的，相当长的时间里，我们习惯用“智慧”或“智能”酒店来定义我们的实践。随着数字化进程的发展，中共中央和国务院《数字中国建设整体布局规划》的出台，以及各种数字化技术的涌现，我们发现“数字酒店”的概念比起“智慧酒店”更科学、更精准地表述了我们正在从事的事情。“智慧酒店”应该是“数字酒店”最高阶段的实践产物，而我们却把它用在了初级阶段的产品命名上。

目前所谓的“智慧酒店”，其数字化技术的应用局限在客房建设或小部分住中场景，智慧程度较低，充其量是某种自动化，但它与传统客房相比确实在技术、使用体验、管理效能有了很大的提升，是一种值得提倡的实践，因此我把它称作“数字酒店 1.0”。

数字酒店 2.0 是未来发展的高阶版，也代表了酒店数字化发展的方向。它全面转向住前、住中、住后的全链路，每一个链路的数字化场景是全方位的，仅智能客房控制就有几十种，机器人不但送物，而且打扫卫生、巡逻、监控、驱鼠……成为面档师、咖啡师、调酒师——一个十足的多面手。2.0 的数字酒店其数字化应用将包括财务、审计、资产管理、设备管理和人力资源管理，还将应用于物业管理和危险设施的管理。数字化的沉浸性大大加强，不仅对管理对象的某一时点的状态进行监控，而且贯穿于目标对象的实时发展过程；其强大的数据分析能力将体现在“智控”大于“监控”等方面。

数字酒店从 1.0 向 2.0 提升意味着中国酒旅数字化境界的升华，意味着行业数字化发展步伐的加快，意味着酒旅数字化系统、产品开发空间的拓展。我相信，当我们真正实现了数字酒店 3.0 乃至 N.0 的时候，我们的酒店就是名副其实的“智慧酒店”。

数字化催动酒旅业态加速演变

数字化思维和数字化工具为未来的酒旅行业发展和创新提供了可能。

一方面，数字化的过程是传统酒旅业转型的过程，是利用物联网提供的新工具新场景，对传统业务进行重塑，这种重塑是全方位的；另一方面，利用数字化能力对酒旅业务进行创新，这种创新是没有限制和止境的。

我们首先从生活中数字化带来的巨大变化说起。支付宝，一个线上支付工具，现在几乎出现在我们生活的方方面面。由于它的出现，线上交易变得如此便捷，形形色色的营销活动瞬间可以完成交易闭环。没有支付宝，不会有中国如此蓬勃的电子商务，也就不会有高速发展的物流快递业。再说微信，一个即时交流的软件，构成了人们新的沟通方式，把人们从线下各自分散拉到线上随群而居，崭新的社交方式和体验让每一个使用过它的人欲罢不能。它创新的自媒体甚至改变了人们“发声”的方式和能力，无论资格还是范围都史无前例。

这两款数字化工具，不仅方便了生活，而且改变了社会治理方式，无论是政府的“一网通办”还是疫情期间的“健康码”，对政府管理模式和效率的提升均功莫大焉。

在数字化环境下，酒旅的服务和产品供给将突破地域的限制和行业的限制，也就是说在酒店空域里提供服务和产品的未必就是酒店管理方，更多的产品和服务通过酒店统筹提供给需求者，这就使酒店场景的消费变得无限多样化。

就算是平常的商品，我们在酒店场景中体验中意，也可以放心而且高效地完成采购，无须担心交易的规范和物流的繁复。

利用现有的数字孪生技术，酒旅场所有可能把现实世界中受消费者欢迎的商品和服务通过数字化方式展现给客人。商品的提供在我们的日常生活已经非常成熟，但服务的数字化还局限在小部分领域，大多数目前还停留在服务信息的呈现上，如华住、锦江、首旅如家在现实世界提供住宿等服务的同时，可以了解到与此相关的其他服务信息，包括酒店位置、等级、携程评分、客人网评、酒店周围景点、个性化游玩线路等。

但随着数字技术的发展，特别是区块链、元宇宙产品逐渐落地，类似NFT一类的数字产品，一些精神消费类产品出现在酒店环境或酒旅消费过程中是可以期盼的事。酒旅“数字藏品”等产品的产生和流通也会提升酒旅客人的消费和体验。

随着人工智能和大数据算法越来越多地渗透到酒旅服务中，酒旅服务的层次、形式和能力也会相应提升。比如，我们购买高铁票，甲地到乙地，查询 12306 网站，常常会发生“票已售罄”的情况，尤其是在出行旺季。然而此时你若通过携程网站购票，在车票同源的情况下，携程通过独特的算法，会提供“同车换座”或“途中换车”的购票方案选择，帮你实现顺利进行。

在酒店服务机器人满地跑的今天，云迹科技正在用数字化的思维考虑机器人的运力属性：运力应该是由商业价值驱动的；运力应该分等级、可调度、可预期管控；运力是一种动态过程中实现的优化服务（图 7）。

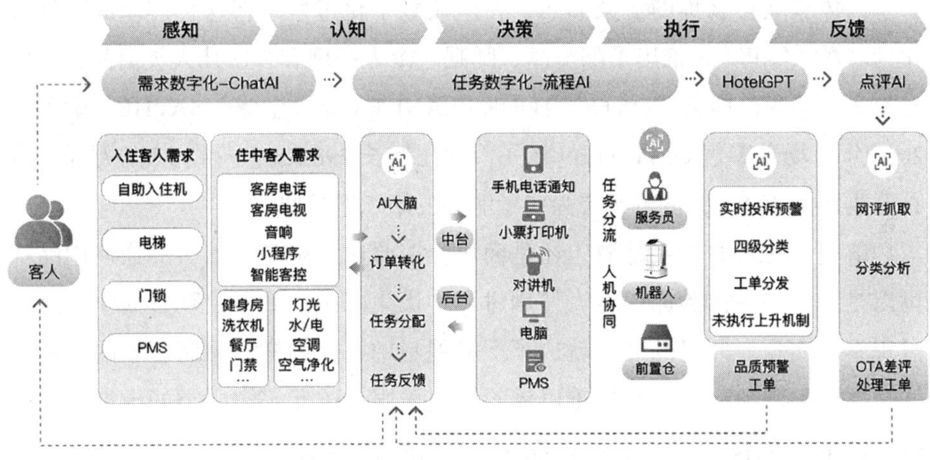

图 7　数字酒店——助力酒店运营质量提升（本图由云迹科技提供）

此时的运力已经衍生为酒店“运力服务”，随着酒店外卖数量迅速增加，机器人利用率不断攀升，运力就能进一步释放。以传统运力的认知，是否接入“美团”无关紧要，总有服务员会放入外卖，但以“运力服务”的新知框架来认知，利用率想要有效提升，就必须与周边的生态系统建立链接，能让外卖小哥直接操作，就会有更多的外卖订单。能与酒店智能家居互联互通，就有更多的商品可取可送。这对云迹科技、对生态服务商、对外卖小哥、对等待服务的客人都是有益的设计。

我们的思路不该局限于我们所做的，我们可以在数字化的加持下展开畅想的翅膀。按照趋势外推来预测，酒旅未来会变成咋样？按照回归发展的逻辑，酒旅相关环境在迅速地发展，又会对酒旅未来产生怎样的影响？

传统的酒店以住宿、餐饮、会议、娱乐为基本功能，在数字化的推动下，四大功能之外又会衍生出哪些新的功能？以住宿为例，一夜的住宿其实是一次深度的体验，体验的对象有客房的设计、软装的体感、家居的功能、布草的舒适度、香氛和灯光的新奇等，只要在客人的五官范围之内，一切视觉、听觉、触觉、味觉、嗅觉所达之物均在其中。瑞典宜家的理念是现场体验销售，平移到酒店的深度体验中，可不可以将对酒店各种物品的良好体验转换为“非房收益”？

以体验文化著称的亚朵酒店，在这波数字化过程中将这种体验成功地转化为“场景零售”，推出了随身品、睡眠、个人护理和香水几大类商品，其中自有生活品牌包括 Z2GO&GO、TOUR PLANET（亚朵星球）、SAVHE（萨和）。2023 年，场景零售 GMV 11.39 亿元，同比增长 298.3%，营收 9719 万元，占总营收比例 20.8%，被市场誉为属于亚朵的第二增长曲线。

试问，此时的亚朵是酒店还是商场？按照这个思路，酒店的任何用品都可以是一个展示体验品，客人使用过程中产生好感，就可以购置回家。这个过程不难实现。此时的酒店就成了产品展示中心。同样，酒店奢华的环境和体贴周到的服务，配上家里难以体验的娱乐服务（元宇宙之类的虚拟娱乐体验、极品视听体验），是否可以成为一种新的消费场景？

再举一个例子：高度拟真的网络视频系统的问世，为未来远距离的大型会议和重要活动提供了“如临其境”的真切体验，特别适合高端董事会之类的远程会议。这种一对一、一对多，又需要有完备的甚至体面和奢华的吃、住、娱配套而构成的国家级、全球级远程会议网络，一旦出现，高端酒店完全可能因为其密布的网点和完备的接待场景而织成一张巨大的商务视频会议网络，进而成为酒旅行业的下一个业务亮点。

上海虹桥的“桃园之境”有一个奢华的阿纳迪酒店。走进大堂，迎接客人的是一份身心疗愈的“阿育吠陀”体质监测；入住期间，酒店提供量身定制的饮品、茶点；全程关注客人“呼吸、睡眠、排毒、酸痛、唤活”的健康平衡；客房、走道、大堂“能量石”、“喜马拉雅盐灯”贯穿营造自然磁场的空间；客人在宁静祥和的颂钵音疗中体验幽深禅意。温泉放松、餐饮养生、工坊体验等，入住这样的酒店仅仅是旅途的歇脚吗？阿纳迪就像它梵语的原意“无限喜悦的心境”所表示的那样，分明是客人心中的向往之地，是真正的目的地酒店。这样的酒店当和数字化诗意相拥又会绽放出何种绮梦芳华呢？

君澜集团董事长王建平在谈到酒店未来发展时说过一句话：“饭店是吃住目的地，也应该是消费目的地。”既然是目的地，而且是冲着”消费”去的，那应该是五彩纷呈的。杭州世贸君澜大饭店大堂吧已然突破了传统经营模式：“留暇 leisure”新空间与户外场景无间隔融通，室内场外各种差异化的社交产品场景，无不触动客人的消费神经：庭院 BBQ、小型音乐会、闺蜜下午茶、咖啡艺术沙龙等，融合着黑胶音乐旋律、花艺的诗情、阅读的宁静和咖啡、红酒的芬芳，如果再有数字化的虚拟和增强技术或产品融入其中，带给客人的将会是更加诱人的消费场景。

现代高端酒店或主题酒店将逐渐演变为“生活美学复合空间”：社交互动、大堂吧（轻酒吧）、餐厅（咖啡、轻食品）、桌游、品茗、品香、品书、健身房、洗衣房、IP 主题、电竞、室内高尔夫等融合着文化、艺术、运动、禅意、设计等元素，力求为客人提供更多样化的体验。华住 5.0 大堂的客厅化设计就体现了这种趋势。

未来的酒店将是一个个主题鲜明的体验场景、消费环境、社交情境的综合体，满足人们食住的切实需求和精神的暂歇以及家庭、企业无法给到的各色体验。它既可以独立存在，也可以“寄生”于其他商业体中。人们也许按习惯继续称它为酒店，也许会有一个新的更符合它内涵的名称自然诞生，这一切都为数字化所“赐”。

当然，“住、食、会、娱”还是酒店向社会提供的四大基本功能，它给我们的实用性和便利性是巨大的，形成的生活方式的惯性也是无法忽视的。在强调数字化对传统酒店的创新、颠覆的同时，我们不应否定这种惯性的强大和合理性。可以说，无论数字化发展到哪一个层级，传统酒店的续存性都将保持着，与数字酒店一起构成酒旅行业的丰富多彩。

“数据孤岛”的困惑与数据中台的破局

信息化阶段，我们常常为信息系统搭建的一种伴生现象苦恼——信息孤岛。“信息孤岛”描述的是在酒旅企业的信息平台上（MIS）平行运行着若干不同且不相通的信息系统，例如 PMS、财务系统、人力资源管理系统等，这些系统彼此独立，数据储存在不同的数据库里，即使同一个数据在不同的系统里数据特征亦不一致，没有统一的“数据字典”，导致各系统信息无法共享。就像在一个大湖中，每个人都生活在自己的小岛上，而这些岛屿之间缺乏有效的通信手段。信息孤岛会导致多种问题，比较典型的如效率低下、协作障碍、决策困难、创新受阻。

数字化时代，酒旅企业也会引进许多数字化的应用系统，以构成不同的应用场景。比如我们举例的数字酒店 1.0 或 2.0，有智能前台系统、智能门禁系统、室内智能 IPTV 电视系统、智能客房控制系统、语音识别系统、机器人系统、智能监控系统等，每一个系统都由一家科技公司提供，严格来说都是独立的应用。那么酒旅企业数字化建设会不会形成新的“数字孤岛”？

很遗憾，数字化技术没有避免“数字孤岛”产生的天然基因。当这些数字化应用系统之间缺乏有效的集成和数据共享机制时，“孤岛”是会有的。这是因为：

数字化系统应用场景的多样性，决定了“数字孤岛”产生的可能性。没有一家数字科技公司能够包揽所有的酒店数字化系统，使之成为一个整体。提供数字应用系统的科技公司产品技术标准、接口标准、执行的 SOP 标准不一样。数字应用系统引进时缺乏规范、以使用部门引进为主的模式，注定系统间彼此缺乏统一协调。数字时代，非结构化信息数量占比达到 90% 以上，数据库处理能力出现异化。

酒旅企业的数字化建设中，防止“数字孤岛”产生是一件重要的工作，提前制定有效的策略尤为重要。

比如，制定整合战略：在引进新的数字化应用系统之前，应该先制定一个完整的数字化战略，确保新系统能够与现有系统无缝集成，并且能够共享数据。选择可扩展和灵活的系统：选择那些具有良好的扩展性和灵活性的数字化应用系统，这样可以更容易地将其与其他系统集成起来。保证数据标准化和一致性：确保不同系统中的数据采用统一的标准和格式，以便于系统之间的数据交换和共享。实施统一的数据管理策略：包括数据质量控制、数据安全和隐私保护等方面，以确保所有系统中的数据都得到妥善管理。

在具体的实践中，建立数据中台是一个可行且常用的方法。大型酒旅集团中央系统，其数据架构远超一个单体酒店的复杂性，用数据中台在业务前台和技术后台间搭起一个中间层，把各应用系统的运营逻辑串联起来，把各系统的数据流进行“整流”，使之符合各个子系统的应用规范，让共享数据在中台中流动起来。

中台的应用起源于美国，在中国被阿里巴巴传承、推广，成为企业在建立数字化平台过程中连接各个业务数字化系统，贯通数据流的一个重要形式。它将数据从各个业务系统中引流到一个统一的数据湖中，经过统一的数据策略和处理，数据可靠性增加、数据格式、数据定义趋同一致，并且易于访问和使用。

数据中台的主要功能之一是打破数据孤岛，促进数据共享与流通。通过建立统一的数据架构，数据中台能够屏蔽底层数据库的差异，建立统一的数据标准，从而推动数据在不同系统间的自由流动，支持上层业务的创新迭代。这种数据共享和协作的机制使不同部门和团队能够访问所需的数据并协同工作。

当然，除了数据共享，数据中台还有其他的重要作用，在诸多的业务系统中，中台可以发挥其“指挥中枢”的作用，通过数据中台，客房控制系统可以随时了解客房入住动态，掌握客人客史，了解客人对温度、灯光使用的喜好，适时调整客人入室的环境给客人最佳的体验。空调控制系统能够根据PMS 提供的出租率和客人到房情况，调用公区人员密集度数据（如大中型会议），结合由智能传感器采集的气温、湿度等信息，自动调节公区最佳体感温度。人力资源系统，会根据客源预测数据和周边酒店入住率数据，安排员工排班计划及薪资和奖励发放建议。在中台的运行中，数据的有序、高效流动是一回事，把酒店内部和外部各应用系统的逻辑打通、形成更多的管理和服务流程闭环是其另一作用。

中台的好处显而易见，但中台的建设比较复杂，类型也比较多，简单地划分就有数据中台、技术中台、业务中台等。这对中小酒旅企业，特别是独立酒店来说有很大的挑战：资金、技术、人才、运维等，都要有较大的投入。能否找到一条捷径？

一种轻型的软硬件结合的智能 HUB 是解决这一困局的可能之道。智能 HUB 有中台连接各系统数据、整理规范数据格式的功能，以打通数据流、避免“数据孤岛”为主要功能，允许各应用系统需要共享的数据形成“数据湖”供各系统主动调用，这种方法避开了因为自身轻型而缺少业务数据的缺陷，是有市场前景的“数字孤岛”解决之路，也是酒旅科技企业产品开发的一个思路。

数据资产与价值创新

2024 年 5 月 6 日，浦东上海数据交易所大厅举行了一扬“数商”授牌仪式。两家酒旅行业的公司被授予“数商”的牌照：辉驿科技获得“数据产品服务商”资格，这是酒旅科技企业第一家；山东舜和集团的“数食汇丛”获得“数据咨询服务商”资格，这是酒旅集团第一家。

商品市场做生意，主体是“工商”；电子商务市场，主体是“电商”；证券市场做生意，主体是“券商”；数字市场做交易，主体是“数商”。

“数商”的登场表明数据流正成为激活物流、人流、技术流、资金流、贸易流的关键载体，数据也正在由数据资源变化为数据要素、数据资产，进而成为数据资本。

不管你是否意识到，我们正处于一个开发“数据资产”的黄金“窗口期”，上面两家率先获得“数商”资格的酒旅企业无疑是酒旅行业的先知先觉者，两个“第一家”IP 是对他们数字成就的最好奖赏。

2019 年我国首次将数据与劳动力、资本、土地、知识、技术和管理并列作为生产要素，数据要素对提升生产和管理效率的乘数效应开始凸显。

和其他行业一样，酒旅业存在大量的数据信息，在经营业务中发挥着巨大的作用，但它从来没有被提到“数据资产”的高度而受到特别重视。酒旅行业大量存在的、经过加工后能够在现时或未来带来经济价值的数据，即将成为一种宝贵的“数据资产”，成为促进酒旅业深化发展的重要引擎，是酒旅数字化、网络化、智能化的基础。

2022年，《中共中央、国务院关于构建数据基础制度更好发挥数据要素作用的意见》（简称“数据二十条”）吹响了数据要素制度创新和数据资产开发的号角，包括酒旅业在内的一切行业都开始面临一个史无前例的机遇期。

往大里说，数据已经成为驱动社会变革和进步的核心动力；往小里说，数据将给酒旅行业数字化转型创造丰富的场景及动能。在形成和挖掘酒旅数据资产的过程中，酒旅企业和科技公司有着巨大的想象空间和运作舞台，也有着诱人的价值宝藏和市场机会。

特别是在将企业数据资产计入资产负债表，即所谓的“数字资产入表”过程中，一方面怎样把符合入表条件的数字资源呈现出来，另一方面在大量的数据资源中进行挖掘，创新、治理，努力把它创造成为酒旅企业拥有或控制且预期会给企业带来经济利益又符合资产确认条件的数字资产，这两个方面的工作是价值发现和创造的过程。这个过程形式新、内容多、价值大，构成了酒旅数字化转型和创新的重要内容。

中国酒旅行业这几年数字化过程大量应用场景呈现，智能系统进入客房给客人和管理方提供了许多优良的体验，智能门锁、自动窗帘、智控空调、模式灯控、楼宇智能导航、服务机器人送物等，在使用这些系统过程中，目前各酒店和科技公司只关注系统的体验感及功能实现，对客人和管理人员在诸多“数字触点”上留下的大量行为数据并没有进行必要的分析和数据挖掘。这些几乎被人遗忘的数据，恰恰是酒旅企业未来的宝藏。

当客人的消费行为数据和客人性别、年龄、来源地、酒店近场天气等信息相结合，可以分析出不同客人的住宿习惯和消费趋势。这些分析结果，具备数字资源、数字产品的特征进而可以转换为数据资产，一旦进入市场交易，想象一下，其价值是巨大的。

“诺基亚时刻”的陷阱和机会

诺基亚，世界手机市场曾经的王者，在21世纪初占据了巨大的市场份额。但随着智能手机的崛起，尤其是苹果 iPhone 和谷歌 Android 操作系统的推出，诺基亚未能迅速调整其战略，继续依赖其旧有的 Symbian 操作系统，而逐渐失去了“老大”的地位。

从技术路线看，诺基亚本身并没有什么错，其 Symbian 系统也一直是手机市场中广受欢迎的成熟系统。如果没有苹果 iPhone 和谷歌 Android，诺基亚风调雨顺再十年、二十年也完全有可能，问题是市场不是由诺基亚说了算。别人变了你不变，不能及时调整战略以适应市场变化，市场地位的下滑就是必然的结果。2011 年，诺基亚的新任 CEO 史蒂芬·埃洛普（Stephen Elop）将这种挑战形容为“诺基亚时刻”。

“诺基亚时刻”揭示：新技术的诞生和大范围普及，造成不同主体之间经济发展的动力和业绩出现变化。因此“诺基亚时刻”对传统大型企业可能是“陷阱”，对后起的“数字原生”型中小企业则意味着“机会窗口”。

今天的数字化转型可能是一个新的“诺基亚时刻”，对大中型酒旅集团更是如此。其属性大都是传统服务业，体制和机制在竞争性上本来就不太灵活，但在体量、市场地位和资源获取上占有优势，在信息化时代有相当的运作余地。数字化转型对他们来说是一个巨大的挑战，能否克服传统理念和操作手法的束缚，去积极面对进行数字化转型带来的观念冲击、价值观调整、企业内部组织架构重构、服务流程和产品重塑，还是把这一切看作可有可无的“虚作”甚至是浪得虚名的“炒作”，以至于在数字化的实践中，不懂、不敢、不愿进行必要的“转型”？

当数字化转型和创新成为酒旅行业共同的趋势时，传统与新兴企业竞走在一个“跑道”，包袱不同、节奏不同、动力不同，如果再有认知不同，“诺基亚时刻”的陷阱就会重现。错失机遇、丧失核心竞争力，市场地位急速下降就是一种实实在在的“危险”了。在数字化时代不作为，谁能保证不走诺基亚之路？反之，如果传统酒旅企业在认知上能够“山高人为峰”，那么品牌优势、人才优势、规模优势、资金优势等就会在数字化建设中转换为动力优势，成为数字化转型和创新的领军者，其数字化服务和产品就具有举旗定向的示范效应，市场占有和运营效益就具有“虹吸”效应。

然而，对大多数新型酒旅企业和科技公司，数字化创造的机遇又是千载难逢的。

面对数字化，大中型酒店集团的使命是“转型”。小型、轻型等新型数字原生酒店集团则是“原生代”，他们懂市场、懂科技。未来 5~10 年，原生类酒店或酒店集团会越来越多，他们会成为中国酒店数字化基本群体，习惯于使用数字原生的方法论去重构酒店的一切要素。他们其中有可能诞生新的独角兽企业，并成为酒旅企业数字化和市场的主力军。

永久的当下

中国酒旅数字化舞台的大幕已经拉开，可以想象未来将有不少精彩的戏目不断上演。但是，并非没有顾虑。有人担心数字化会不会是一阵风，眼前的数字化转型和创新的投入是否风险太大？政策、法规的制定和修改是否跟得上数字化实践的步伐？等等。

数字化不是一个纯粹的学术概念，它的趋势是由科技发展的动力决定的。

众所周知，大多数人到酒店很大程度上就是来享受服务的，酒店属于服务业的属性永远不会消失。然而，并非所有人都非要享受纯粹由“人”提供的服务。许多商务人士，还有一批数字原生代就希望有提供体面旅居功能但成本极简的“全自助服务”酒店（FSS）。况且，酒店服务人员紧缺且人力成本居高不会是一时的现象，“全自助服务”酒店确实可以缓解这一困境。“全自助服务”酒店并非完全无人的酒店，它只是大量采用数字化系统和智能服务机器人来替代酒店管理人员和服务员对客人提供服务和酒店质量保证。

“全自助服务”酒店会大量采用机器人，因为即使在强调“服务温度”的星级酒店，现阶段仍有大量由服务员承担的工作，这些也可以被机器人和数字化系统替代。服务机器人是这类酒店的必要条件。

那么，什么时候服务机器人会大量涌入酒旅行业？答案是：第一，机器人本身的服务功能比较完备，能够承担房务整理和卫生清扫工作。第二，使用机器人的成本和招聘一个普通员工差不多。第三，酒旅行业劳动力资源紧张到一定的程度，虽不至于一人难求，但整体上出现求大于供的情况。到那个时候，不但“全自助服务”酒店会应运而生，“无人酒店”的出现也会顺理成章，高端全服务酒店也会把大量后台、管理端的工作交给机器人，而把腾出来的劳动力资源填补到前端与人直接接触的服务岗位上去。

这就是数字化在酒旅业的发展趋势，是一种预测性的判断。信息化时代，中国酒旅业在信息化建设上不需探索只需跟随，因为我们与先进发达国家的酒旅信息化状况差距太远。但数字化时代，却是我们走到了领军者的位置，从跟随者变成了排头兵，思维、习惯和行动上还不适应，前方的路还得靠我们自己摸索。

探索与跟随的成本不一样，风险不一样，当然收获也不一样。好在数字化探索在方向上没有太大的风险，因为它不但是中国发展的趋势，也是世界公认的发展趋势，这样的大趋势不会是“一阵风”。

当然，也应当清醒地看到，我们领先的差距并非不可被追赶、被超越的。中国酒旅数字化领先，绝大部分不在底层技术，而是在场景应用创新。中国文化造就酒旅业数字化场景创新加上中国巨大的人口基数构成的市场规模，是酒旅数字化领先于国际同行的一个先天优势。

我们还要看到，中国酒旅市场已经从增量市场逐渐过渡到存量市场，市场空间提供的快速增长势头在近几年已经受到制约，大多数传统酒店的盈利能力，其实都在下降。尽管总的指标还有上涨的空间，但大多数靠的是有限增量的扩展、靠压减经营成本。

国家提出“新质生产力”理论，这是摆脱传统生产力“以能源加人力为驱动力”模式的一种新型生产力的跃迁，可以将我国的低成本优势转变为创新优势，特别符合现时的中国国情，也特别适用于中国酒旅行业未来的发展。数字化技术中诸如“云计算”“区块链”“元宇宙”“数字孪生”“物联网”“AI人工智能”等大量新元素可归集于“新质生产力”，因此数字化是本轮发展的最强劲的动力和最宝贵的机遇。

类似“无人酒店”是否会得到政策法规的允许和支持这样的困惑，是酒旅业数字化转型阶段不断会面临的系列问题之一，也一直盘桓在不少人的心头。众所周知，政策和法规是政府管理各行业的行政依据，是上层建筑。当社会出现一种新的生产要素，构成一种新的生产力时，意味着经济基础出现新的变化，当前数字化构成“新质生产力”便是属于这种情形。新质生产力的出现必然对现行经济基础和上层建筑产生影响。

根据马克思主义政治经济学理论，经济基础决定上层建筑，上层建筑反过来作用于经济基础。政策、法规为社会的经济基础服务，进行必要的制度创新和调整是一种正常行为，对此，我们可期可待。

德国诗人歌德在《浮士德》里说过的一句经典老话揭示了一种社会现象：生命之树常绿，而理论总是灰色的。相当长的一段时间里，确实可能存在数字化实践、政策走在相关成文法规之前；企业数字化实践步伐快于政府职能部门探索节奏的现象，是“改革”过程中都会出现的“剪刀差”。中央政治局会议持续提出“以动促稳，先立后破”的观点，就是鼓励各行业在数字化进程中积极探索、勇于实践。

中国酒旅业在数字化转型和创新的过程中，要对国家的数字化大前景进行判断，也要对行业的数字化大趋势进行判断。既要看到这是时代的呼唤，中央和政府的擘画，又要自觉积累奋斗的勇气和觉悟的智慧。

人走过的路叫踪迹，车开过的道叫轨迹，事物发展的方向叫趋势。踪迹和轨迹是现实的，趋势却需要预测。既是预测，就可能存在偏差，可能存在风险。人们担心从事的实践是否存在风险是正常的心理，但我们明白趋势是可以被预测的，无非要有观察的高度。

山高人为峰。泰山再高，站在泰山之巅，立刻高于泰山，俯首一览众山小。预测趋势还要有时间提前量，要有实践深度的提前量。提前把握趋势可以获得红利，跟随趋势或落后趋势反而有成本。当一种趋势被众人认可，并被验证有效的时候，换句话说，当一种新商业模式已被大家接受时，这种趋势的价值空间就已经不大了。要追求数字化的红利，就要走在数字化的前列。

自近山而望远山，意境绵邈旷远，这是中国山水画的一种取景方式，谓之”平远”。用“平远”的取景法观察酒旅行业的数字化趋势，我们看到的同样是一幅令人振奋的画面：到2035年，中国数字化发展水平进入世界前列，数字中国建设取得重大成就，这是我们期待的一个宏伟目标。到那时，中国酒旅业夺下了我们在国际市场的领军者的话语权、酒旅品牌议价权，建立了国际酒旅消费和场景的示范地位，酒旅数字技术创新的进步成为推动全球酒旅行业的发展的巨大引擎，为人们提供了更加丰富、便捷、智能的旅行体验。这是我们酒旅人孜孜以求的远大目标。

从这个意义上说，加快数字化探索和实践，就在当下，一个“永久的当下”。

PART 2

一个新舞台——酒旅数字化场景与创新

场景一

云计算和酒店 SaaS 服务

一朵“云”悄然升起，裹挟着神奇的能量，激荡着每一个角落。

曾经坚固的信息架构，如今遭受着“云计算”激烈的冲击。

SaaS，新模式，不再为成本、硬件而忧虑，在云端的召唤中，找到了数字化的自由。

去 IT 化，犹如风暴般盘旋，传统的 IT 角色，在挑战与淬炼中如同流星坠落。

云计算，如一缕清风，为酒旅业注入新的活力，激发了创新的能量。

酒店业与云计算共舞，开启了数字化的辉煌未来。

传统信息架构遭受的冲击

数字化的发展，首先对传统信息化架构形成冲击的就是云计算。云计算这个名字听上去有点儿虚幻，第一次接触的人感觉就是如坠云雾之中，不知所“云”。2009 年，在新苑宾馆举行的集团年度务虚会上，我第一次给锦江酒店的老总们介绍“云”的时候，大家的感觉就是如此。

我在 2007 年首次接触到“云”。那是随锦江酒店集团一起去美国，在凤凰城与 CHOICE（精选）酒店公司总部讨论收购该酒店集团，收购的事最终没有谈成，我却看到了我眼里酒店业的第一朵“云”。

CHOICE 酒店集团 CIO 告诉我，该公司总部用大型云计算平台管控着这个公司 6000 多家酒店 50% 以上的 PMS 运行，公司云平台通过远程网络向下属的 3000 多家酒店提供实时的管理功能。他们的大多数酒店已经没有 IT 机房，所有的业务计算（PMS、会员积分、夜审、报表等）通过互联网传到凤凰城总部的机房，由那里的云服务器统一处理后将数据反馈给酒店。在总部的 IDC 机房里我平生第一次看到如此众多的服务器堆积在一起，规模之大令人咋舌。其隔壁就是 Apple 全球云中心，还有亚马逊（AWS）等国际大品牌的云计算基地。

在酒店中，总经理轻松地拿着移动 PAD，边走边向我介绍酒店当天的实时经营状况，还可以看到由总部汇总来的集团经营数据和对标的竞争对手数据。那情形在现在的中国早已司空见惯，但在当时着实给了我巨大的震撼。我当时的第一感觉就是“爽”，那一定是未来计算机信息处理的普遍架构，应该好好研究。我自信中国的酒店业也应该走上这条路。

2010 年，上海迎来了它的发展史上第一次“世界博览会”，锦江酒店是这届“世博会”的接待服务商。这一年海外来的宾客特别多，且由刚刚成立的锦江国际酒店预订中心（HUBS1）统一负责线上预订。我们仗着手里的源源不断的海外客源资源，第一次与当时 OTA 之首——携程谈判：将锦江品牌之下的酒店由当时分散与携程签约转为集团统一签约。因为集中签约，锦江立刻变成了大户，因而要求携程给予一个优惠的佣金比例。

这次与携程的谈判与合作是成功的。但是因为锦江品牌的酒店当时运行的 PMS 全都是独立的 CS 架构，每个酒店一个机房、一套独立的 PMS 程序，各种营销的代码（房型、价格、渠道、促销代码等）各自为政，集团公司无法根据市场形势统一推出线上促销方案，这对提高锦江集团整体营收影响很大。

当时每个酒店的 PMS 经营信息，上报锦江总部也是采用 Excel 软件下载，然后通过邮件系统传输上报。每天上报的数据，经过多道人为环节，受到多重利益审核及修改，已经不是原来真实的面貌，这一切都是数据缺乏中央化处理造成的，而实现中央化数据处理的技术正是云计算。

2012 年锦江迎来一次数字化发展的契机，锦江酒店总部迁到浦东。新的总部大楼建设给了我们两个机会，一是建立一套私有云，实现锦江酒店的 PMS 上云，让分散的酒店运营第一次实现真正的中央化；二是在办公大楼实现当时非常先进的“统一通信（Union Communication）”，简称 UC。UC 带来了锦江总部办公的全新方式：工位移动化、每一部电话可以同步连接 20 多路电话、电话与手机、电脑上的内网、打印机、复印机连成一体。这些如今普通得不能再普通的场景在当时却是一道亮丽的风景线。

2013 年锦江建成了中国酒店行业第一个私有云，次年与微软合作整合成混合云，解决了私有云资源不足和浪费同时存在的问题。时任西软总裁的王敏敏帮助锦江，利用当时石基公司收购的 Fedelio PMS 版权进行改写的第一套具有云特征的 R8-PMS，成功上线运行。国际饭店等一大批锦江酒店陆续上云，开始品尝酒店“云计算”这只“大螃蟹”。锦江力图把分散的基于每个酒店的 IT 架构整合成基于云端的高度中央化的信息系统。

10 年前的一次预测

按照维基百科定义，云计算也被意译为网络计算，是一种基于互联网的计算方式，通过这种方式，共享的软硬件资源和信息可以按需求提供给计算机各种终端和其他设备，使用服务商提供的电脑基建做计算资源。

通俗的说法就是酒旅企业获得计算能力、储存资源和网络资源以及专业的线上能力，不用像小工一样自己去做，而是像家庭获得水、电、燃气一样，通过管道向专业工厂去购买。这个“管道”就是网络，这个“专业工厂”就是形形色色的“云计算”服务商。如果再细分一下，云计算服务又分成三级：

一是基础架构即服务，简称 IaaS，是提供各种基础运算资源，以部署与执行操作系统或应用程序等各种软件。IaaS 是云服务的最底层，主要提供一些基础资源。在中国，IaaS 的服务商有阿里云、腾讯云、华为云等。

二是平台即服务，简称 PaaS，提供完整的线上开发和部署环境，包括开发工具、数据库、中间件等，开发人员可以通过互联网访问这些工具，无须在本地搭建和维护开发环境便能轻松地开发应用程序。

三是软件即服务，简称 SaaS，提供各种线上服务，酒旅企业只要线上订阅其服务，就可获得原先必须通过购买软件版权本地安装的一切服务功能，且按预订功能模块多少和时间长短付费。在中国，酒旅业典型的 SaaS 服务商包括绿云、西软、别样红、中软等。

当时我预测，随着中国酒店行业信息化发展的加快，SaaS 也必然适逢其时地迎来黄金发展阶段，越来越多的酒店系统都将搭上 SaaS 这趟列车。未来 SaaS 一定会成为行业定制的普通过程，这是一个新的技术方向。

在一次酒旅行业的公开论坛上，我具体推演了这个过程：随着 SaaS 概念或者云概念在中国酒旅业的落地，大概到 2019 年，80% 以上的酒店企业都会采用云应用或 SaaS 应用。SaaS 会成为信息化管理的主流形式。

光阴荏苒，一晃已是 2024 年。距离我第一次作出中国酒店业云计算、SaaS 发展“预测”已差不多 10 年了，回头看看中国酒店的云计算发展到了怎样的境地？当年的预测究竟实现了多少？

2021 年，石基公司联合部分省市酒店协会、CIO 协会和院校等 7 家机构发布了一份《中国酒店业系统上云现状调查报告》，以比较权威的数据揭示了酒店“上云”的结果：最近 3~5 年的时间里，云 PMS 几乎是以破竹之势在酒店行业中扎根崛起，成为推动数字化转型的核心变量之一。2021 年处于早期调研阶段的酒店比例为 29%，而处于上云中期阶段，已经将部分系统迁至云端的酒店比例大约为 37.6%。处于上云完成阶段的酒店占比大约为 11.47%。同时，仍有 21% 的酒店在现阶段并没有将系统迁移至云端的打算。《中国酒店业系统上云现状调查报告》还显示，已经处于云化进程内的酒店集团约占 66%。但是，将近 70% 的单体酒店在现阶段没有上云的打算或仍处于早期调研阶段。

显然，我对云计算和 SaaS 在中国酒店业的发展大趋势的预测判断基本正确，但是有点儿乐观，对单体酒店的云化过程估计则过于乐观。

其中，大部分有限服务的连锁酒店集团“上云”步伐跟上了数字化的节奏，高端酒店上云的步伐确实慢了一些。好在，石基公司的 ESP 在国内推广的步伐很快，甲骨文公司的 Opera for China 也已在 2024 年 5 月在上海正式发布，这两家国际云 PMS 将对未来中国高端酒店（尤其是海外品牌）上云有较大的推动作用。

SaaS 数字化作业的新模式

酒旅行业为什么会普遍采用 SaaS 应用形式，我当时的判断依据是鉴于云计算是一种极有技术优势的新模式，而 SaaS 是具有为酒店“赋能”的应用形式、又方便酒旅科技公司扩大服务效能的一种商务形式，因而具有广泛的市场接受度。

SaaS 概念的不断推广，吸引了很多信息服务商加入其中，开始把其产品 SaaS 化。以前都是用客户端安装，现在为了满足或者迎合这个趋势，大量的酒店服务供应商、IT 服务供应商推出了他们的 SaaS 产品。比如著名的 Salesforce，已经是网络营销和管理的最大 SaaS 服务商。还有 SRM 同样是酒店业的人事管理云服务商，NEC 也紧跟其后。

中国本地的 SaaS 化同样风起云涌，竞争激烈。西软、绿云、别样红、中软等传统的 PMS 软件供应商都纷纷转型成为云化的 PMS 为主的应用服务商。产品推陈出新，角色乾坤转移，说明走 SaaS 这条路其动力不仅来自酒旅业本身，同时也契合了供应商的需求和愿望所形成的推力，两股力量齐头并进，这条路就会比较坚定地、一往无前地走下去。

酒旅业 SaaS 化过程会碰到哪些问题?

技术首当其冲。如果采用 SaaS 系统（或者叫云系统），跟传统系统相比会出现一些裂变，这些裂变会给管理、习惯以及利益造成冲击。PMS 是酒店业最基本的信息系统，也就是说开酒店一定要有这款 PMS 系统软件来把酒店客房和运营管理起来，所以说酒店业最重要的软件就是 PMS，PMS 也就成为酒店 SaaS 化的最主要的内容。

另外还有一些地域上的差别。中国每个省区市的酒店“云化”环境也有差距。这个差距在哪?主要在带宽和网速上。当时中国的网络基础不像现在那么牛气，在世界各国宽带速度排行表上，中国位列四十几，这显然是不利于 SaaS 推广的。如果网速不能按照我们的要求提上去，那目标的实现可能也是有差异的。因此，国家力推骨干通信网“降费提速”，竭力营造各行各业拥抱互联网的外部技术环境。网速的快慢和成本，是刺激或制约酒旅业各种应用系统云化或 SaaS 化的重要因素。

SaaS 的巨大诱惑：大幅降低成本

跟传统的客户端 PMS 相比，采用“云计算”SaaS 服务的 PMS 好处非常显著。我曾给锦江酒店集团的 CEO 算过一笔账，在上海地区锦江有 18 家四五星级酒店，如果采用 SaaS 模式，这 18 家酒店的 IT 成本会有什么变化?我们算完账之后 CEO 就欣然决定进行投资，所以才有了投资几千万元去建锦江私有云这样的一个举措。

传统的 PMS 系统有哪些基本投资?除了基础硬件，还要有应用软件，加上每年的软件维护费、机房投资以及 IT 工程师工资，这些开销是酒店开业在 IT 上面需要花费的最基本的投资。

使用云化 SaaS 后会发生一些什么变化?首先硬件成本大幅降低，服务器用不着了，存储器减少了，UPS 不间断电源可以低配；系统软件和应用软件不需要购买了，就这几项省下的钱就很可观。一个拥有 300 间客房的高星级酒店，使用高端的 PMS，光软件购置就得 200 万元左右，非常昂贵。采用 SaaS 后，软硬件的维护费、升级费就降低了一大半，这无疑是个巨大的诱惑。

接下来酒店机房的投资，原则上也可以砍掉，因为 SaaS 是不用机房的。每个酒店都有一些本地的接口，包括电子门锁和 PABX 电话程控交换设备等，合适地保留一个小的机房就可以应付。最后，工程师的数量显然也有变化，他们的工资也是一笔不小的开支，从原来一个酒店最好配备三个 IT 工程师，一下子就被减到了一个工程师。

增加的费用有哪些？有两项：一是 SaaS 系统的使用费，一般一年一付，通常把这笔费用称作“订阅费”，好比订报纸要付费一样；二是网络通信费。如果以 5 年作为酒店信息系统更新周期，这样，锦江上海地区 18 家酒店 5 年可省下 4000 多万元！这样一本账清清楚楚，无论哪个 CEO 都会愿意采用新的 SaaS 模式来管理酒店。

SaaS 未曾预料的反噬：去 IT 化

SaaS 也给我们本身带来冲击，这是在推广过程中无法回避的问题。

首先，实现 SaaS 就意味着实现了信息架构的中央化，这种模式导致基层的信息系统由分散向集团层面集中，由此整个酒旅业会出现一种“去 IT 化”的现象，也就是说整个酒旅业或者酒店集团的信息化在得到高度加强的同时，酒店本身却出现了去 IT 化。那么酒店的 IT 工程师就会担心其职位在哪？SaaS 会不会敲掉了自己的饭碗？

其次，对于酒店集团来说，CIO 或 IT 部门同样面临着在 SaaS 冲击下边缘化的危险。因为大量的系统由第三方来提供，酒店或管理公司职能部门可直接购买服务，这时候 CIO 或 IT 部门怎么办？

锦江和一些国际酒店集团在推广 SaaS 的时候采取的策略是让原来下沉在酒店基层的 IT 员向集团聚拢，最常见的做法是成立区域的 IT 支持中心（或叫共享中心），把原来窝在每个酒店里的 IT 人员提拔到共享中心来，避免由于一种模式的采用而导致人员结构在利益层面的重大撕裂。

还有一个重大的问题，凡是重管理的企业几乎都会面临，那就是中央化会导致酒店的全部数据由各个酒店向集团集中，这意味着集团可以拥有所有经营的数据，比如这个酒店今天做了多少营收，房间出租率是多少，ADR 是多少，入住的客人来源构成、预订的渠道分布情况等，全都实时掌握，清清楚楚。这对加强集团的管理有莫大的好处，但这些数据如何转化成资源？并反馈到成员酒店中去？

SaaS 化的过程中，采用大数据分析是一项需要并行跟进的工作。通过大数据的分析和模拟，在成熟的建模作用下，管理集团和成员酒店可以分层获得相关的衍生信息。高层管理人员可以了解当前和未来的经营现状和动态，酒店营收的走势和预算相比之间的差额；动用房价策略对营收产生的正向或负向的影响以及这种影响的弹性系数。每个酒店的经营管理人员也可以了解，影响酒店营收的因素有哪些？如何调整这些因子去促进营收的增长？房价调整对出租率的影响？哪些房型调整对营收影响最大，对出租率（负面）影响较小？等等。这些深层信息的挖掘和释放的好坏，直接影响到成员酒店对 SaaS 的接受程度。

启用 SaaS 后一切变得透明，酒店管理者如同突然被推到阳光底下一样，势必会有严重的不适感，这也是推广的一个障碍。但 SaaS 模式加推丰富的数据分析和收益管理等辅助功能，酒店管理者也会如同享受饕餮盛宴一样，在享受中拥抱这一新的信息架构和模式。

因此，我一直在传播三个观点：一是 SaaS 或者云平台的推广在中国的酒旅业，是一个不可抵御的、长期发展的趋势；二是在推广 SaaS 的过程中，除了技术问题外，还有很多跟利益相关的问题，需要顾及；三是 SaaS 的安全是长期困扰酒旅业信息化的问题。尽管 SaaS 本身的安全策略可以做得很好，但无法把酒店的数据安全问题彻底解决。

场景二

PMS 酒店管理系统

在酒店业舞台上，PMS 曾是灵魂一般的存在，如今掉在物联网的涟漪中：挂羊头卖狗肉的误解，如同暗流潜藏，PMS 系统需回归与演变，方能跨越前行的边界。

做大，是它面对的一种选择，连接更多服务，构筑全新的生态。然而，免费的暗示，又在频频发出，PMS 如何找到生存的密码？

向上，通向云端的无垠，PMS 云化势不可当，如云一般飘浮，自由自在，融入酒旅业每一个角落。

在这数字的璀璨星空中，PMS 与物联网交织，共谱新的篇章。

挂羊头卖狗肉

物联网面前的尴尬

回归与演变：做大生态还是趋于免费？

不容置疑的 PMS 云化

挂羊头卖狗肉

随着工信部5G牌照的发放，中国数字化正式进入一个崭新而独特的时代——5G时代。5G独特的性能——“宽基带、超高速、低迟延、永在线”极大地改变了互联网应用和体验。

在酒店业，传统信息化的核心——主数据库系统PMS同样因为数字化技术的不断涌现而演变、颠覆、提升，在整体功能上甚至出现“回归”现象。

概括地说，PMS将出现以“向大”“向小”“向上”为特点的发展新趋势。

PMS，一款流行在全球酒店业的主数据库管理系统，其英文全称为Hotel Property Managment System。按照英文字面翻译，它应该被叫作“酒店物业管理系统”比较合适。但现今流行于酒店业的（无论国内还是国外）其实是一套“酒店业务管理系统”，管理的内容以酒店的房务资源为主，提供前台的入住和退房功能、客房资源的动态管理功能以及客人及客人消费信息管理功能等，与物业管理基本无关。

呈现这种状况的背景是：PMS源出航空业，它是一款航空业为管理航空经营资源而设计的信息系统，20世纪70年代初，在美国一经推出，即广受航空业的欢迎。酒店客房资源与航空座位资源管理与售卖要求极为相似，当酒店业信息化起步时，首先需要管理的就是客房资源，特别是当时美国大型酒店开始出现，动辄几百上千间客房的管理，用人工来管实在捉襟见肘，于是酒店业匆匆将此系统引入，当时未能做出大的功能结构性更新，并沿用至今；酒店其他物业信息系统（如能源系统、各种设备管理系统）受制于对传感器和智能化的技术要求，又特别追求运行的安全性和实时控制，在3G和PC互联网技术出现前基本处于空白，4G时代才开始起步。

因此，PMS的概念“大而全”，顶着酒店物业管理系统的大帽子，听上去样样都管，但实际上只做客房资源的管理，是典型的“小头戴大帽”。

但是，这样一款信息化时代诞生的酒店管理系统，在相当长的时间里却发挥着酒店主数据库的作用，其地位可列为行业的翘楚。说它占有主数据库地位，是因为PMS收集和产生的数据一般为酒店总数据量的70%以上。并且相当长的时间里，其掌握的客人数据和房源数据及经营状况指标是酒店经营决策的主要数据来源，比如酒店的客房销售总量、出租率、平均房价等。这些数据也是其他信息系统亟须关联的资源，包括中央预订系统、财务系统、人力资源系统、客房控制系统等，往往一经关联，就有事半功倍的催化效果，所以PMS备受行业关注。

给这样一套为酒店行业做出重要贡献的应用系统以一句“挂羊头卖狗肉”的戏评，是因为它在中国酒旅行业进入到数字化时代时遭遇到了前所未有的挑战。

物联网面前的尴尬

中国酒旅数字化的技术背景是移动互联网的快速发展和物联网的普及。随着各种各样的物联网智能系统开始涌现，多样化酒店物业管理系统的实现不再是遥不可及的，如智能梯控、智能客控、智能灯控等，他们的集合构成了酒店真正的“物业管理”系统；再者，这些系统因采用物联网技术和传感器收集和处理数据，其数据结构与传统的PMS异构，PMS无法以主数据库的身份将它们纳入麾下。

特别是5G的出现，催生了移动互联网和人工智能的快速发展，PMS回归本源（酒店物业管理系统）的技术基础和应用场景已然出现，这就为PMS在未来的演变和发展提供了极大的动力和方向：回归本源，成为酒店所有数字系统的智能化整合平台。

目前酒店数字化建设，尤其是智能酒店的建设，针对各个管理对象和应用场景开发了许多数字化的系统，这些多样化的数字系统控制的内容，包括能耗、烟感、照明、厨房管理、视频娱乐、语音通信和交互、客房服务、餐饮管理、酒店微商、服务和管理机器人、视频监控、背景音乐、家居管理、助眠催醒、自助洗涤、停车场、消防、给排水与环境检测、渗漏与压力检测等一切楼宇自动化系统和即将诞生的酒店物联网系统（包括与酒店外部相关的系统连接，如电子导航、外卖、电商、叫车、情绪分析等）。

这些系统的层出不穷反映了我国酒旅数字化建设的可喜成果，也严重挑战了 PMS 的主数据库地位和数据处理的能力不足的短板，可以说，传统的 PMS 系统在物联网为基础的酒店数字化面前表现得有点儿尴尬。

时代需要一套名副其实的 PMS 系统，纳入和整合目前酒店业业已发展但各自为政的、独立无关的数据系统，进行无缝化的数据整合和全方位的智能化控制，成为酒店数字化和控制的中心平台，这样才能名正言顺地继续站位酒店“主数据库”地位。

这些应用一旦整合、纳入全新的 PMS 系统，将客人信息、需求和相关设施的使用状况与系统管理要求智能关联，将创造出数字时代酒店智能化崭新的应用场景和最佳客户体验；对酒店降低当前“一个系统一套人马”、人浮于事而又不得不配的痛点，极大地降低“人房比”；对提升酒店专业化管理水平，在提高客人入住体验和安全感的前提下降低能耗、功耗有极其重要的经济意义和社会意义。

以上愿景要实现，必然会面临一个技术难点。那就是，上面举例的许多智能化系统或传感器传输的数据信号常常是非结构化的，而 PMS 能够处理的是结构化的数据。虽然两者通过适当处理和转换可以对接，但在实时性上会有一定影响。所以 PMS 要在数字化时代继续担当酒店主数据库的地位，需要做很大的改进。

回归与演变：做大生态还是趋于免费？

综上所述，我们理解 PMS 是要回归本源，成为真正的酒店物业管理总系统、总控台。酒店管理的总体要求将以技术参数的形式输入 PMS，然后通过各个智能应用系统以及末端的传感器协调出一个最佳的酒店运行环境：既有适合大多数人喜好的公共区域控制系数和场景，也有符合个性化消费需求的客人私密空间喜好。

在现代数字技术的保障下，我们无须担心 PMS 对这些智能子系统实时控制的安全性和经济性。这是数字时代为 PMS 发展创造的契机，也将是未来 PMS 创新的最精彩的亮点。此时 PMS 形态上是向“大”发展，做好生态。

PMS 的另一个发展趋势是向“小”发展，部分功能将陆续剥离。

酒店现在的 PMS 主要用于预订、入住、退房、房态管理、房价管理、渠道管理、客史管理、房卡管理、佣金管理、结账、夜审以及设置和接口管理等客人住前、住中到退房阶段的管理功能，部分 PMS 还包括“餐饮宴会销售”（Sales and Catering）的管理模块。

这样的功能模块结构是基于 20 世纪 80 年代中期酒店进入信息化阶段，管理范围以单体酒店为基本目标而确定的。那时，没有互联网，加上品牌公司中央化管理理念尚未形成行业共识，即使是品牌酒店集团对旗下的酒店也并未执行严格的连锁管理，更多的是“连而不锁”，在价格策略、营销策划、渠道管理、会员计划等方面较多地以 SOP 的方式进行松散管理。更何况市场上产生和续存着大量的单体酒店,PMS 必须是呈现在酒店局域网基础上的“全功能”模式。

21 世纪初，3G 技术和互联网出现，网络远程通信技术的升级，使酒店集团中央化管理成为一种可能，国际酒店集团纷纷在此基础上加强集团的中央管控，中央预订系统（CRS）兴起和客户关系管理系统（CMS）替代客户忠诚度计划（LPS）成为连锁酒店集团的中央化管理利器。国内的酒店集团如锦江、金陵等也顺势开展了中央化的管理实践；而此时的国内市场上一批以“强管理”著称的经济型酒店集团纷纷登台，他们的中央化管控系统比起国内高星级酒店集团大有后来居上的势头，自行开发的 PMS 成为经济型酒店集团的一个撒手锏。然而，因为高端酒店 PMS 大多来自第三方的供应商，这股中央化的浪头并没有实质性改变 PMS 功能模块的构成。

方兴未艾的智能化热潮，迫使酒店集团包括单体酒店的管理者适应酒店新一代主体客人崭新的消费需求和习惯变化；也迫使酒店 PMS 供应商正面思考改变和创新产品。因此，在管理方和需求方的双向作用下，酒店管理系统的“中台”概念终于破茧而出。

“中台”是相对于酒旅企业业务、管理“前台”和数据底座“后台”而言的，各酒店的信息集中于此。“中台”根据不同系统需求正向推送相关数据，具有强大的策略管理能力，强调的是资源整合和能力配置。酒店的价格策略、渠道管理、会员资源、营销方案都是集团“中台”支配的内容。

“中台”的出现，有效提升了中央化管理的力度，连锁酒店真正实现了在品牌、会员计划、营销方式、定价策略、变价和渠道管控以及舆评监控的统一管理和操作，这个方式强化了酒店品牌意识、会员意识和利益需求，使酒店集团收益管理达到了一个前所未有的高度。

酒店营销人才向集团聚集，酒店作为独立个体自行进行单打独斗营销的必要性在迅速弱化，单体酒店的人工成本下降。在这样的背景下，酒店 PMS 原有的预订、定价、渠道管理等功能模块变得可有可无，只是在单体酒店中尚有应用场景。

现实已经告诉我们，当前的 PMS 具备了瘦身的条件。随着数字化深入，集团中央化强度进一步增强、规范，酒店前台 PMS 模块将以满足现场管理为主，一切归属于集团统一管理的功能模块势将逐步剥离，PMS 将变得越来越小，越来越轻。

一个值得关注的动向是，随着 PMS 前台功能越来越轻，其服务方式也必然会出现创新：连锁酒店集团的中台成为 PMS 供应和服务的重头，按照服务酒店的数目或管理的房间数量对提供中央化强管理的“中台”系统进行有偿的服务，对集团所属的酒店 PMS 之需就可过渡到“免费”的阶段。

这对一般中小规模的酒店物业来说无疑是一个好消息；对提供连锁品牌服务的酒店集团也是一个易于接受的服务模式，因为对他们而言，“中台”系统才是体现和贯彻公司管理要求，保证所属酒店按照连锁原则有效经营的核心平台。对酒店 PMS 供应和服务商来说，同样是一种可以接受的模式，对酒店的“免费”转移到对集团本部的“收费”，服务对象没变，但付费对象转移，更有利于他们集中精力，减少一些销售上的投入，专心地通过产品优化服务好酒店连锁集团，这就是 PMS 形态向“小”发展。

不容置疑的 PMS 云化

PMS 销售模式将从现在的以固定成本的设备和软件采购转化为系统的服务采购。PMS 从云上获得、数据储存在云上；PMS 的接口也将呈现出云服务的特征，一切都满足高速多元的移动服务新要求。随着数字化技术日臻成熟和云计算的普及，一切与酒店有关的应用系统和设施的接入，也都将实现"云化"，比如，酒店智能家居、酒店服务机器人、酒店各种楼宇信息控制系统等，与 PMS 的数据交换，都将通过高速的 5G 网络与云平台实现联通，从而达到无迟延的实时连接。这将创造出无限想象空间的优质且个性化的酒店服务产品。

未来的 PMS 与其他系统的关联不是少了，而是更多更实时更智能（除了部分迁移到"中台"的功能之外）。更新的数字技术让这种关联建立在高速的云计算平台上，从而使 PMS 更加有效、使用成本更加低廉，但系统的安全性却空前提高。

虽然说 5G 并非云计算产生的必要条件，但却是 PMS 和各种酒店物联智能系统上云的催化剂。看到 PMS 在数字化技术刺激下加快云化的必然性，可以提升酒店管理者和业主上云的积极性，也可以促使 PMS 供应服务商投入更多的资源，提供更加符合未来酒店业需求的云 PMS 产品及服务样式。

PMS 作为一款酒店数字化的核心产品，正迎来脱胎换骨的改造、升级、颠覆和创新的机遇。PMS 将不再仅仅是一款酒店前台信息系统，而将纳入诸多新的物联和楼宇系统，成为酒店数字化管理的总控台；PMS 中属于集团中央化管控的模块将被剥离，变得更小更轻更易配置，专供酒店现场的数字化管理；PMS 的配置和服务模式也将进一步实现云化，其接口和数据交换的云化将同步实现，更适合移动互联网条件下的客户需求。

场景三

智慧酒店建设

数字化的入口，中国“未来酒店”宛如晨曦初露，芸芸“探索者”在这片新兴领域中，不懈追求与探索。三座“里程碑”虽不高耸入云，都记录着探索者的脚步和汗水，这是一个时代的抉择。

1.0，数字化初体验，黎明前的微光；2.0，数字化再升华，宛若旭日东升。

1.0 到 2.0 的进化，一条蜿蜒的智慧之路，每一步前行，都让酒店变得更加智能与个性。

不仅仅是提高效率，不仅仅是重塑体验！如同浩瀚的银河，每一颗星星都是创新的结晶，在数字与智慧的交融中，创造出酒旅无与伦比的新场景。

中国酒店数字化入口

芸芸“探索者”　三座“里程碑”

智慧酒店还是数字酒店？

从 1.0 到 2.0 的进阶

宏伟目标在哪里？

中国酒店数字化入口

中国酒旅业在物联网、人工智能、大数据、云计算等先进技术的支撑下，已进入到一个新的阶段，即以建设智慧酒店为特征的数字化转型时代。大量的酒店集团开始了新一轮的酒店信息化向数字化转型的实践，涌现出许多可圈可点的成功案例。也有许多酒店系统供应商敏锐地抓住机遇，研发出一批酒店智能化的产品，促进了新的数字化发展。整体来看，建设中国式智慧酒店已成为全行业的共识和趋势，已然成为中国酒旅业进入数字化的“入口”。

无疑，物联网和人工智能等新兴数字化技术是这波智慧酒店建设的催化剂，它促使智慧酒店成为当今酒店业的新宠。在这波酒店垂直领域数字化的大潮中，我们在许多酒店看到了一幕幕新的场景：微信预订，扫码入住，手机开锁，室内灯光、空调、音乐和电视自控，空气自净，智能梯控，机器人服务等。这些场景与传统的酒店服务确实有很大的不同，给人以新颖的感觉，并因此被冠名为智慧酒店。

芸芸“探索者” 三座“里程碑”

说到“智慧酒店”，不能不提三个先行者。在我看来，他们是中国酒旅业尝试“智慧化”的三次重要实践。

第一个是瑞吉红塔大酒店。早在2006年，“红塔”利用当时其所在的上海唯一5A甲级智能大楼物业开始了“智慧化”的探索。楼宇本身包含了楼宇自动化（BA）、通信自动化（CA）、安保自动化（SA）、消防自动化（FA）等系统，“红塔”利用这些先天优势加上酒店内部领先的IT建设，实现了对通信、水温、空调、消防、安保、办公的智能控制，迈开了酒店智能化的第一步。“红塔”的智能化主要集中在B端，客人没有太大的直接感受，加上业内普遍认为“红塔”多金，他人无法仿效，因此在社会上没有引起大的反响。

第二个是浙江黄龙饭店。当时国际品牌酒店纷纷进入杭州，竞争异常激烈。突出重围，重铸“黄龙”辉煌成为酒店管理层抉择的首要问题。“黄龙”意识到“奢华是可以模仿的，而服务却难以复制”，于是决心利用改扩建机会，采用创新的信息技术，营造出住店客人在其他酒店得不到的独特享受，并以此创立品牌。“黄龙”选择了在“智慧 IT”领域全球领先的 IBM 作为合作伙伴。

李民权，负责“黄龙”项目的 IBM 全球信息科技服务部中国区资深架构师，多年后与我聊起“黄龙”时还是非常自豪：IBM 整合 RFID、无线通信、网络技术、手持 PDA 技术等，实施了 20 余个子系统、几十个客人可感受的“智慧点”，这是当时最领先的项目。

“由于彼时的电视还没有安卓系统”，李民权举例，“为了把电子门镜的图像投射到电视大屏上去，花了非常大的力气，但现在就轻而易举了。这几年物联网技术发展得快，如果现在做，肯定更不一样！”

“黄龙”在 2010 年重新开业后其“智慧酒店”品牌一炮打响，前来观摩、体验的客人在相当长的时间里超过正常的商务客比例。“黄龙”在智慧点的选择上重点落在 C 端，无疑是成功的，其市场影响度超过了它的老师“红塔”。据介绍，“黄龙”此项改造投入有 10 亿元人民币之多，其中 IT 项目至少 5000 万元。因此“黄龙”的意义在于扛起了“智慧酒店”的大旗，而非“仿效”。

第三个是阿里的“菲住布渴（FlyZoo Hotel）”，号称“未来酒店”“无人酒店”，于 2018 年推向市场。

“菲住布渴”由阿里达摩院负责制订酒店创新研究计划、飞猪设计了全栈体验流程、阿里云提供了大数据底层服务，人工智能实验室（AI Labs）设计自己的智慧机器人。酒店推出了 7 个国家主题房。“天猫”为酒店家具布草提供了供应链。所有客房内的家具、床品及其他物品，客人如果喜欢，就可以“一键下单”，成为阿里“新零售”战略的一环。

阿里未来酒店 CEO 王群很有信心地表示：“通过酒店管理平台系统能力的提升，‘未来酒店’的人效比是传统同档次、同等规模酒店的 1.5 倍。”

“菲住布渴”在技术上比起“红塔”和“黄龙”要先进许多，这是“物联网”和数字技术伴生的结果。在酒店智能化场景设计上，也得到其背后强大的阿里系资源的有力支持，做得认真且颇有特色。我认为“菲住布渴”项目本身是非常成功的，但2018年技术背景与市场期望与前两者相比已有显著变化：“智慧酒店”已在中国探索多年，一大批“智慧酒店”科技服务商在技术、产品、解决方案和实践经验等方面储备甚厚，在“菲住布渴”筹备期间，就有许多友商、竞商在暗中“对标”。此时的消费者对数字化“智能客控”等场景也非常熟悉。当他们亲密接触、体验到久盼中的阿里“菲住布渴”后，除了真心感叹一声“好”之外，却也少了一份期盼中的“意外”和惊喜。

“红塔”“黄龙”“飞猪”是中国“智慧酒店”建设道路上众多“探索者”中值得标名的三家企业。他们的实践为中国“智慧酒店”成功树立了三座“里程碑”。用历史和科学的观点回看他们的实践，尽管都有个别“遗憾”“瑕疵”“不足”，却都值得中国酒旅业研究和铭记，我为他们点上三个大大的“赞”，同时也为所有走在“智慧酒店”建设途中的酒店集团和科技公司点赞。

智慧酒店还是数字酒店?

然而以“智慧酒店”来命名并定义我们的数字化实践，合理吗？随着数字化进程的发展，中共中央和国务院《数字中国建设整体布局规划》的出台，以及各种数字化技术的涌现，我们发现“数字酒店”的概念比起“智慧酒店”更科学、更准确地体现出我们正在从事的事情。“智慧酒店”应该是“数字酒店”最高阶段的实践产物，而我们却把它用在了初级阶段的产品命名上。

目前，所谓的“智慧酒店”其数字化技术的应用局限在客房建设或小部分住中场景，智慧程度较低，充其量是某种自动化，但它与传统客房相比确实在技术、使用体验、管理效能有了很大的提升，是一种值得提倡的实践，因此我把它称作“数字酒店 1.0”。

现在酒旅数字化已经转向住前、住中、住后的全链路，每一个阶段的数字化场景是全方位的、每一个数字化应用是沉浸式的，对此，我把它称作“数字酒店 2.0”。

从 1.0 向 2.0 提升，意味着我们行业数字化发展步伐的加快，意味着酒旅数字化系统、产品开发空间的拓展，意味着中国酒旅数字化境界的升华。我相信，当我们真正实现了数字酒店 3.0，乃至 N.0 的时候，我们的酒店一定是名副其实的“智慧酒店”。

从 1.0 到 2.0 的进阶

我们来看一下，数字酒店 1.0 有哪些特征？

● 控制简单，实现了一些单系统从手动控制向电动控制的转变，比如用手机开门、用微信小程序控制窗帘、灯光等。

● 应用系统彼此独立，横向物联的能力很弱，或基本没有。

● 对客人或管理人员行为的描述和分析、抽象能力很弱。

● 后台数据的优化过程及结果对系统的调节能力基本为零，也就是它无法个性化对待每个客人的行为需求，也无法越用越聪明。

● 由于物联程度较低，应用风险也不大。

如果放到物联网背景下，它们达到了物联网基本内核和智慧酒店的基本要求了吗？

我们先看一下，物联网条件下的智能系统应该具有的特性，这些特性将决定我们设计和建设的应用系统的能力和场景创新的空间，并影响着使用者（包括住店客人和管理者）的体验。

一是全面的感知能力。物联网智慧酒店采集数据的方式主要是通过各种传感器来实现“数字化触点”，人机交互只是非常小的一部分。每个传感器就是一个信息源，不同的传感器捕获不同的信息内容。信息格式也完全不同，传感器获取数据具有实时性，按照一定频率周期性采集环境和使用者信息，不断更新数据。这种传感能力大小直接决定了智慧系统对环境和使用对象的感知灵敏度。

二是内外贯通能力，也就是无感传送的能力。这种能力通常是通过互联网的通信网络和协议来实现的。酒店智能系统上传感器采集的数据通过网络传送，因其数量庞大形成海量数据，为保障数据的准确和及时，需要适应各种异构网络的协议。

三是系统的正向反馈力。一套优秀的智能系统不仅提供感知力，更要能够对酒店设备和家具实施智能控制。从传感器捕获的海量数据中分析、加工、抽象出客人行为特征模型，通过“学习”用优化数据的结果去反馈给系统，使得系统因人而不同、越用越聪明。

同时，物联网智能系统还要具备实时控制的能力，并有智慧、高效的结果。

从这些物联网智能系统的基本要求出发，我们发现现有的酒店数字化应用系统，显然还无法全部达到，但客观而言毕竟实现了部分的功能，或者说有了一些影子。因此，将此定义为“1.0 版本”比较适宜。

新一代的数字化酒店——我将此暂且定义为“数字酒店 2.0 版本”将会朝哪个方向发展，对这个问题的思考和探索将会影响到中国酒店数字化转型和创新的路径以及一大批酒店科技公司和方案服务商的技术方向。

可以肯定的是，上面提到的物联网特性将会在新的数字化系统得到更进一步的体现，概括而言，“连接”“学习”“控制”将成为系统最主要的特征。

可以预见，2.0 版本的数字酒店将呈现出以下的升级：

（1）智控场景不断丰富，连接传感器的智能家居和应用越来越多。比如，楼宇智控、消防智控、灯光控制、停车场智控、绿化智灌、布草智控、安全智巡、床垫智控、无线带宽智控、信息显示智控、反偷窥智控、厨房驱鼠智控、房务清洁智控、无屏显示、穿戴智控、行为识别报警、虚拟娱乐智控、智能会议等。酒店智能化的“拼图”会越来越丰富，体现出物联网万物相连的优势，数字系统的覆盖面出现 360° 全方位的辐射，为酒店数字化转型过程中的产品和服务创新增加无限的空间。

（2）智慧系统具备自我学习和抽象能力，正向反馈机制形成，智控程度与能力越来越强。大量的酒店设备和应用系统由人工控制（包括用微信、手机、遥控器控制）向智能感控发展。如空调由人工设置温度向系统自动根据室内、室外温度和体感喜好智能感控发展；灯光会根据酒店对光度要求结合每天日落变化和气候变化实时调节；窗帘根据室内活动、客人习惯及日光转移而自动调节角度；床垫会和空调联动，根据室内温度、客人喜好及人体生物节律调节温度、硬软、倾斜度等要素变化；机器人会根据安保级别与安控巡检的视频及异常情况智动触发监测。其中，相关应用之间的关联度会越来越高，床垫与空调，楼宇灯光与日光监测，机器人与客人需求等原来各不相通的系统都实现智能相连。这些能力完全基于人工智能和大数据的应用，是数字系统深度学习功能的正向反馈表现。

原来人工智能在酒旅领域使用比较困难，成本也高攀不起，但LLA大模型推出后，利用大模型的算力，加上酒旅行业的专业数据库，酒旅行业的智能系统变得轻便、灵动起来。

（3）人工干预的要求越来越低，节省大量的劳力，形成管理和服务的智控。因为在大量的家具和设备中，埋置了大量的传感器，需求信息和行为特征的感知都通过传感器自动无感捕获，系统对人的依赖显著降低，而控制的可靠性却反而增加，客人的满意度从依靠员工的服务技能和服务态度转向依靠系统或设备的稳定性。数字系统将更多地呈现出节省劳力、反应迅速、忠于职守、管理到位、体验精细的优点。这一点，对我国人口红利即将消失，酒店市场劳力趋紧、成本趋长的状况特别具有意义。

（4）安全风险积累和破坏力需要引起关注和限制。我们在享受智能化的同时也将承受风险，数字系统本身的误报、内部人员行为失检造成的系统误控、外部入侵导致系统失控或数据的失窃等都是不容忽视的。

鱼和熊掌无法兼得。我们在跟进数字化的进程中只能趋从大势，采其长而限其短，因噎废食会使我们裹足不前丧失发展的机遇。正是基于这种共识，中国酒旅业才在这一波的数字化大潮中成功迈出了探索建设数字酒店的步伐，并且走在了国际酒店业的前列。

为了实现以上升级，我们的新系统要做出哪些变化才能适应物联网背景下酒旅数字化的要求？

宏伟目标在哪里？

在几个主要酒店集团CIO以及主要的智能系统服务商之间的探索实践和

理论讨论中，我感到以下几个关键点是必须把握的。

首先我们要意识到，酒店信息主数据库已经发生了转移。小型机和 PC 时代，酒店主数据库是 PMS，因此其他的应用系统都力求和 PMS 连接才能发挥更大的作用。然而进入到数字化的今天，PMS 的功能依然存在，但它的地位已经开始边缘化。当智能系统大规模进入酒店时，信息的数量海量化增长，数据格式更是 PMS 无法承载和处理的，因此物联网数字化平台就自然而然地将取代 PMS 成为酒店业的主数据库。

物联网酒店数字化平台的作用就是将当前越来越多，却各自分散的智能系统整合成一体的技术平台。它的基本功能是对各种上线智能系统完成从简单的系统叠加到系统整合，形成真正的智能 HUB。解决智能系统进入酒店后的接口标准化和数据标准化，避免各应用系统（设备）间出现形式上的物联，实际上的分隔。最重要的是，需要联通各智能系统的数据，进行按照行业规则和管理规范及行为需求而实施的深度学习、抽象等加工，形成新的控制模型并进行正向反馈控制。这是新一代酒店物联网智能主数据库的核心价值，也是其成为数字化时代酒店主数据库的技术法理所在。

基于物联网的数字酒店 2.0 所要求的系统融合了大数据和人工智能等新技术：处理数据的能力更强，学习的能力更大，控制的精度更高，系统依赖算法和算力的特性也更明显。这样的系统架构在云平台上会更合理更有效，更便于实现中央化的集团型数字酒店建设。采用数字系统的酒店能耗会迅速降低，管理规范一致性和满足需求个性化的拟合度会更高，客户体验满足度会更显著，建设系统的投入产出比会更加合理。

我相信，数字酒店 2.0 版本的建设绝不是简单地引进一个技术系统，它将会在正在到来的酒店数字化转型和创新浪潮中起到催化剂和发动机的作用。

系统性的数字化管理将因此成为酒店行业的主流，这将极大挑战现行的传统经验管理模式。新的管理模式是以数据模型及输出的参数替代个人经验来智控酒店。亚朵 CEO 王海军曾经概括的酒店管理新理念——场景再造、反经验、混合内容、设计感等，会得到极大的技术和平台支撑。

数字酒店 2.0 版本也会导致酒店组织架构出现颠覆性重构，形成以总经理作为系统运营主要人员加基本服务人员的二层架构，目前大量存在且难以消减的中层管理人员包括管理部门将被系统逐渐地替代，人房比得到极大的优化，从而减少人力成本和机构复杂导致的执行力弱的毛病。员工培训要求也将出现相应变化，系统的无感控制代替大量的即时人力控制，经过培训的员工必须具备必需的专业技能和互联网服务意识。

酒店集团（酒店）的决策模式不再以拍脑袋形式出现，所有管理策略和营销方案都可以在智能系统上进行模拟、调整，以求找到一个最佳方案予以施行。绩效评估走向定量化，一切管理的绩效和客人体验的结果都由智慧系统提供主要的评估依据，更加客观、更加直接。

这是我们追求的宏伟目标。

场景四
酒旅数字运营

酒旅数字化浪潮滚滚，数字运营的“任督”之脉，如同古老的气脉流动，让效率与数字相融。

在线程度，数字化深度的标尺，每一次跃升，都是对未来的拥抱，让无数的业务节点在数字与现实间编织。

业务重构，凤凰在火焰中重生，传统的模式在数字化的熔炉中熔化，新的流程、新的架构，借助数字的力量，塑造出我们追求的核心竞争力。

数据决策，每一条数据都是洞察的源泉，让每一次决策，都如同精确的箭矢，直击目标。

数字化的征途上，酒旅行业迎风而行。

打通数字运营的“任督”之脉

在线程度决定数字化程度和效果

业务重构搭建数字化核心竞争力

数据决策是运营价值提升的“撒手锏”

打通数字运营的“任督”之脉

一位著名酒店的董事长和我聊起酒店数字化。我问他最关注的是哪个方面的数字化？董事长回答：运营。我问为什么？答曰：用的员工最多，劳力成本最集中；酒店服务全靠运营部门，服务质量好坏直接影响酒店品牌和声誉。

确实，如何提高酒店运营效率，科学调整“人房比”，满足日益个性化的酒店市场，满足数字原生代为主体客人的需要，用新的场景和流程创新提供旅居体验？简而言之，如何用数字化转型和创新过程把酒店运营先行带动起来，是当前酒店数字化一个重要的思考点和实践入口。

保障和支持日常运营是酒店业提供服务、获取利润的最重要的途径。它承担了客人住店期间所有的服务内容和品质的提供，是客人旅居体验最看重的阶段。

这个阶段，纵线看包括了客人进店后前台登记、入住、消费到退房全过程。横线看包括各环节的衍生服务，如登记环节的礼宾和行李、入室引导；住中环节客房设施保障、送物、送餐、清洁、洗衣、商务环境预订及使用、IT 网络供给；宴会环节的活动策划、场地布置和清洁、现场服务、菜品供应；餐饮环节的点菜、侍服、菜品烹调、厨师管理；娱乐消费及无时不在的安全维护等。

为了完成以上繁重的运营服务，一般高端酒店都设置前厅部、房务部、餐饮部、市场销售部、安全部、工程部等来承接。这些部门如果细分一下有超过 15 个，包括 35 个以上的岗位 100 多项具体的工作，有限服务酒店部门设置相对简单一些。

酒店运营部门也是劳力最集中的部门，并且服务岗位专业不同、服务对象各异、技术和管理的要求也呈现出多样性。员工虽然身处同一个酒店，但服务的内容、形式、要求是完全不同的，至少是有很大差异的。现在酒店通过分部门、分岗位，用工作流程把这些员工串起来，用 SOP 去规范各流程环节，从而达到有效率的内部运转（图 8）。

酒店客人5大类需求，1000多项要求

咨询需求		送物需求		服务需求		卫生需求		设施需求	
WIF信息	换房价格	送六小件	送早餐	客房叫醒	租车	客房异味	地毯有灰	隔壁噪音	Wi-Fi过慢
早餐时间	续住加床	送水	送纸巾	客房清洁	衣服熨烫	屋内爬虫	马桶污渍	床品舒适度低	灯不亮
早餐位置	健身房位置	送充电器	送化妆品	烘干衣服	换房	设施陈旧	浴缸污渍	响应速度慢	可疑人随意进电梯
退房时间	床品信息	送卫生巾	送灭蚊器	擦皮鞋	续住	房屋漏水	洗手台污渍	房屋漏水	淋浴水温
早餐介绍	房屋升级	送外卖	送水果	延迟退房	加床	淋浴水温	有毛发	枕头不适	房间昏暗
空调信息	餐厅菜品	送避孕套	送消毒毛巾	洗衣服	物品消杀	房间昏暗	浴巾有污渍	随意打扰	窗帘打不开
餐厅位置	著名景点	送创可贴	送干净衣服	收垃圾	接送机	浴袍污渍	床头有灰	空调不制冷/热	马桶坏了
座机用法	门票价格	送浴巾	送红酒	存物	景区门票	被褥有血渍	喷头水锈	设施陈旧	淋浴出水小
酒店介绍	公共交通	送枕头	送红酒杯	买药	帮买槟榔	床上有毛发	喷头不好使	地漏堵水	门无法反锁
天气信息	餐厅位置	送棉签	送开瓶器	调换房间	帮买水菜果	洗手台污渍	床底纸屑	洗手池喷溅	吹风机无冷风
物品收费	发票开具	送剃须刀	送指甲剪	定票务	打印文件	卫生间蟑螂	严重潮湿	感应灯自己打开	电话无响应
寄存行李	泳池开放时间	送果汁	送药品	接人服务	带孩子	镜子脏污	地漏恶臭	....	...
当地美食	...	送冰淇淋	...	送小孩	...	...	...		

图 8　酒店运营的各种需求（本图由云迹科技提供）

酒店数字化转型其实就是各个功能部门转型的集合体，运营自然是其中重要的一环。可以说没有营运的数字化，就称不上实现了酒店“数字化”。

酒店运营过程的痛点是众所周知的：无法第一时间感知客户需求，无法完整追溯酒店的服务轨迹，缺少优化服务效率的方向，对员工缺乏可信评判标准（图 9）。

数字化能否解决这些痛点？答案是肯定的。

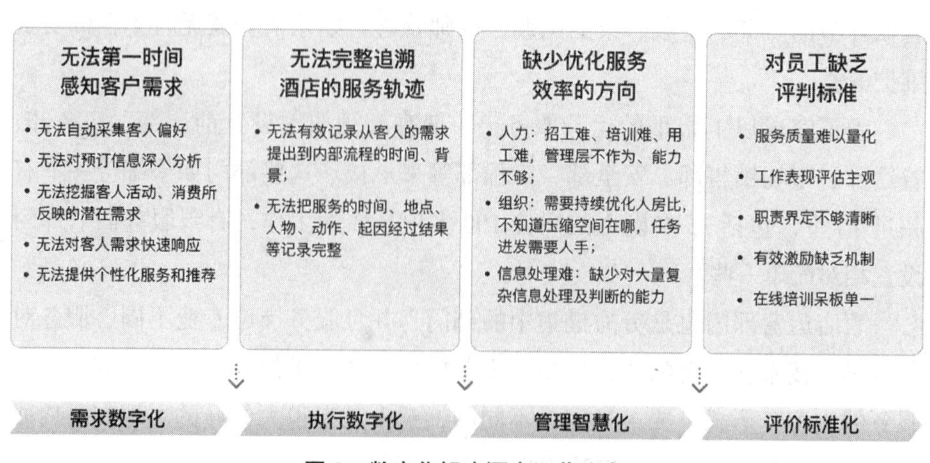

图 9　数字化解决酒店运营痛点

酒店运营的数字化必须通过构建“三要素”，来实现上述“痛点”的治理，最终实现运营的升华。“三要素”简单表述即业务在线、流程重构、数据决策。“三要素”分别说明了运营数字化实现的形式、实现的约束和实现的价值。用一句形象的话来说，它是酒店的“任督”之脉，一通百通。

在线程度决定数字化程度和效果

“业务在线”意味着把一切业务在线化，这是运营数字化后工作形态变化最大的特征。“业务上线”可以简单地理解为，把过往需要人工在线下完成的工作统统搬到计算机网络上和各种终端去完成。“业务在线”是艰难的一个过程，改变了员工的工作习惯、工作流程，也改变了管理人员的监管方式；对客人也同样是一个全新的培育过程、体验过程。“业务上线”做到局部上线还是“彻底”上线决定酒店运营数字化的程度和效果。

有的酒店集团明确提出了口号：一切业务在线化，把酒店的运营流程从线下迁到线上。在线化的场景很多，包括针对客人服务的，针对客房的，还有针对工程方面的，等等。这些管理流程，以前是通过打电话、对讲机、纸质表单来实现协作，现在常用微信拉群的方式来进行内部协作，但实现业务上线后其效率和效果将大大超过简单的“微信”拉群。

这么做有两个好处，首先，能够大大提高内部的协作效率，尤其涉及酒店内部跨部门之间的合作，彼此同步能够解决很多管理问题。其次，所有的流程在线后，酒店获取了大量人员行为和物业状态数据。这些数据整理和分析后，通过多种展现形式传回管理层，管理层再用专业知识和 SOP 去确认运营短板所在，找出解决思路，促进整个运营的提升。

例如，客房服务这一环节。“业务在线”意味着客房服务员和管理总监必须通过手机或专用终端等时刻连在网上；客人也有多种方便的形式连线进入酒店的服务系统。目前酒店业提供客人联网的方式是多样的，可以通过手机扫码、电话、电视、智能音箱、小程序或酒店 App 实现无处不在随时可接的联网，由此酒店和客人之间形成了服务的闭环。除了人与人之间的连接，还要实现人与物和物与物之间的连接，酒店的各种服务设施和家居也尽可能实现物联网、智能化，通过酒店的智能客控系统进入酒店的服务网络。

“业务在线”也是一个酒店数字化投入的过程，除了网络建设，每一个智能家居、智能系统和智能终端都是在物联网基础上堆积出来的交互点。有了这些交互点，才能把客人、酒店、服务与设备整成一张有“心跳”节奏、有服务“温度”、有品质“衡量”、有智慧“能力”的数字化网络。

客人的各种需求通过终端发向智能总台，通过算法形成工单分配给最合适的员工去执行，工单执行的各种参数（时间、时长、地点、数量、频次、服务内容、客人评价）实时记录；管理人员通过在线的终端，同步了解客人需求，监督工单执行情况，也可以异步回顾；系统在服务工单执行过程中，与业务关联的 SOP 指标对照评估执行情况，或发出预警信号，提请管理人员介入。

机器人的使用场景也是如此。机器人的使用呼唤分为三种：第一种是客人呼唤；第二种是按预设时间呼唤；第三种是设备呼唤。比方说，客人需要即刻送“六小件”，通过电话、智能音箱或小程序下达请求，总控系统按照服务员与所叫服务房间距离和员工忙碌程度决定向员工或机器人派发服务工单。假设机器人接到工单，从物品箱柜自动取好“六小件”，连接送往目的客房。途中，机器人扫描到走廊有垃圾需要清扫，自动向另一台清扫机器人发出“清扫”请求，如果发现走廊上有大件物品堆积，自动通知人工清理。

“业务在线”是酒店运营数字化的实现形式，酒店数字化从“业务在线”开始成为共识。

业务重构搭建数字化核心竞争力

“业务在线”是运营数字化必要的形式，“流程重构”才是运营数字化的核心。把线下的流程简单地挪移到线上，并非数字化的最终目标。数字化的价值在于在“化”的过程中实现对传统酒店运营流程的优化。这一步一半靠设备、靠传感器，另一半靠的是对线下流程的重构。

“流程重构”的比例高低决定了数字化转型和创新的程度，决定了未来酒店核心竞争力的高低。

入住登记，靠 PMS 系统加前台员工，接待一个客人要有 5~6 个环节，一般 3~5 分钟。数字化后，接待流程优化，最快只用 30 秒钟。华住、首旅如家、锦江酒店已纷纷打出“入住 30 秒”的口号，这一接待模式已在大多数有限服务酒店得到普及，显示了数字化的魅力。大多数使用传统 PMS 的全服务酒店，包括一些国际品牌酒店，其入住流程依然如故，前台排队也司空见惯。现在前台入住数字化系统和工具还在推陈出新，前台隐形化和移动化成为时尚。一些走在前列的酒店大堂中规中矩的前台已经消失或半隐形，改成了会客厅一般，客人进入酒店大堂就像进到家里的客厅，气氛温馨，随意，服务员手执移动终端，一对一地办理入住。既有高效率，又有好感觉。更有酒店把移动入住终端前移到机场、车站，入住手续快在了接待的起点，到了酒店直接陪送 VIP 客人进入客房。

再比如，客房送餐，传统流程需要 30 分钟以上。其流程为：①客人电话（或手机）向服务中心下单；②服务中心将订单转给厨房；③厨房登记，然后下单给厨师烹调；④菜品完成后厨房呼叫服务中心派员送餐；⑤服务员上门送餐；⑥服务员回复服务中心工单完成。这期间，送餐质量基本靠员工素质来保障，任何一个环节出错就会导致客人的投诉。由于中餐烹调的特殊性，送餐的食品、时间常常会产生需求和实际不符的矛盾，以致客人更愿意叫外卖而不是呼叫“送餐”服务，因此国内客人的送餐需求量很低，构不成“非房收入”的重点。

数字化后，客房送餐服务的流程优化：①客人发出送餐请求，信息直达厨房，同时记录在服务中台；②厨房自动记录送餐需求同时自动向厨师发出工单，厨师见单烹调，完成后直接呼唤服务员或送餐机器人；③菜品送达后，服务员或机器人自动回复中台，服务结束。

两者对比：客人送餐需求发出的渠道发生变化，由单一的电话转化为客房电话（或手机）、扫码、小程序、App、智能音箱、智能电视等，便利性大大增强，符合数字原生代的消费特点；餐品展示形式增加，原来以纸质菜谱为主，菜单变化，很难第一时间通知到客人，现在可以信息（菜谱、配方、烹调方式、时间、价格、新品、下架等）随时可以在数字终端上体现；环节减少，原来 6 个环节，现在 3 个环节；送餐环节的品质监控增强，每一道环节人工干预减少，执行情况却时刻记录在系统上，服务质量的回溯性增强；送餐既可由员工派送，也可由机器人派送，客人选择性增强。

数字化过程中对服务流程和管理流程的重构，让酒店对内部管理行为和员工执行行为进行重新梳理，有利于提高员工的工作效率，降低劳动力成本，增强分配和激励合理性。必须要强调这一“重新梳理”机会的重要性，获得或是放弃这一机会，在激烈的市场竞争中能决定酒店的生存概率。华为董事陶景文在总结公司数字化成功经验时曾说：“任何不涉及流程重构的数字化转型，都是在装样子。”

数据决策是运营价值提升的“撒手锏”

“数据决策”是在上述两个要素基础上实现的，有别于传统酒店运营管理最重要的要素。

传统酒店运营基本靠人：服务靠人、管理靠人，服务质量的高低完全取决于执行酒店 SOP 的忠诚度。在假定 SOP 先进性的前提下，服务员职业素质高、待遇佳、心情好，对酒店的满意度高，执行 SOP 的情况就好一些；反之，服务质量就不可控。管理端也是如此，且因员工提供服务有“瞬时化”特点，常常在单独环境下执行，管理人员对其行为常常“毫无察觉”，发现问题不是靠客人投诉，就是事后检查，一些问题显现之后才会被发现；况且管理人员履职的合格性谁去监督，也是个难题。酒店往往是等到问题积累到爆发了，才惊而处之，或不了了之。就算通过管理人员的事后监督发现了问题，也常常对产生问题的背后原因不甚理解。

酒店运营数字化通过专业系统，实现对运营过程人和物（各种设施设备、家居等）架构在物联网基础上的全过程监控，把大部分客人（涉及客人隐私的除外）和管理者的行为纳入系统的管理范畴，并把这些行为与酒店 SOP 进行对照，把“甲现象”与“乙现象”按照行为逻辑和管理逻辑进行关联，酒店能比较方便地发现彼此的因果或相关关系，从根子上找出问题背后鲜为人知的原因，“针对性”解决问题及从根本上解决问题。

酒店评估营运效果，多数来自 OTA 网评。这些网评数据固然重要，是反映酒店运营水平的指标，但“网评”，也存在局限性、滞后性，反映的问题通常是个性的、有时带着客人浓厚的情绪色彩。面对一个网评，酒店管理方有时明白其理，有时莫名其妙不知道具体问题在哪，更谈不上采取措施去改进。有了数字化运营系统，就会收集更多运营过程的数据，通过这些数据去真实地反映运营状况，来复构客人体验的概貌和具体场景，并指导酒店方去解决、改善。

数字化系统可以观察到员工的服务有没有超时，工单执行有没有异常。当服务标准时，系统顺利流转，会在任务结束时予以员工积分、红花等奖励，一旦发生与 SOP 不符的情景，系统就会及时提醒或暂时中止服务流程，从而把整个酒店服务质量控制在我们允许的范围之内，而且这种把控是隐形的、严密的、非压迫性的。这对大多数员工养成合格的服务习惯有极大的好处（图 10）。

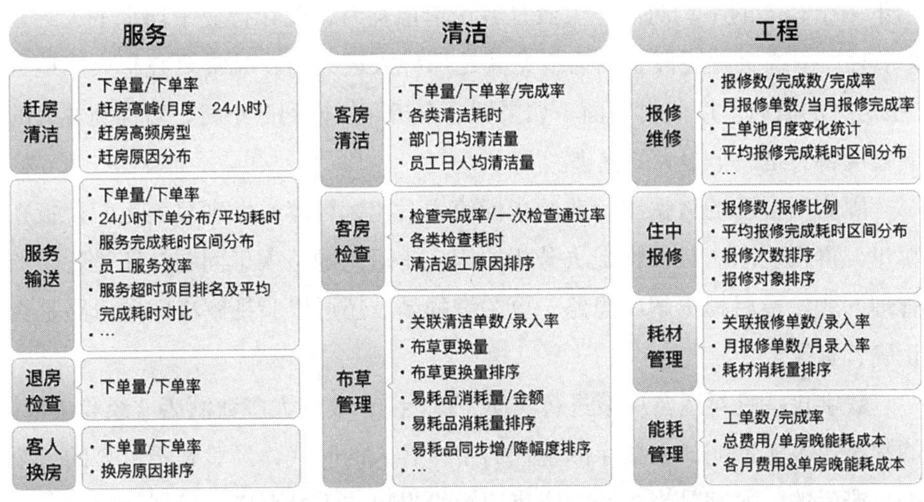

图 10　运营数据分析体系（本图由蓝豆云提供）

以送水为例：我们发现大多数酒店客人需求最集中的就是送瓶装水，有的酒店一个月要送 2000 次瓶装水。因为瓶装水是免费的，所以诱惑了客人？还是客人真的需要更多的瓶装水？送水的需求与男女、老幼、南北方地域或者其他什么指标有密切的关联？收取客人饮用水费用符合酒店的品牌内涵水准吗？

数字化运营系统会提供一些数据。如果一个月送了 2000 次瓶装水，每次要送差不多十分钟，那么意味着酒店在送水这件事情上消耗的人工成本是远远大于瓶装水的采购价值的。有了这样的数据，我们不妨想一下酒店的服务标准是否可以做一些改善（比如增加房间瓶装水数量）？如果每个房间多配成本太高，是否可以在某些特殊的房型，或者在特殊的季节、时间段，优化一下标准？辉驿科技的数字化运营系统——“文殊”就是通过计算“瓶装水摆放数量与客人满意度的相关系数”发现了两者的平衡关系，用一个简单的优化，在不损失客人体验的基础之上降低了酒店的运营成本。

在蓝豆云的运营系统中，有这样一套指标，诸如“服务需求率”“服务催促率”“赶房率”“退房到放房的平均耗时”等，运营系统通过这一系列的指标变动反映运营品质的高低变化。

“退房到放房的平均耗时”，这个指标说明客人从退房到这个房间可以卖给下一个客人的平均时间，大致是客房清洁耗时，现在行业平均水平大约是 4 小时。一些旅游度假型酒店，尤其是那种大进大出、时常要心急火燎地去“抢房”的酒店、度假村里面，如果把这个指标加速到 3 小时，对提高客人的满意度将会是一个很大的促进。

酒店用自己的数据跟行业的指标值去对比，更容易发现目前运营短板在哪里，再根据酒店具体情况去分析原因：排班问题？人工问题？还是备品的管理问题？最后提出解决思路。更关键的是，还可以验证解决问题思路是否正确、有效？

数字化就是对运营决策进行实质“赋能”，改变大多数酒店“经验决策”的常态。事实证明，在数字原生代为主体客人的时代，经验是不可靠的，至少是滞后的。尤其是当主流酒店集团纷纷提出“千城万店”发展计划时，一大批新人上岗，担任管理岗位职务的人，可能并没有多少“经验”可依，越发需要运营系统以指令和工单的形式指挥其工作，这就只能依靠数字化运营系统来当“数据供给器”和决策辅助，舍此没有他途。首旅如家与科大讯飞携手合作，把 AI 大模型应用到其运营系统中，60% 的运营事务都可以在大模型的参与下得到指导，智能决策下移，成为平常工具。华住的“华管家”、辉驿的“文殊”、绿云的 IROOM、云迹的 HDOS、鹿马的 WINMAN、雅里数科的豆芽等都提供了这样的数字化运营系统。

一言以蔽之，酒店的重心在运营，运营效能的提升唯靠数字化。构建“三要素”是打通运营数字化过程最重要的途径。运营数字化借助“业务在线、流程重构、数据决策”三要素，实现运营业务流程的优化、总结、固化，使酒店最重要的待客环节业务获得高质量的复制性。

场景五

酒旅数字营销

辽阔的酒旅市场，数字营销如同一支悠扬的牧歌，到什么山上唱什么歌，这是智慧的表达。

自有平台上，私域流量如珍珠串联；大众平台上，公域流量如海浪奔腾。两者的融通会如“钠豆掉入清水”迸发出激烈的火花，上演化学反应的狂欢。

私域流量，每一次互动都是一次心与心的交流，酒旅品牌的温度注入每一位宾客的心中；公域流量，如同星光洒向夜空，吸引无数目光，将品牌的故事传递到市场的每一个角落。

事半功倍的秘诀，藏在不同的平台上，奏响不同的旋律，从社交媒体到视频平台，从内容社区到电商平台，一片沃土，播撒种子，收获的是数字营销的满园硕果。

到什么山上唱什么歌

到什么山上唱什么歌，这是一句人们耳熟能详的谚语，意思是到了什么环境（或时代）就要做与环境（时代）同步的事。那么我们探讨酒旅营销这个话题，是不是就应贴上“数字化营销”的标签？

很多人是这么想的，却不知道是为什么。

数字化营销是今天酒旅业营销的必经之路吗？数字化营销的重点应该踩在哪个点上，它的秘诀是什么？它的实施过程应该采取哪些针对性的策略才能事半功倍？一句话，酒旅数字化营销这首“歌”该怎么唱？

营销是酒店人再熟悉不过的一项工作，就是用一切手段把酒店的客房、餐饮和其他产品通过“吆喝”卖出去。“吆喝”的过程就是市场营销。“卖”的过程叫“销售”，酒店通常有一个专门部门称为“市场销售部”，英文为“Marketing & Sales”。因为这项工作做得好坏直接关乎酒店的业绩，所以其地位一般比其他部门高半至一个段位。

国际酒店品牌在市场营销方面有悠久的历史，也有成熟的系统和经验。例如，万豪、洲际这些大品牌进入中国时最厉害的武器就是中央预订系统（CRS），以及会员系统（忠诚度计划）等。万豪的中央预订系统称为MARSHA，能够汇聚全球电话呼叫中心、各酒店网站、全球分销系统等多渠道的预订信息，给成员酒店带来多达60%~80%的订单。同时MARSHA系统和其会员系统结合，一方面把集团和酒店的各种营销活动和福利带给其会员，另一方面利用会员系统收集的客人信息有计划地策划和定制酒店的优惠给到指定的客户群（如商务客人、女性和孩童、老人群体），使他们有一种被特别照顾的感觉，从而增加去酒店消费的愿望和冲动。在万豪的CRS订单中有超过70%来自会员，因此他们把会员系统又称为“忠诚客系统”。其他品牌酒店也基本如此。

20世纪90年代到2000年，国际酒店品牌在中国市场的营销玩得风生水起，眼花缭乱，其理念、手段和系统都是中国民族品牌未曾见识过的，对于中国酒店而言可谓“遥遥领先”。

金陵酒店是国内品牌中最早探索用CRS系统管理和散发订单的，当时请了“西湖软件”帮助开发了一套CRS系统，但彼时的“西湖软件”有技术却缺乏国际酒店直销、分销的理念和经验，这套系统并没有达到设计者最初的期待。直到2005年，锦江酒店集团引进了当时最先进的第三代基于互联网技术的CRS系统—JReaz（捷瑞时），这是中国高星级酒店品牌中第一套成熟的中央预订系统，同时引进的还有具有操弄这套系统经验的海外团队，铺开了一场颇有声势但非常艰难的信息化营销的探索。

对于当时的大多数酒店来说，市场营销无非三条路：登广告（报纸、杂志、电台、电视等）、扫街（逐门逐户拜访，开拓协议客）、其他一些辅助活动。

携程等OTA的兴起，打开了中国酒店沉闷的营销格局。携程等OTA的创立者带来海外先进的技术和市场理念，但他们的起端遭到了酒店人的抵制、不屑与客人的摒弃：迫不得已OTA只能雇人去酒店抄房价，到火车站、飞机场、轮船码头去免费派发印着酒店房价的小册子。筚路蓝缕的结果是OTA改变了商旅人士的预订和出行习惯。最盛时OTA掌握了酒店市场大约70%的客源和定价权，大多数酒店集团和独立酒店犹如泡在温水中的青蛙，丧失了开展市场营销的基本能力。

还有一支奇军在突起，他们几乎与OTA同时期出现在中国酒店业市场——经济型酒店集团。他们创始人的共同特点是具有“海归”背景、有IT的理念和技术、非酒店行业出身，没有酒店人传统观念的束缚。经济型酒店集团普遍重视信息化，把建立集团的直销网络（类CRS）当作重头，以此来吸引加盟商，他们从来没有把酒店营销大权拱手让人。

为什么没有酒店运营经验的人，能够建立中央预订系统，而高星级酒店的人却不能？很多人百思不得其解。

这是因为，经济型酒店适应了中国改革开放后经济蓬勃发展的形势，其主体客源是大量的国内中低端商务人士，经济型酒店提供了他们频繁的出差旅居时对环境和价格的需要，同时满足了他们的体面感。正因为主体客人是国人，他们的旅居行为和习惯正处在可塑阶段，对经济型酒店开发的新的预订系统没有任何约束，这为经济型酒店的线上营销创新提供了非常友好且宽广的空间。

高星级酒店则不然，当时客源中超过 60% 的客人来自国外市场，他们的习惯与国人完全不同，高星级酒店的 CRS 必须与国外的 GDS、OTA 等通过 Switch 衔接，且 CRS 软件基本为国外垄断，容不得中国人进行任何的“创新”（创新的结果就是与国外的预订渠道无法连接）。

可以说，中国酒店的信息化营销是从高端酒店起步的，但数字化营销却完全借助于经济型酒店的发展而打开局面。今天活跃的酒店数字化营销高手一般都出自几大经济型酒店集团和 OTA。

数字营销的必然性：水到渠成

经济型酒店数字营销的创新，一方面得益于快速增长的市场，另一方面得益于日新月异的信息化技术。

20 世纪 90 年代中期到 2008 年，是我国 PC 互联网发展时期，2008 年到 2014 年我国已完全进入移动互联网时期。中国大多数高星级酒店集团在 PC 互联网阶段就建立了自己的信息化系统，其架构属于“稳态”性质，而走在头部的几家经济型酒店集团则紧紧抓住了移动互联网的风口，把他们的营销系统或建立或转型到基于移动互联网的架构上，架构属于“敏态”。

相较于前者，敏态架构能够提供弹性、可伸缩的计算资源，以支持快速的业务变更和需求适应。酒店能够迅速推出新的营销活动，调整现有活动以响应市场反馈。敏态架构支持更细粒度的数据分析和挖掘，可以根据客户数据提供高度个性化的营销内容。敏态架构容易实现多渠道集成，使线上线下营销活动能够协同运作，创建无缝的客户体验，实现市场需求的快速响应，更适合数字化营销的开展。

2014 年我国手机用户已达 12.8 亿，这意味着酒店业的线上营销可以直接触达的人数史无前例。

伴随移动互联网发展的是各种层出不穷的应用，以微信和支付宝为代表的数字应用和社交网络将人们的生活和工作引到了线上，并且将一切可行的交易在线上完成了闭环，这就在技术上完成了数字化营销的平台搭建和人群培育。

而此时，曾走在信息化前列的高星级酒店还在从稳态的架构向敏态转型的过程中盘桓，相对落后已是不争的事实。

促成酒店数字化营销趋势的还有另一个重要的因素：中国 PC 互联网和移动互联网发展的过程，造就了数字原生代，“Z 世代”和“千禧代”就是这样一群酒店数字化营销的天然拥趸。

“Z 世代”和“千禧代”是西方的划分，中国的流行说法将其称为“95后”“00 后”和“80 后”“90 后”。数字原生代有以下特点：

Z 世代，从出生开始就生活在高度数字化和网络化的世界中，他们对互联网技术和社交媒体非常熟悉，十分拥抱酒店数字营销；在价值观上追求个性化、差异化的酒店消费体验，注重生活品质；消费行为偏好在线预订，使用移动支付，倾向于在社交媒体上搜索和分享旅行和住宿体验；品牌忠诚度相对较低，更容易受到新奇体验和高性价比选择和有科技性的主题酒店的吸引。

千禧代，成长在互联网和数字技术快速发展的时代，他们经历了从传统媒体到数字媒体的过渡。比 Z 世代更注重舒适和品质，偏好知名品牌和高星级酒店、康养旅居、度假村酒店。许多千禧代现已成为家长，他们在选择酒店时会考虑家庭友好型设施和亲子环境。在线互动上，乐于在网上发表评论和分享旅行、住宿、消费经验，对预订攻略和住店网评比较敏感，常常以网评为消费依据。

数字原生代如今已是中国酒店业的消费主体，他们的喜好和行为走向决定了酒店业的消费行情和特征。

技术的发展提供了数字化营销的平台和手段（图 11）；数字原生代成为新时代酒店数字化营销的目标和消费主体，在这样的形势下，“到什么山上唱什么歌”，酒店业开展数字营销就是水到渠成的大趋势了。

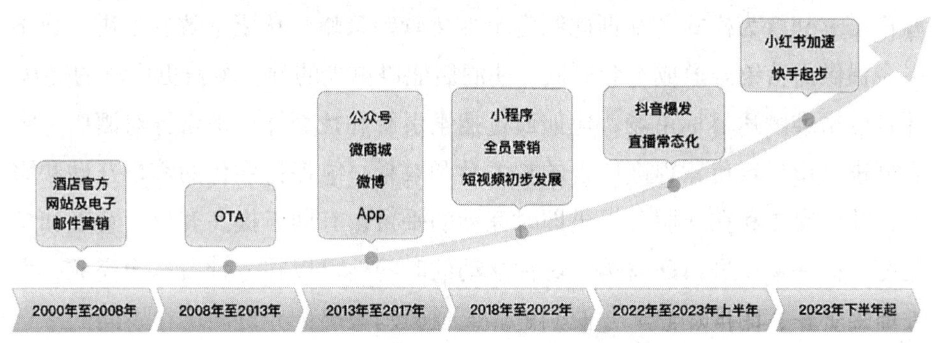

图 11　酒店数字化营销发展历程

点石成金的神奇：双流量的秘诀

数字化营销是酒旅业市场拓展的必然过程，它和传统的营销方式相比有诸多优势。

传统营销指的是通过非数字化渠道进行的营销活动，包括电视广告、广播广告、印刷广告、直邮广告以及户外广告等。

这些传统方式渠道有着难以克服的局限性，包括：受众定位不精确，即难以精准锁定特定细分市场，广告投放可能会被不感兴趣的人群看到，明明是优惠妇女儿童的，偏偏看到的是男性老人，导致营销资源的浪费；成本较高，即出版、广播和邮寄成本通常较高，特别是对于小型酒店来说，可能是一个较大的财务负担；效果评估困难，即酒店投放了广告但很难进行准确的跟踪和量化，不易计算投资回报率；反应速度慢，即一般需要较长的准备时间和执行周期，难以迅速响应市场变化；最致命的是缺乏即时的客户反馈机制，不利于建立客户关系和忠诚度，而且适应性差，营销策略不易调整，一旦广告发出，即使信息过时或错误也难以撤回或修改。

数字化营销反其道而行之，通过数字技术构建了酒店和客人之间新型高效的沟通渠道，产生了革命性的影响。

数字化营销积极利用各种方式收集客户数据，据此分析，能更好地了解客户需求和行为模式，并据此制定个性化营销策略。从成本效率上讲，数字平台提供的营销渠道成本会更低，使酒店能以更少的预算覆盖更广泛的受众；并且能精准触达目标市场，比如通过搜索引擎和社交媒体平台针对酒店特定人群进行市场定位，提高广告的相关性和效果。能保持强化的客户互动和服务，社交媒体和在线服务提供即时互动的平台，有助于提高客户满意度和参与度，进一步促进口碑营销。这种互动的时间性可以在分钟段以内完成，大大增强了客人的现场感。方便实施多渠道营销策略：允许酒店在不同的平台上展示品牌，包括官网、社交媒体、移动应用以及通过电子邮件直接营销，实现全方位的市场覆盖。善于凝聚内容营销的力量，通过创造有价值的内容，如住店客人博客、客人旅拍视频或在线评论，酒店可以在潜在客户中形成强大的信任感和品牌诱惑力。

数字化营销不仅为酒店业带来了成本效益和效率提升，而且还推动了客户体验的改善，为酒店提供了更大的市场竞争力和创新的商业模式。

从另一个侧面讲，数字化营销为酒店获取可控、低成本、精准的私域流量创造了千载难逢的机会。融媒体的出现，让酒店产生了利用这些新型媒体渠道建立酒店相对封闭的用户群体的可能。可以说大规模“私域流量”和导流能力的形成是数字化营销甩开传统营销的最基本标志，是数字化时代的伟大创造。

十年前，我创立了个人公众号：“张兴国——心灵豆浆”，拥有粉丝达 20 多万，其间最高一篇文章的阅读加转发量达到 49 万，这相当于本地主流媒体的发行量。我运用“心灵豆浆”尝试了种种有关私域流量的营销方式和技巧，深切体验了它的无穷魅力。

酒旅业营销范畴的私域流量渠道有企业官网、移动应用（App）、会员系统、微信群或 QQ 群、短信群、电子邮件营销、线下活动、直接预订电话和上门客等，其中以会员系统最为有效。有一定规模的酒旅集团几乎都会下足本钱建立自己的会员体系，并尽量扩大它的规模和活跃度。例如，锦江酒店的“锦江荟”有效会员达 1.97 亿，华住的“华住会”有效会员 2.23 亿，首旅如家“如 LIFE 俱乐部”会员 1.4 亿，尚美集团 1.3 亿、东呈 5600 万、亚朵 4400 万等。

这些会员成了酒旅集团叫得应、控得牢、留得住的消费群体，为酒店集团及所属的成员酒店带来了极其宝贵的消费能量。以锦江酒店为例，1.97 亿的有效会员中，活跃用户如果达到 50% 那就是 9000 多万。一个营销方案通过会员体系发出可有效触达如此众多的目标用户，只要有 1% 的响应度就是 90 万个有效订单，以每个订单 200 元计，总营收即可达 1.8 亿元，而其营销的传播成本仅仅是指间鼠标的一声“嘀嗒”而已。

当然，要聚集起庞大的会员群和其他私域流量也是有成本的。比如，银行发展一位信用卡客户的平均成本为 120~150 元，滴滴发展一位注册用户的成本约 18 元，而亚朵发展一名会员的成本可能就只是一碗赤豆汤。比起巨大的收益，私域流量的投资可谓一本万利。

与“私域流量”相对的是“公域流量”。公域流量是指酒旅企业通过开放的互联网平台获得的用户流量，如在各种社交媒体、搜索引擎、携程等电子商务平台投放广告、排位、搜索引擎优化（SEO）以吸引客人。这种渠道流量成本较高，且用户归属感不强，常常是一次性的。有的酒店营销总监常常抱怨从 OTA 来的客人信息是不全的，转化为自己的客人难度很大。

与公域流量相比，私域流量有着几点值得推荐的优势：首先是主控权，私域流量让酒店有更大的控制权，能够直接管理和运营客户关系；而公域流量则受平台规则和算法影响较大。其次是成本，公域流量可能需要更高的获取成本，而私域流量则更注重用户的维护成本和运营效率。最后是效率，私域流量中的客人与酒店关系更紧密，更容易转化为品牌的忠实“铁粉”；公域流量的客户关系相对松散，转化率可能较低。比如通过“某程”销售出去的房券，兑换率普遍在 20% 左右。

那是否可以说，只要注意私域流量的引流和维护即可，公域流量就可以弃之如敝屣呢?

答案是否定的，它们之间的关系是相辅相成的。公域流量自有它的优势，比如曝光度高、快速触及潜在客户等。酒旅企业最佳的营销策略是两者结合使用：公域流量是私域流量的重要来源，如通过微博、抖音的推广，引导用户关注微信公众号或加入微信群；再对私域流量进行深度运营和客户管理的培养，这样就可以提升客户的生命周期和品牌忠诚度，将用户转化为长期客户，最终达到减少对外部平台依赖的同时，又增强与用户的互动和黏性。利用公域平台的广泛覆盖和私域渠道的深度连接相结合，以获得酒店营销的最大效益。在时间维度上，两者是可以有所侧重的。

可以说，酒旅数字化营销的精髓就是充分且灵活地利用公域流量，尽力且持之以恒地培育和壮大私域流量，在此基础上用“点石成金”的智慧进行内容策划，让目标用户高频地在手机端获得他想要你想卖的酒店或其他旅居产品，以此循环在“体验和利益的交织”中把客人和酒旅融为一体。

这就是酒旅业数字营销中“双流量”的秘诀，也是大小酒旅集团乃至独立酒店唱好数字化营销之歌应当特别注重的旋律和踩准的节拍。

事半如何功倍：多平台的价值

利用“双流量”在不同的平台上长袖善舞能够谱写出许多脍炙人口的旋律，还有一个关键是如何熟知每种平台的特性，针对性地做出多元策略。

比如，酒店会员系统。在信息化时代只有一个目标，就是扩大会员的数量。数量越大，触达面越广，在一定成单比例的概率作用下，营销的效果就越好。一个上亿级的会员系统与百万级的系统对集团预订的贡献注定会有很大的区别，会员规模的大小决定了酒店集团底气高低和经营效益的成色。

到了数字化时代，情况变得复杂起来，一个客人在锦江酒店、维也纳酒店、铂涛的希岸酒店里住宿，常常对应着不同的身份，彼此没有关联，往往分不清是同一个人还是独立的三个人。有必要在集团统一的数据库中全部打通，建立关联，以后就能把他在集团不同品牌之间的消费都计算在他身上。这个过程被称为“大会员”化。对应地，把集团内部的各种产业也彼此打通，所有的产品和服务都共享给会员，这样就能把原来囿于酒店业范围的会员资源一下子延展到集团所有产业链中，用老外喜欢用的一个词就是“Stay at one，Play at all”，“大会员”就成了会员系统的效率倍增器。

“大会员”是一项巨大的转型工程，除了锦江酒店在做“大会员”，越来越多的酒店集团也在实践中。温德姆集团中国区的 IT 负责人李政告诉我，他们总部也在普华永道（PWC）的帮助下对会员系统（忠诚度计划）进行大升级，采用 AWS 云原生平台，实现了更准确和及时的会员积分处理，顾客现在可以在几小时内查看他们的积分累积，而不是几天。

酒旅企业数字化营销的精彩还体现在对各种融媒体的选用上，比如最时尚的抖音、小红书、B 站、快手和视频号由于定位、用户构成、内容侧重及日活量等要素有非常大的区别，酒旅企业对不同的渠道采用不同营销策略才能取得事半功倍的效果。

我们简单地讨论一下，以便体会这种策略的重要性。

一是抖音，其用户特点是男性占比 56.3%，女性占比 43.3%，年龄段 20~29 岁占 50%，本科学历比例较高。其中 55.4% 的用户在三线及以上城市，日活用户规模达到 8 亿，月人均使用时长达到 36.6 小时，是学前流量最大的短视频平台。传播优势明显，高娱乐性，短视频格式，具备强社交分享属性。

酒旅营销策略：制作创意短视频，突出酒店的独特体验和服务，利用挑战和主题标签，激发用户互动。利用抖音的传播优势，通过创意和趣味性内容来吸引年轻用户。抖音的算法是千人千面，酒店想触摸行业营销的天花板，抖音是必需的选择。

二是小红书，用户特点：日活用户已超 1 亿，月活用户 3 亿，其中 90 后占比高达 70%，是年轻人展示新生活方式的平台，其中女生居多，消费能力强。传播优势：内容质量高，类似小百科，强调“种草”，内容的工具性特征明显，有显著的使用指导性，社区参与度强，是一种优质生活分享方式。

酒旅营销策略是：注重发布高质量的图片和视频，重点展示酒店的精致的设计和优雅环境，鼓励客户分享入住体验和产品使用感觉（如 SPA、禅修、品香、旅拍等），利用客人的分享和推荐机制来增强品牌影响力。

三是快手，平均日活用户达 3.76 亿，月活用户达 6.73 亿，广泛覆盖在二、三级城市下沉市场。传播优势：亲民内容，接地气，人群覆盖范围广泛。

酒旅营销策略：制作更加接地气和亲民的内容，多展示酒店的产品实用性和优惠活动，突出酒店的性价比和本地化特色，吸引三、四线城市及乡镇地区的客人。

四是 B 站（Bilibili），用户特点是“00 后”的年轻人、受过高等教育的群体占比高，喜欢二次元等内容，内容精致、新潮，往往多给人灵感，文化属性较强，但支付能力偏弱。2023年第一季度日均活跃用户达9370万。传播优势：高度参与的社区，视频内容深度高有很强的知识性，侧重中长视频。

酒旅营销策略：重点制作深入介绍酒店文化和背景故事的纪录片风格视频，提供高质量的服务和体验，吸引年轻、追求深度内容的用户群体，同时提供价格力度不高但文化特性强的酒店产品，吸引对品质和文化有追求的年轻用户。

五是视频号，由于微信用户基数庞大，覆盖各年龄层，因而具备高度的社交属性。紧密结合微信的社交网络，容易通过朋友圈快速传播，具有较高的信任度。

酒旅营销策略：制作与酒店日常经营和产品特色相关的短视频，如展示酒店的特色服务、客房环境、餐饮体验、周边私房景点等。利用微信的社交属性，鼓励用户分享和互动。

在讲到数字化营销时，直播营销是必须提到的一种形式，其包括视频直播和播客两种形式。

视频直播属于实时互动营销的一种方式。它最大的特点是与酒店客人实时互动，增加了客人或潜客的参与感和体验感。它具有较强的透明度，容易与客人建立信任感。另外，可以通过各种平台迅速扩散，即时销售和促销活动可以直接驱动客人消费决策，冲动消费的比例较高，销售转化率较高。直播内容也是多样化的，比如展示酒店的不同类型房间、花园景致、餐饮服务、娱乐设施等让客人有身临其境的感觉，也可以进行活动直播或专家访谈等。

播客在营销中占据了另一个空间——广播。它比视频直播形式上轻松，随意，只用耳朵，听众可以一边听一边做事，一边开车一边欣赏，更适合讲述酒旅业的历史故事、深度访谈、行业洞察、品牌建设和知识分享等，受众的忠诚度也更高一些。

酒旅数字化营销在讲究形式、媒体、渠道的同时，另一个重要的要素绝对不可忽略，那就是内容的策划。可以说内容策划是数字营销所有要素中的灵魂，只有上佳的内容和别出心裁的策划，加上数字营销的形式，才会取得鹤立鸡群的效果。精心策划的内容与多渠道融媒体的多元策略相结合是数字营销的关键之关键。

可以预见，数字化营销将是未来酒旅业游戏规则的一次重写，随着人工智能和数据分析技术的进步，个性化和定制化的营销策略将成为主流。通过社交媒体和影响力营销，酒旅企业能够更有效地触达目标客群，同时借助虚拟和增强现实技术，提供更具吸引力的体验和互动将成为探索的新空间。

一言以蔽之，数字化营销是我们步入数字化时代时，酒旅业应该学会唱好的“歌”了。

场景六

酒旅人力资源数字化

人房比，不再是冰冷的数字，它在数字的海洋中重塑，如同春风轻抚湖面，人心与服务的温度相融。

两只“蚂蚁”在爬行中相会，默契地在数字的枝叶上游走，它们携手同行，在每一个字节里书写ICT服务新模式的辉煌。

KPI不再是仰慕的灯塔，它需要更智慧地点亮，每一滴汗水，每一个微笑，都在数字的星空中闪耀，绘出绩效的新篇章。

数字化让酒旅人力资源管理披上更理性的霞光，员工用服务找回尊严的价值，服务通过技术传递有温度的承诺，成就宾客与员工的双赢。

数字化HR理念之战

重新定位“人房比”与服务“温度论”

数字化用工新标签：两只“蚂蚁”的故事

KPI考核的新方法论

数字化 HR 理念之战

在酒旅人力资源方面，我们面临一系列的问题和挑战：劳动力稀缺是一个现状和长期趋势；劳动力质量下降，流动性增加，培训时间减少；劳动力成本增长，迫使酒店追求极致人房比；市场和酒店对服务多样性的追求；等等。

用数字化思维和方法解决酒店人力资源的困境是我们的路径。其不是仅仅囿于采购一些数字化系统、工具，而是要从更高的维度去全新思考酒店找人、用人、管人的模式。

酒店岗位分为前台和后台。前台包括前厅、礼宾、房务、餐饮、会议、SPA、安全等；后台包括预订、工程、安保、财务等。前台直接为客人提供服务，后台通过管理行为间接地提供服务。员工招聘困难是全方位的，这就有必要打破现有的用人配置，要紧缩后台人员，合理配置前台人员。因为前台人员直接与客人接触，提供直接的服务。这一点对高端酒店来说尤其如此。如果达到这一点，客人就不会抱怨缺少服务。

如何做到压缩后台员工数量又不影响管理效率，尽量采用数字化系统是一个途径。分析后台岗位，发现大量的工作是可以由数字化系统替代的，比如机器人。合理使用机器人，一方面使大量人力从繁重的岗位中解放出来，另一方面也提高劳动效率和质量，又不影响客人对高品质服务质量的追求。

这里有个误区，许多高端酒店对使用机器人代替员工是有顾虑的，担心机器人使用多了会降低服务的温度，得不到客人的认可。其实，酒店后台主要是管理和保障职能，大多数岗位并不直接接触客人，比如财务记账的数字化、酒店环境的电子化安全巡店。他们的数字化并不一定是一个降低客人满意度的过程，相反随着数字化程度和智能化的提高，酒店的效率会相应提高，结果是对满意度的促进。

另外一个方法就是通过数字化提高员工的效率和降低劳动强度。数字化（系统和工具）具有强大的赋能作用，员工加上数字化系统或工具就能使一个稍欠培训的员工在知识上得到很大程度的弥补。布草车的智能化、AI 报话机、智能铭牌、智能抹布、智能管家，西软和绿云的管家宝，这些数字化工具提高人的质量和效率，属于相对增人。

华住、锦江、首旅等大集团对这类数字化工具的采用，不仅解决一线人员的数量问题，而且针对酒店目前存在的顽疾：员工高流动性、低培训、高强度、低收益，员工满意度低，工作的积极性和服务质量常常在法律和道德的底线徘徊等有明显的效果。比如，AI 智能报话机除了正常的店内点对点、点对多的即时通信，还提供了工单分配和实时咨询的服务，这对上岗培训时间普遍偏短，服务技能和知识不足的服务员，相当于配了一个随身的指导经理。AI 报话机后台整合了酒店所有的场景和相应的标准化的 SOP，满足员工即时的咨询。

数字化的应用也极大地提高了劳动力资源管理的严密性、效率和接受度。特别是在少人监控的场景下，在高劳动强度、高经济交换性的情景下，把劳动的质量、服务流程执行完全建立在员工的道德基础上是不可靠的，用数字化去部分化解是个方向。

员工是酒店服务质量的基础，高素质的员工是一流酒店的保障。一流员工必定建立在一流的成本管理之上。对酒店而言，人力是成本，对员工而言，是合法的收入。员工期盼高收入、酒店追求低成本，两者貌似一对天然的悖论。然而，高收入下的员工好管理、满意度高、服务品质也高，客人感到温馨，满意度自然会高，消费意愿会增强，回头率、二次消费率也会提升，酒店收益由此递增，这就形成了一个良性循环。

重新定位“人房比”与服务“温度论”

经过这几年的数字化实践，行业普遍形成了一些共识。比如“人房比”，劳动力成本是酒店运营中最大的部分。前几年，许多国企酒店因为许多体制里的老同志占很大的比例，岗位设置又是按照所谓的星级标准配置的，当生意不足时，人力成本会达到营收的 50%，甚至更高，如此状态下酒店 GOP 会好到哪里去？这种态势极大地削弱了国企酒店的市场竞争力。

如今酒旅市场劳动力日渐萎缩，追求合理的“人房比”是一个新时代的课题，其动机有相当的合理性。数字化转型和创新又给这种合理性的实现提供了理论和技术基础。对有限服务类的酒店能用，数字化、智能化系统或工具减少人力资源成本的就一定减。华住在有限服务类品牌酒店通过数字化实践把“人房比”做到了 0.17，开创了中国酒店业人力资源极致应用的最佳指标，不仅是中国酒店业一个值得夸耀的业绩，而且令国际同行羡慕。

对高端酒店，降低“人房比”同样有着巨大的意义和实践价值。“人对人”温馨服务是高端酒店的传统，要维护这个“传统”，也只有运用数字化系统和工具，赋能普通的一线员工，才能在减员、减岗成为刚性需求的情况下，保持较高的服务水准。

同时，酒店人也要意识到，数字原生代已经成为酒店的消费主体，他们的消费意向和特点与原来的酒店传统消费者有很大的不同。根据一家大型酒店集团的 CRM 数据，他们的主体客人平均年龄已经下降到 29 岁，比 2020 年时整整小了 5 岁。这是属于互联网原生时代的消费者，他们偏好有技术含量的设施和服务，他们把玩酒店数字化产品就像把玩自己手机上的 App，没有心理负担，只有好奇的追求。他们讲究个人消费的隐秘性，希望在某些消费项目上不要出现“人”的影子，他们会把这种“人”影当作一种难以接受的“窥探”；对于酒店以“无人服务”的方式提供服务，会欣然接受。云迹科技曾给我讲述一个故事：一个姑娘，心中不快，躲进一家酒店“自成一统”。姑娘叫了一个蛋糕，指定要酒店用机器人送到房间，她要机器人在她打开房门时对她说一句话，那是她“心里最渴望的话”。机器人遵旨，姑娘遂愿，酒店得到了姑娘留下的高分网评。

中国酒店科技联盟（CHTA）在 2019 年曾做过一个调查，80% 的互联网原生代消费者喜欢酒店的科技感，这种科技感就是“数字化”的产品和服务。所以，高端酒店的经理人千万不要有抱残守缺的情怀，以为高端的服务一定就由人工提供的。ChatGpt 提供人工智能语言文本服务何等受人追捧，文生视频的 SORA 通过语言提示自动生成视频，去掉了脚本策划、拍摄、编辑、渲染的人工环节，被看作是多模态人工智能的进步，受到年轻一代的叫好。我们的酒店产品是否受到欢迎，大多数情况下，客人关注的根本不是由谁来提供，而是提供的产品和服务是不是能带给他们崭新感受的、能及时满足需要的。

数字化用工新标签：两只“蚂蚁”的故事

数字化时代，酒店用工来源的多样化是一个新标签。根据酒店数字化转型的五大特征，当数字化转型进入成熟阶段，其工作资源将有 35% 以上外包给有独特技能的第三方市场。

换言之，以前酒店内的岗位都是由自己的员工完成的，现在可以转包给别的企业去做，结果就是大量的岗位实现服务转移。酒店由招聘人、管理人转向买服务，从而将传统的令人头疼的员工管理变为一种商品买卖：服务采购、质量管理。

这种贴上新标签的数字化用工方式，减少了岗位编制，用工可以随着季节、任务、工作量而灵活变化。这种用工外包一开始是被动的无机制配套和标准检验的，是酒店走向市场化经营初期一种无序的应激反应。然而当酒店进入成熟发展期，内在的需求对应上这种灵活的用工机制，加上数字化的赋能，一切就顺理成章成为一种公认的趋势。

华住集团在盟广科技公司里有一支服务集团的 IT 基础建设和日常运维的团队，由于集团的成员酒店数量庞大且在地理上遍布全国，其所承担的任务既有规律性强的新店 IT 建设、网络建设、智能化建设，也要应对突发性强的运维故障等。盟广科技公司因地制宜创造性地建立了一支高效的团队，从而破解了每个酒店都要配备几个 IT 人员值守的困境。这对 10 年前的用工制度来说确实是一个大胆的创新。好处是把时间上不确定性的工作量通过地理空间和工种整合的方式，在某一个员工身上统一起来。员工面对几家酒店的维护，工作量饱满，收入提高、服务质量改善；酒店集团统一管理，人力成本降低，效能和满意度提高。华住集团给这支团队起名“蚂蚁”，象征着自然界功效最高的一种昆虫精神，“蚂蚁”也因为成功的用工方式创新在行业中声名鹊起。

首旅酒店集团也有着规模类似的酒店需要提供 IT 服务，辉驿科技承担了这项重任。不知道是“蚂蚁”的影响还是自身品牌的衍射，辉驿科技也有一支类似的服务团队，叫“灰蚁”。“灰蚁”这几年在酒店“共享服务”上借着数字化转型的风口做得风生水起。“灰蚁”把服务的范围成功地扩展到全行业、全生态。许多酒店集团，特别是一些中小型的连锁酒店，把 IT 的运维全部交给了“灰蚁”，全身心投到了自身酒店的运营上。浙江一家酒店集团的 SVP 说，数字化在技术上共性很强，创新比较难，我们注重酒店运营部分，把一部分 IT 服务转包给“灰蚁”，IT 成本比自己“拉班子”搞还要低，质量反而更加稳定。“灰蚁”所在公司的总裁单海洋说，自从把服务定位在全行业后，生意蓬勃，尝到了数字化用工的好处。北京的机器人公司、山东的智能客控、昆山的智能停车科技公司、某大学的智能客控公司也纷纷把自己的售后运维交给“灰蚁”。“灰蚁”不但把全行业当作目标市场，也正在全生态服务上迈进。

中国酒旅市场上两只“蚂蚁”的前进历程，一定程度上是数字时代用工方式探索的成功案例。两只“蚂蚁”的实践，一方面是市场催生的结果，另一方面是数字化理念和技术在人力资源管理转型和创新上的结果。

要实现“蚂蚁”和“灰蚁”这样的用工、派工、核算的方式，采用 SaaS 平台搭建一个全开放的运营平台是至关重要的。平台上的上千个“蚂蚁”“灰蚁”的招募、管理，新技术培训，任务的派单、抢单，质量的监测，后台技术的远程支持，客户反馈的回应，账务的清理，劳务的支付，相关法务支持，都需要一套建立在云计算平台上的数字化系统全天候全地域的支持。数字化系统和物联网技术是成就这种灵活用工方式的重要技术力量。

KPI 考核的新方法论

数字化时代，对员工和经理人的考核方法不应该仅仅停留在传统阶段。传统的员工考核基于所谓的关键指标完成表现即 KPI 考核法，对职业经理人的工作评估也大致如此。

传统的考核法有一定的合理性，工作强度或成果的计量基本是靠谱的，但它忽略了数字时代客人的需求多样性，情感的多样性和服务形式的多样性是他们看得比服务数量（次数）更重要的内容。传统的考核方法无法支撑起员工在工作环境中对服务质量的追求和服务形式的创新，他们被限制在仅仅关注如何去完成规定的工作量。

员工的绩效考核指标，除了工作量之外是否还应纳入客人的线上反馈，介绍客人后续消费的奖励以及对酒店的各种规章的执行和建议。对经理人的考核，尤其是高级经理的考核，似乎也不能仅看 KPI 完成的情况，要评估他们对员工团队的激励作用。

美国 Salesforce 是一家 SaaS 软件公司，他们考核高管的指标中有一项内容非常有趣且有鞭策效果。公司的每一个员工都可以在内部管理平台上给高管打分，打分采用具象的标志，比如红花或者烂菜之类的。员工可以完全根据自己的情绪和价值观给出打分结果，且不受频次约束。结果是，有的高管在考评时得到了许多红花，有的少一些甚至没有。这种评估通常是匿名的，员工没有负担，但对企业高管的鞭策力是不可忽略的。用公司价值观衡量能得到员工认可的领导，其对团队的支配效率一定会高一些，给员工的幸福感也会多一些，员工团队的积极性和劳动效率自然水涨船高。这对一个依赖员工高度创新力的数字化软件公司来说可能比什么都重要。

近几年，国外科技公司在人力资源数字化方面的探索是很积极的。谷歌是其中做得比较好的一家科技公司，他们人力资源管理中有一个“People Analytics Department”，专门用数字化方法来进行 HR 的数据分析，其工作颇有成效。比如 People Analytics 团队利用大数据和机器学习技术来分析员工流动的趋势，并预测哪些员工可能会离职。通过分析员工的历史数据、个人特征以及组织内部和外部因素，他们可以识别出潜在的离职风险，并采取相应的措施，如提供发展机会、调整薪酬福利等，以留住关键人才。这个案例说明利用数据驱动的方法来支持人力资源管理，是能够为企业的长期成功做出贡献的。

同样，酒旅人力资源平台完全可以利用数字化技术，比如说大数据分析、AI 大模型，通过分析招聘数据来评估不同招聘渠道的效果，并优化招聘策略，也可以比较不同渠道的简历质量、面试通过率、入职后绩效等指标，从而确定哪些渠道对于招聘高质量员工最为有效，并调整招聘预算和资源分配。

酒旅人力资源平台也可以分析、比较企业内部各团队的绩效数据，识别出高绩效团队和低绩效团队之间的差异，并探索影响团队绩效的因素。可以分析团队成员的技能组合、沟通模式、领导风格等因素，以及外部环境因素如市场竞争、行业变化等，从而为团队领导提供改进建议，以提升团队绩效。

酒旅人力资源平台还可以通过分析企业员工满意度调查的数据，识别出员工满意度较低的领域，并提出相应的改进建议。借助分析不同部门、学历、职级、性别等群体的满意度数据，发现问题的根源并提供解决方案，以改善员工工作体验，提高员工忠诚度。

一个符合数字化要求的人力资源平台，在进行专项分析得出结论的基础上，应该能够根据酒旅企业的实际情况（资源和制约条件）提出问题的解决方法，并能模拟这种方法实施后对我们期待的结果的影响度，从而有利于酒旅企业调整这种方法的力度。比如采取了相关措施后，某个部门或层级员工的满意度得到某个数量级的提升，它对整个酒店客人满意度的提升起到了多少作用？反过来，我们要追求酒店客人满意度的提升，可以通过人力资源平台计算，除了相关直接因素外，在员工的满意度提升上应该确立怎样的指标？

我的观察结论是，在人力资源系统开发层面上国内的科技公司已经有能力提供，但在数字化融入系统和 HR 数字化场景创新，尤其是酒旅业人力资源的价值体系构建中，还有很大的空间允许我们去创新、探索。

场景七

酒旅区块链

区块链如同中本聪的梦：去中心、强隐私、透明性、防篡改，诞下了比特币的神话。

区块链技术如同新蕊在数字化创新中绽放。

机会还是鸡肋？不同的朋友怀揣不同的答案，就像菜场上的鸡蛋，不知它会成为一只高歌的雄鸡还是你胃中的蛋白？

我不知谁会是酒旅区块链的“始作俑者”，但我期待那会是您。

我不在乎酒旅区块链PK中谁是输者，但我祝福那不是您。

考问“区块链”——真“有用”还是真“无用”？

区块链——一个奇怪的概念，2009 年，随着比特币的走红，逐步走进中国，引起了各行各业的关注。

我们从移动互联网获得了许多新的商务模式和业务流量，我们也从中切身感受到移动互联网的不安全性带来的种种弊端和由此产生的应用局限。区块链的产生给了我们一种技术突围的可能性，因为它是一种安全的可信任的互联网技术。通俗地讲，在区块链上传输的每一笔数字信息动向都清清楚楚有“链”可查，同时还可以保护参与者的隐私。

这种技术优势是由区块链的三个机制决定的：一是共识机制；二是密码机制；三是去中心化机制。

区块链上的每一个分布式数据库由多方共同维护，以块链结构存储数据，彼此实现交叉的点对点的通信，每笔交易自诞生起，所有转账、交易都将被记录在“区块”上，区块与区块之间首尾相连，形成链式结构，并用共识机制公布给该网络上所有的节点，节点成员可根据权限查阅相关交易记录，但任何单个数据节点都无法轻易控制和更改整个网络的数据共识机制。在数据传输过程中，区块链采用密码学原理而不是基于非常难得的商业信用，使得任何达成一致的双方能够直接进行支付，数据传输过程中人与人的信任关系轻松转换为人与技术的信任，甚至于由程序自动化执行某些环节，因而这是一种真正的可信任的互联网；同时基于这样一种机器或称系统信任，任何交易者可以在不解对方基本信息的情况进行交易，实现了“无须信任的信任”，改变了传统模式中以第三方为中心的信任模式，形成“去中心化”特性。

正是由于区块链的三大机制特性，给移动互联网的未来提供了无限的遐想空间，面对这样一种几乎可以与互联网诞生的意义相提并论的技术，中国酒旅业能够无动于衷吗?

区块链在中国刚刚起步，并且发端于金融、保险、供应链、安全等领域，酒旅业目前仅仅处于关注阶段，一旦用于酒旅业，同样会爆发出巨大的经济和商业价值。

安全性对酒旅业是一个巨大的诱惑或称动因。中国酒店集团在近十年的发展中，普遍采用中央化系统，包括但不限于中央预订系统、忠诚度系统、采购系统，移动预订也普遍达到60%以上。客人信息集中储存成为普遍方式，酒店集团会员信息少则几十万，多则几千万，甚至过亿的也为数不少，很容易发生系统信息泄露的事故。尤其是当前，酒店客人信息类型多元，指纹、刷脸应用普及后，个人信息泄露的潜在风险集聚度非常高，一旦系统被黑客攻击，将会出现灾难性的结果。区块链的实现有望极大改善敏感数据保护中存在的安全隐患，为酒旅行业带来金融级的数据安全保障。

会员管理的新空间

区块链技术应用到会员信息的管理上，不但安全，并且能打通各集团间会员的信息交流，使真正的VIP时代快速来临。且不说在彼此独立的酒店集团间实现VIP的信息交换，许多大的酒店集团经过兼并、收购，吸纳了不少的独立品牌，它们中有为数不少的品牌依然维持了自己的系统架构和会员策略，其信息平台在本质上依然是独立的系统，与大集团直接的信息交换（包括价值交换）非常频繁，采用现有的技术风险很大，而区块链技术一旦应用于此，VIP的隐私能得到安全又有利于促进VIP在各品牌间的相容性消费，且他们的体验会极大改善。

行李旅行新模式

行李的携带是所有旅行者的一个痛点，每一个人到达目的地的过程中，交通工具的变化、路径的改变，使得旅行中行李无法与人截然分开，拖箱带包是现代旅行见怪不怪的现象。究其原因，乃是因为行李的信息是不完整的、行李的托运是带有一定风险的、行李的服务链存在无数的断点。当我们把这些原因细细厘清，问题就清晰了，为什么旅行过程中，行李的运输过程就不能与人分开，实现从出发地到目的地的“一站式”过程？区块链的技术有可能帮助我们实现这一过程。行李信息的安全、隐私保密、传输实时，配上一定的物流条件来保障服务的同步或异步要求，这并不是一件困难的事情。如果运用区块链技术完成这一过程，一种新的行李旅行模式就会诞生，一种全新体验的旅行模式也就诞生了，这是一个值得期待的商务模式大变革。

夺回直销份额新契机

在酒店预订竞争上，区块链的介入无疑为酒店夺回直销份额提供了契机。OTA 的得势在于它的中心化地位，一个客人登录一个主流 OTA 的手机 App，可以获得成千上万个选择的机会，这就是现在酒店集团想要单打独斗 PK 主流 OTA 成功胜算不大的原因之一。

然而，区块链天生的“去中心化”机制，将打破客人对独立酒店或非著名酒店品牌的不信任感，加入区块链的酒店发布的信息，已经从技术上保证他们的信息都是可信任的。客人们在新一代更加智慧化的搜索引擎支持下，只要键入位置、价格、主题之类的条件，符合自己心意的酒店就会方便地呈现在他们的面前。他们的选择将比选择某一家 OTA 更加宽泛，而跳过了 OTA 中介和佣金，将使酒店得益更多，也使酒店的价格更优惠于客人。可以说区块链的横空出世让 OTA 必然产生技术出局的危机感。这种危机是导致 OTA 模式消亡还是变换出新的行业，以及对 OTA 出局的冲击力度、时长如何，则取决于区块链在酒店业落地的时点、酒店集团响应的积极程度或麻木程度，同样也取决于 OTA 对区块链的敏感度及应对策略。

区块链技术在酒店行业的应用远不止以上列举的几个方面，诸如酒店供应链的应用、酒店数字合约及即将受到国家层面推广的数字货币都会对酒店产生积极的影响。

两难的选择：机会还是“鸡肋”的设问

面对层出不穷的互联网技术迭代、创新，有的酒店人会积极思考、大胆创新、勇于探索，有的则消极应对。区块链对酒店是机会还是“鸡肋”的设问是客观存在的。对技术的敏感常常决定一个行业的前景和地位。十年前，以携程为代表的 OTA，虽然在分销上占据一定的优势，但他们就本质上来说仍然是一个“水泥 + 鼠标”的传统旅行社，如果酒店业能够对移动互联网有足够敏感性的话，也就没有 OTA 今天的辉煌。

在区块链面前，机会又一次给到了酒店业，是幡然醒悟急起直追还是重走老路，值得行业深思。需要深思的不仅是酒店业本身，大量围绕在酒店业周围的数字化解决方案供应商和服务商们，同样面临选择。用传统的互联网技术和产品、提供一些并无智慧可言的“智慧产品”，固然轻松，但我们现有的“智慧酒店”产品究竟有多长的生命周期？面对新兴的区块链技术，我们研究了多少？我们中有几家能成为中国酒店区块链应用的探索者？

对于区块链进入酒旅业，想象比怀疑更有价值，实践比犹豫更加宝贵。中国的酒店业如今已经站在与世界同行并驾齐驱的位置，区块链给了我们在数字系统和酒店模式上超越它们的机遇。达沃斯论坛创始人克劳斯·施瓦布（Klaus Schwab）把区块链比作继蒸汽机、电气化、计算机之后的第四次工业革命的重要成果。也许十年后，我们谈论区块链时就像我们现在谈论 OTA、谈论移动互联网一样的平常。

区块链遇到酒旅业，几个坎儿绕不开

酒旅业采用区块链为技术平台开展业务，从设计到普及，其中的路程还相当遥远和复杂，有一些绕不过去的坎，需要我们认真地进行探索和创新。

我们首先要确定业务的性质以及交易对象的特点，来确定区块链的形式。比如酒旅在线预订，属于公共性的电子商务，参与者为酒店集团或各独立的酒店、旅馆、客栈、各大线上线下旅行社，以及规模上亿的酒旅客户（包括企业客户），这种业务适合选用公有链。公有链允许任何人加入交易并获得确认。

酒旅在线采购或酒旅积分交换平台，对参与交易的对象，为酒店或供应商，或与酒店积分交换有关的航空公司、旅行社等，需要先行认证，获准后方允许进入进行交易，这种交易平台则是属于区块链中的联盟链性质。

酒旅集团和大型旅游公司用于内部管理和交易采用的区块链技术平台，属于私有链性质，本质上与现在用局域网技术搭建的内网一致，只是技术不同而已。

三种区块链的形式决定了走在上面的业务运行模式有很大的不一样。有没有现行的交易平台可以拿来直接给酒店业使用，比方说比特币平台或以太坊，或者国际银行业比较常用的 R3CEV？答案是没有。每一种商业模式的场景设置都需要和技术进行紧密的纠缠性设计，才能符合实际应用的需求，这就是区块链技术虽然前景光明，却举步维艰的原因。

换句话说，中本聪设计的比特币交换网络只能适合比特币，最多扩大到虚拟货币，其他的行业业务附加其上，就有硬装斧头柄的嫌疑，使用时也会感觉处处不在初衷。同样，其他使用区块链技术开发的应用也一定需要对场景进行特别的设定，对共识机制进行特别的规定，才能流畅地开展业务。区块链的实用远景，确实有底层技术的进一步开放和完善，更重要的是进行应用规则的创新。

把现有的区块链平台拿来，把酒店业务附加上去，直接运行，为什么不行？需要做哪些探索和改革？

以酒旅业最普遍的应用——在线预订为例：智慧预订平台在哪里？

首先，我们缺少一个适合区块链的智慧预订浏览平台或叫浏览器（以后这会是一个令人很羡慕的平台），允许几十万家甚至几百万家酒旅企业把自己的房量、房价、旅行线路等信息按照协议所规定的标签合理、方便、醒目地传上去并组织起来，提供上链的上亿客户查询、下单。目前，这种功能是由 OTA 的网站和其背后的 CRS 来提供的，并且这种 OTA 的网站给了市场尚且不错的使用体验。

酒店记账权的竞争

区块链是一种公共账本，为了保证公平，在链的每个节点都有记账的可能，但每一个区块只能有一个节点获得记账权。为了选择出大家公认的记账者，于是采用各种各样的共识机制，看谁第一个获得符合计算难度的哈希值。目前比较流行的有几十多种共识机制，其中用得最多的就是”POW”（工作量证明）。

现在的问题是，酒店区块链预订的记账权如何确立，才能既保公平又保效率，甚至说既达目的又绿色环保。这是一个相当难的规则破解和创新，直接考验酒店业的智慧。

以“POW”工作量机制为例，它体现公平不假，但牺牲了效率。现在为了抢到一个记账权（俗称“挖矿”），需要动用大量的专业矿机组成矿池，去没命地计算，耗费了大量的算力和电能，非常的不环保。但是在比特币市值走高的背景下，所有的投入变成很有性价比的一个挖宝场景。这一切对酒店业的应用来说，是不可思议的。

酒店区块链预订的节点包括数以亿计的一般客人，他们已经习惯了移动预订，如果为了追求记账权确定过程的公平性，让他们退到用 PC（作为矿机）参与记账权的竞争，从而完成一次预订，几乎是不可想象的事。再说，客人的目的是获得一个满意的预订，有无记账权对他们而言根本是无所谓的一件事。然而没有他们参与记账权的竞争，酒店区块链又如何保障交易两端的“机器信任”，如何确保记账的区块的公信度，如何实现预订过程的去中心化和体现每个节点的同等重要，如何确保全链 51% 认同机制得以实现？

竞争的动力是什么？

在比特币的交易中，为了鼓励参与者积极挖矿（争抢记账权），对成功者予以比特币奖励。奖励的规则为最初每次奖励 50 币，每四年减半。总共 2100 万枚比特币到 2140 年全部奖励完毕，实现不可再生的“数字黄金”的承诺。

这个规则也是完全针对虚拟数字货币而设的，与酒旅业没有半点的必然联系。客人上网预订酒店，以房价为接受的要件，其中若发生中介费都是酒店给 OTA，他们从没有关心过。在区块链的预订平台上，他们更没有关心的可能。酒店在没有 OTA 收取佣金的区块链预订平台上获得订单，掏出比佣金低许多的“通道费”予以奖励记账权获得者，是愿意的。并且，酒店的预订绵绵流长，并不需要人为设置终点。因此奖励机制和奖励资金的来源对酒旅预订区块链来说倒是容易解决的事情。

区块链“低频”“小容量”与酒店预订“高频”“大容量”

改革比特币区块链的区块生产时间和区块大小，对酒旅区块链预订来说十分必要。现在的规则是，每 10 分钟产生一个区块，每个区块的大小是 1

兆。当链上的挖矿者完成符合难度系数的哈希值计算而抢到记账权时（获得奖励），如果其所花的时间小于 10 分钟，系统就会加大难度；如果其所花的时间大于 10 分钟，系统也会自动降低难度，从而使“挖矿”的时间始终回归在“10 分钟”这个标杆上。当一个区块获得记账机会时，在这个时段上的交易信息都会打包在这个区块上，记到每个节点的公共账本上，获得不可更改的特性。

这个规则对酒旅业而言必须改变，否则无法获得应用的前提。因为，10 分钟一个区块，每个区块 1 兆大小，意味着酒旅预订区块链平台上，每天可确认的交易只能是不超过 3.6 万笔，这个容量与中国主要在线预订平台每天 48 万到 60 万笔的交易规模冲突太大；10 分钟的区块记录确认时长与现实中的预订即时确认，差距也特别巨大，令人难以接受。就是说，目前区块链应用中的“低频”“小容量”特征与现时酒店业预订的“高频”“大容量”并不相符，需要改革。缩短区块记录时间、扩大区块容量是必由之路。但从“10 分钟”缩短到多少才符合酒旅业在线预订的现状和未来？同时又满足区块产生的科学性和严谨性？

一味强调缩短区块产生的时间，可能会使系统失去对区块记录进行多重哈希摘要的时间，失去建立区块标头的必要时间，进而失去建立区块的必要数学条件；同时，过短的区块产生时间，必然降低计算难度，也会在“挖矿”者中产生并列的记录权拥有者，从而产生区块的分叉。因此，规则要改是共识，如何改却是一个非常困难的技术问题，需要进行大量的测试。

匿名交易与实名认证

实名预订是国家对酒旅业态的基本要求。如何解决酒店区块链预订过程中的实名认证的问题？

在区块链上进行代币交易，并无实名规定，但要求交易者拥有一个数字钱包。钱包并不用来存放你的虚拟货币而是存放公钥和私钥。电子钱包是一个 160 位的二进制数字，转换为 16 进制就是一个难以记住的 20~35 位的字母和数字的字符串。对于虚拟币交易来说，钱不是支付给个人的，而是支付给某一把私钥，但私钥背后的主人是谁就是一个秘密，于是形成了区块链（虚拟币）交易匿名性。这是区块链的一个优点，但恰恰是酒旅区块链预订很难绕过的一个坎。

我们既需要保留区块链的安全特性（特别是其非对称加密的特性），又必须满足酒旅行业监管的要求；既要让客人拥有数字钱包的私密，又必须实现国家对私钥的实名追溯；既要让数字钱包满足在酒旅区块链预订上的需求，又要满足这个钱包在其他区块链应用的通用性。这在当前是一个比较窘迫的难题，然而又是必须解决的问题。

当然，当我国推行数字法币时，这个问题会迎刃而解；在数字法币推行之前，可行的技术方案就是对数字钱包进行实名认证，确保私钥的可追溯性，但这个方案的市场接受度如何确实是一个有点儿玄妙的问号。

谁能成为酒旅区块链“始作俑者”？

要推进酒店区块链预订还有一个重要的问题：谁来承担这场技术和场景应用革命的“始作俑者”？

按照区块链理论，在所有的上链环节中，每个节点地位是一致的，并没有中心节点，它是一个去中心化的公共账本。照字面狭义理解，酒旅区块链预订平台应该是一个没有组织者的公有链；如果有的话就与“去中心化”理论相悖。

其实并非如此，万事总有起始的推动者。比特币的原始区块和所有的共识机制都是由中本聪建立的，他就是一个“始作俑者”，他的地位和功勋极其重要。同样，酒店业若要推行区块链预订或其他相关业务，也需要有领头者。领头者的作用是拉大旗建联盟，寻找平台的技术合作伙伴，推进平台的物理建设，建立和测试各项技术和共识机制，探寻资本的介入以扩大平台的规模和影响力。

那么领头者是否会成为酒旅预订链的事实上的又一个“中心”呢？答案是否定的。因为，它并不参与到具体的运行中，无法左右区块的记录权，无法改变区块记录的内容，无法终止或加快平台的运行速度。就像区块链的创设者一样，他创立了区块链却无法左右比特币平台的运行。那么这样一个领头者该由谁来担任？国外的情形是由大公司或行业联盟发起比较多，在国内也是如此。中国的酒店业从一个小行业发展到如今，已是国民经济中一个有影响力的现代服务业。由大的酒旅集团或几个联手来承担这样一个角色？国内众多科技公司和酒旅数字服务商有无能力和魄力来开拓这一领域的疆土？各层级的行业协会有无号召力来进行这样的探索？

一切看上去似乎迷雾重重。

OTA 与区块链 PK：谁为胜者？

从以上分析中可以看出，区块链技术在酒旅业中的应用，没有现成的平台和现成的机制和规则可用，酒旅在线预订从互联网上的 OTA 平台或某个酒旅品牌平台上转移到区块链平台的真实场景并未创立起来。

并且，以 OTA 为代表的在线预订之所以为广大的客人所接受，除了其提供一站式的预订体验和价格优势，当前的 OTA 还提供着大量售后服务和质量托底的功能。我们强调区块链的去中心化功能，强调区块链平台上的公开、互信和不可篡改性，在这些功能的指引下，我们推测区块链会在某一天成为中国酒旅预订的新景观和新模式。当这一天来临时，OTA 曾经扮演过的售后服务和质量托底的角色该由谁来承担？ OTA 不会消亡，因为 OTA 不仅仅是中介——“中央化的角色”，更有服务者的功能，无论区块链多么强大，它都无法代替服务者的作用。

例如，现在许多酒店因为担心客人“no show”，常常会采用一种“over sale”的销售策略，特别是在节假日尤其如此。这时，客人到店碰到的常常就是“有单无房”，纠纷由此而起。这时 OTA 就担负起为客人托底的责任，能解决客人的住宿。区块链预订平台能不能解决这类问题？也就是能否解决客人的信用问题，能否解决 no show 时的补偿问题？如果能解决，酒店为什么还要 over sale？有人会说，酒店依然有动机执行“收益管理”的策略，因而仍然会有酒店“悔单”，造成客人有单无房的窘境。现实会是这样吗？区块链的信用保障机制和交易公示机制，将确保已经成立的交易是透明的不可更改和撤销的。这对酒店执行条约是有极大制约的，尤其是在客人执行 no show 赔偿制的背景下更是如此。这时，中间者的托底服务不就很大程度上消弭了吗？但是，还有许多服务确实是区块链预订所无法替代的。那该怎么办？

我以为，区块链会在很大程度上，建立酒店与客人之间的直接信任关系，因此会导致许多现行制度和策略以及服务的改变或消亡。但无论技术如何进步，它总是和现实的需求和变化有差距的，与现实保留“遗憾”是一种常态，也是迫使技术进步的动力。虽然区块链技术直接拿来用在当前的酒旅业并不具备可行性，它离成熟的应用还有相当大的距离。它必须在技术前行途中，由酒旅业对它进行多方位的场景建设和规则打造以及漫长的市场培育和多方推动，才会逐渐为社会所接受。相信随着国家对数字货币的推进和区块链技术的鼓励，区块链技术在酒旅业中的应用有可期可待的一天。

场景八
酒旅元宇宙

“心中的太阳”“梦境的人生”，我们徜徉在元宇宙。

身边的人、水中的鱼、镜中的花、海中的浪，在酒旅场景中成为众人的温馨伴侣；

珠峰的雪、南极的寒、雨林的湿、赤道的热，在客人的指间成为酒旅最珍贵的体验。

我们是《西游记》的传人，元宇宙的基因在身上流淌；

我们是数字化的实践者，元宇宙会是我们创新的风口。

前世今生“元宇宙”

MR 真是酒旅业渴望的“虚拟化”？

编辑一次精彩的酒旅“元宇宙”之旅

是未来但不是终极

前世今生"元宇宙"

疫情期间"元宇宙"特别火，从国外火到国内，从理论界到各垂直领域，从资本圈到科技界，一概如此。旅游行业包括大住宿业也开始关注这个新物种，有迷茫者，有不屑一顾者，斥之为"噱头"甚至"骗局"者也有之。

元宇宙对酒旅业究竟为何物？是一次新的技术革命，是"下一阶段的互联网"？还是正在进行的酒旅业数字化的终极形式？抑或和数字化平行的一个阶段？还是资本炒作下的过眼云烟？

要分辨这些问题，厘清"元宇宙"的来龙去脉是关键的一环。

最早提出元宇宙概念的是一部发表于1992年取名为《雪崩》（Snow Crash）的科幻小说，作者Neal Stephenson在书中提出了"metaverse（元宇宙）"的概念。《雪崩》描写了一个现实人类通过VR设备与虚拟人共同生活在一个虚拟空间的未来世界的故事。

《雪崩》发表后吸引了大量企业和机构，按照这个理念打造各种虚拟平台，以游戏的方式，将现实世界发生的社交、购物、建造、经商搬到了虚拟平台上。一些世界级的企业如IBM也一本正经地在游戏平台上采买地产并建立企业的销售中心；一些西方国家政府也正儿八经地在虚拟平台上建立了大使馆；有些西方政党将严肃的政题放到游戏中进行辩论。可以说，以虚拟技术为平台的"元宇宙"从它诞生的那天起就一直在悄悄但缓慢地生长着，只是没有引起我们注意。

2020年突如其来的疫情，将整个世界按下了暂停键。人们被隔离在家，通过网络触及世界，线上生活由原先短期的例外状态变成了常态，由现实世界的补充变成了与现实世界的平行世界。Zoom成为最流行的工作平台、腾讯会议一夜爆红、阿里钉钉使用者迅速增长。电商的普及从Z世代飞跨到老人，电子支付更加红火。几乎一夜间横亘在线上与线下的种种障碍被极大地移除，现实生活开始大规模向虚拟世界迁移，人类仿佛成为现实与数字的两栖物种。正是在这一背景下，"元宇宙"开始蹿红，2020年也被冠以"元宇宙元年"的称号。2021 年 6 月美国的“脸书”直接将公司名字改为“Meta”，宣布 5 年内转型成为元宇宙公司；Roblox 一向以“元宇宙”号称于世，2022 年 3 月份上市股价估值比上市前猛涨 10 倍，成为“元宇宙第一股”。国内的腾讯、字节跳动等也纷纷行动，在国内掀起了一股不小的投资与探讨的热潮。

在中国的这一波元宇宙浪潮中，北京和东南沿海互联网公司集中的地区关注度明显高于其他地区，舆论场对此肯定的比否定的更加显著。这种现象显示出中国对新科技概念的敏感度在提升。

“元宇宙”究竟是什么东西？百度的解释是：利用科技手段进行链接与创造的，与现实世界映射与交互的虚拟世界，具备新型社会体系的数字生活空间。它整合了多种新技术而产生虚实相融的互联网应用和社会形态，它基于扩展现实技术提供沉浸式体验，基于数字孪生技术生成现实世界的镜像，基于区块链技术搭建经济体系，将虚拟世界与现实世界在经济系统、社交系统、身份系统上密切融合，并且允许每个用户进行内容生产和事件编辑。

几个关键词有助于我们的理解：与现实平行的虚拟世界、基于数字孪生技术生产现实世界的镜像、允许用户内容生产和编辑，即用技术在现实世界外再造一个与此平行的虚拟世界，并允许人们同时生活在两个世界中，在虚拟世界中允许参与并编辑你想要的生活内容。

如此看来，叫“元宇宙”还是“末宇宙”其实并不重要，也许“元宇宙”这个有点故弄玄虚的名词几年后会被人们丢掉，但“元宇宙”所代表的平行于现实世界的虚拟世界一旦真的被“虚拟”出来却是真正的大事、一场能和互联网比拟的影响人类和各行业的大事！如果真的如此，那对酒旅业的影响会小吗？

MR 真是酒旅业渴望的“虚拟化”？

当我们还在推敲“元宇宙”名字的时候，元宇宙所代表的虚拟世界已经来到我们的身边，影响着我们的行业。疫情期间，人们开始大量使用视频会议，线上办公、商务和娱乐活动代替了面对面的接触，键盘的敲击缩短了人们时空的距离。其实，视频会议就其属性就是二维的虚拟世界。

越来越多的AR和VR技术出现，加上日臻完善的网络，裸眼（或佩戴VR视镜）而立体的人物从视频上走下来，通话者彼此相隔千里却感觉近在眼前。假如你带着触觉感知器，甚至可以彼此握手且感受到对方的手温和握力。这种高度拟真的网络视频系统——思科的“网真”身上曾有点影子，未来却完全可能成为现实。这样的虚拟平台一旦出现，高端酒店完全有可能因为其密布的网点和完备的接待场景而织成一张巨大的商务视频会议网络而成为行业的下一个功能亮点，赢得其竞争优势。

高度发展的MR技术对酒旅场景的虚拟同样充满了冲动。我们到酒店里参加婚礼，殿堂美轮美奂，新人婚礼的场景却各不相同，各具特色。婚礼结束，现场一片狼藉，所有鲜花、舞台造型顿成弃物，下一场婚礼从头再来。且不说这每一场婚礼一次性场景的巨大浪费，现实空间场景造型的局限性也让我们很难徜徉在海面上、森林里、花丛间、月弦上。元宇宙背后的虚拟技术却能让我们得偿所愿。如果哪一天，婚礼场景虚拟成真，我们的酒店产品会变得多么绿色、多么浪漫、多么酷炫！

我们常说酒店提供住、吃、娱乐、会务等功能，住要实实在在的一张床、吃要提供实实在在的菜和饭，但是很多人住酒店并不是真的要在酒店住一晚或吃上一顿饭，他要的只是入住豪华酒店和品尝美味佳肴的体验。比如很多人希望能到世茂的深坑酒店或到上海中心的J酒店住一晚，是他今晚没地方住吗？不是。现实的逻辑是因为要体验所以必须住。如果元宇宙的技术告诉你，在家里或在其他地方，只要你链接了这个虚拟平台你同样能得到入住J酒店或深坑酒店的体验，甚至有比身临现场更细致入微的体验，你还坚持要去实地住那一晚吗？

同样的情景也会发生在旅游业虚拟情景再造上。相信有无数人曾希望能在中国最美318国道上骑行一圈或徒步一次，最好走到珠峰脚下甚至直接攀上8000多米高的顶峰，无奈体能、时间、胆略、高反等限制，大部分人无奈止于遐想。

当元宇宙把一个与真实世界完全一致的虚拟世界搬到你面前时，让你在家里或在一个特定的场所，真实而又无危险地体验这个旅途过程时，你是期待还是拒绝，你是把它当作游戏还是看作你生命的拓展？

人生就是体验，旅游也是吗？

现在的虚拟环境大多以游戏方式呈现，这是 Roblox 作为一家生产游戏内容的生产商市值大涨的原因，但要是认定虚拟的都是游戏就有点偏颇了。

从米兰·昆德拉的虚拟补偿理论，我们知道："人永远都无法知道自己该要什么，因为人只能活一次，既不能拿它跟前世相比，也不能在来生加以修正。没有任何方法可以检验哪种抉择是好的，因为不存在任何比较。一切都是马上经历，仅此一次，不能准备。"

现实世界是唯一的，它只能"是其所是"，但意义只有在比较中才浮现，而虚拟世界可以"是其所不是"，从而挖掘出存在的多种可能性。因此，当元宇宙能够创建一个平行于现实世界的虚拟世界时，人类文明的底层冲动被激发是自然的。

说到底，人生一切都是体验而并非结果，甚至吃饭、穿衣等物质活动也是为了保障体验的进行。住酒店和探险大多数是出于体验，各种娱乐更是出于体验的需要。只要技术支持，理论上各种场景都是可以被虚拟的。这一推测符合元宇宙构建的三个阶段理论，即数字孪生—虚拟原生—虚实融合。

如此说来，将来旅游、探险、娱乐、住酒店、品美味、聚会等一切，只要有需要都可被虚拟进而被"编辑"，然后参与到虚拟之中去？现实中实现不了的可以在虚拟世界中得到补偿？其实这一切有着隐约的脉络可循：《西游记》绘声绘色在人们的头脑中构建了一个虚无的神鬼世界，《阿凡达》用视听造梦的技术给了人们飞行地外星球的沉浸感，《模拟飞行 2020》用如临其境的 VR 技术让我们栩栩如生，获得满满的参与感，未来的"元宇宙"让我们在平行的虚拟世界中斩获补偿感。

那么虚拟技术能否承担起构筑我们想象中的另一个世界的重任？从技术上看，"戴上头盔就能进入到一个超级逼真的虚拟世界"的元宇宙，所需要的沉浸感、低延时、接近于现实世界的虚拟世界效果，都需要极为苛刻的视频压缩算法、显示技术、网络技术、VR 渲染技术和计算处理能力和更先进的移动通信技术，目前的技术距此显然还有距离，假以时日呢？也许这就是眼下那么多大资本和科技公司对元宇宙蜂拥而至的动力所在。

编辑一次精彩的酒旅“元宇宙”之旅

“元宇宙”不仅仅要搭建一个我们想要的虚拟世界，还要有许多重要的社会属性。根据元宇宙理论，它至少包括以下要素：身份、朋友、沉浸感、低延迟、多元化、随时随地、经济系统和文明。

它把现实世界的各种社会要素聚拢在一个平台上，构成一个与现实世界完全交融的新世界，同时它必须具备“前所未有的互操作性”——用户必须能够将他们的化身和商品从元宇宙中的一个地方带到另一个地方，无论是谁在运行元宇宙的特定部分。这个虚拟世界与现实世界是紧密交互的，用元宇宙的术语来说就是“可编辑的”。

在现实的酒旅业中，有酒店的投资者、设计者、建造者、管理者、游客和住客等不同的角色。投资者要买地、募资、立项等以获得建造酒店的资格；设计者和建造者要通过招投标，以自己的设计理念和建造能力获得项目的实施资格；管理者则将以“品牌、系统、人才、标准”将酒店运营得当；消费者则通过购买来获得分享酒店各种产品的机会。在元宇宙的虚拟世界里，这些角色一样不缺，运行机理也是现实世界的平移并允许充分的创新。并且元宇宙具有庞大的地理空间供用户选择、探索。一种是由 AI 生成现实世界所没有的地图，另一种是以数字孪生的方式生成与现实世界完全一致的地图。这样，现实中的各个经济体和自然人可以在一个虚拟的世界里，按照自己的理想、兴趣、能力、精力、财力去扮演一个个完全不同的角色，去发挥自己的聪明才智。

比如想当酒店的老板，可以在理想的地理空间中选一块好地，邀请一家著名的设计公司打造一个心仪的度假酒店。如果想当个管理者，可以接受一家虚拟酒店，开创一个崭新的“品牌”，把你的营销和现场管理能力淋漓尽致地发挥出来；如果是享乐者，虚拟的平台上有各种类型的酒店、度假村（包括许多现实中并不存在的豪华酒店、特色酒店）可以尽情享受体验。

旅游业的虚拟世界也是如此。

人们通过购买资格、虚拟服装等在虚拟世界中建立自己的“化身”，通过化身参加虚拟的社团或组织，加入自己喜欢的游戏（如投资酒店、主题乐园、建设景点等）赚取奖金形成收入，也可以通过出售道具（如各种虚拟产品）获取收入，同样也可以通过完成各种任务（类似在某宝上种树）积累收入。利用“收入”继续参加虚拟世界的活动或进行消费，最重要的是也可以把“收入”兑换成法币，回到现实世界成为真正的财富。在现实世界和虚拟世界不断地循环过程中，“生产—消费—再生产”或“投资—盈利—消费—投资”经济关系得到了延续。

这意味着大量的现实经济活动有可能伴随着元宇宙的实现，从线下迁移到线上。现实世界的物质消耗降低的速率与虚拟世界的建设速率呈现强相关，人们的社会行为逐渐分离到现实和虚拟两个世界中去也就成为大趋势了。

是未来但不是终极

以上我们简述了元宇宙的来龙去脉、结合酒旅业描述了虚拟世界的技术和可能的体验场景、分析了在元宇宙建立过程中现实世界和虚拟世界的经济关系的循环和互动。

概括说，酒旅业的元宇宙是虚拟与现实的全面交织，无物不虚拟、无物不现实，虚拟与现实的区分将失去意义，这对行业的场景创新催化力极大。酒旅业的元宇宙将以虚实融合的方式深刻改变现有预订、营销、设施建设和资源管理、产品和消费场景、行业组织结构及其运作方式。

当然，我相信虚拟生活不可能完全替代现实生活，基于硅基的人工智能与生于碳基的人类体验毕竟只是一种逼近的模拟关系，无法真实替代，只会形成虚实二维的新型生活方式和线上线下一体的新型关系，这对酒旅业既会产生分流也会叠加机会。随着虚实融合的深入，元宇宙中的新型违法犯罪形式对酒旅业行业监管工作形成挑战也是无法回避的事实。

如果一定要对元宇宙与酒旅业的未来关系做一个判断的话，我想说，它是行业的一个美好的未来，但绝不是我们行业数字化的终极，而是酒旅数字化平行的一个阶段和形态。

我曾经和美国纽约 Fordham 大学 Roger Hus 博士讨论过，为什么元宇宙会如此走红？博士的回答颇有启示：技术需要新突破、资本需要新热点、用户等待新体验，由此元宇宙脱颖而出，它对酒旅业是机遇大于挑战。我赞同这一观点。

还要提及的一个事实是，虽然元宇宙的前景美好，但因为技术路径较长，其实现也需要相当长的时间。酒旅行业需要对此建立前瞻感，但没有必要对此产生任何形式的“焦虑感”，踏踏实实地做好眼前的行业数字化或许是对这个“新潮”话题最理智的应对。

场景九

酒旅服务机器人

人类太孤单，他需要兄弟；人类太忙碌，真需要帮手。

硅基的脑，机械的力、“人类的情”、仆人的命。

酒旅场景里的重事，让它来做，做得更好；

酒店里的累活，让它来做，做得更快。

这样的兄弟、这样的帮手来到你面前，要不要？

展开想象的翅膀，创造机器人未来的天堂。

挥一把手，让云带走酒旅人常有的困扰：

机器人，让人类更幸福，

究竟是人类的奢望还是机器人的愿望？

不是杞人但“忧天”

酒店为什么要用机器人？

“本领见长”的机器人

机器人的长成与“人格”

小心掉入“恐怖谷”

不是杞人但“忧天”

这几年，人们对于中国人口萎缩的忧虑越来越浓，感觉是周边的“大肚皮”（沪语指孕妇）远没有期望中的那么多，耳边“剩女”的故事和“丁克”传闻倒时常萦绕，“生活卷”“经济卷”“市场卷”，卷来卷去把生儿育女这件国民大事卷得不成体统。

根据国家统计局公布的人口数据：2023 年年末全国人口 140967 万人，比上年末减少 208 万人。全年出生人口 902 万人，比上年减少 54 万人，出生率为 6.39‰；死亡人口 1110 万人，死亡率为 7.87‰；人口自然增长率为 -1.48‰，这已经是 2022 年开始的连续 2 年人口负增长。

出生人口连续七年下降，生育率全球倒数第二，人口老龄化、家庭少子化、社会不婚化加速到来，劳动年龄人口总量下降，趋势还在继续。

这只是劳动力总量紧缺表征，更深的还有结构性短缺。正处在育龄期的“千禧代”和即将进入育龄期的“Z 世代”对职业选择已经不同于他们的父辈，他们的价值观中服务业被视为“辛苦”“社会地位不高”的职业，让他们及孩子选择服务业的意向是很低的。很遗憾，酒旅业正归类于他们“嫌弃”的职业列表中，从这个角度看，酒旅行业对未来人力资源的担心不是“杞人忧天”。

然而，我认为这个“担忧”因为下面三个“缘由”，并非不可化解，至少在未来十年，并不会成为酒旅业劳动力紧缺的“致命伤”。

一是国家鼓励生育的人口政策的陆续出台，会对扭转出生人口连续下降的趋势产生积极作用。现有政策力度还不够大。当社会普遍形成“生孩子合算、不生吃亏”感觉的时候，政策才是到位的，就像当年鼓励“买（商品）房”走过的途径一样，前后需要 5~10 年。

二是“传统职业将被淘汰”的心理预期会在一定程度上改变择业意向。技术进步会导致出租司机因无人汽车上街而“下岗”，流水线工人因“机械臂”的大量普及而被替代，英语教培老师因“大模型”的出现而无人聘请，普通财务记账员会被记账机器人毫无悬念顶替。这种心理预期对人们的职业取向是有改变效应的，“服务业永远是劳动力密集型的行业”这一性质短期不会改变。

三是制造业及农村人口向服务业转移或将成为酒旅人力资源重要来源。国家统计局发布的《农民工监测调查报告》，显示了中国就业从工业制造业流向服务业的新动向：2018 年，农民工在第三产业就业的比例达到 50.5%，为历年首次。

欧美发达国家走过的路程也佐证，先进技术的使用对低技能工人最大的影响，是迫使他们的就业从制造业转向服务业。有学者的研究表明，大约七成以上的制造业工人并不担心机器人使用造成的技术性失业，他们“在服务业可以比较容易找到新工作”，这些意向求职者将会是酒旅业劳力新资源。总体上判断，未来五到十年间酒旅人力资源还是可以紧张平衡，断崖式的下降不会出现。

2024 年夏日，我在北京石景山登上了一辆“萝卜快跑”，这是在首钢石景山园区内闭环巡驶的无人出租车。扫描 App 二维码上车，行驶、变道、跟车减速、红灯停车，到站靠边，一切中规中矩，没有任何违和感。驶过冬奥会滑雪大跳台“雪飞天”时，车内音响介绍当时的盛况，我仿佛看到谷爱凌从“雪飞天”顶端身轻如燕地凌空一跃。从乘坐的“萝卜快跑”联想到跑在武汉街头大量的无人的士。最近一届的世界人工智能大会，上海也发出了“完全无人载人车牌照”，一批无人出租车将被允许在浦东上路营运。此波趋势将不可逆转，那全国数量超过 700 万的网约车、出租车司机将去哪里？也许服务业是一个中转、暂歇的港湾，一个劳力的蓄水池。

因此酒旅业似乎不用太担忧未来无人可用，但酒旅业就不需要降低人工成本吗？酒旅劳动力成本居高不下的形势下，服务机器人能否帮上忙呢？

酒店为什么要用机器人？

2013 年，纽约 Yotel 酒店采用机器人充当“门童”，首开世界酒旅业使用机器人的先河；2015 年，日本 Henn-na 酒店开业，选用 KOKORO 公司生产的机器人用于前台接待和行李寄存；同年我国麗枫酒店引进云迹机器人为亚运村客人提供送物服务，麗枫也成为国内首家使用机器人的酒店而载入史册。

Henn-na 酒店当年注册“吉尼斯世界纪录”，于次年即 2016 年，被吉尼斯世界纪录认证为世界上第一家配备机器人员工的酒店。

酒店为什么要用机器人?

“机器人具有科技和时尚的外形，具有数字化产品特征，能够吸引流量，便于织就营销亮点。”“机器人劳动效率高，好管理，可以降低酒店劳动力使用成本。”“机器人可以提供“免接触”服务，在疫情期间有特殊效用。”

这些确实是不少酒店采用服务机器人的初衷，特别是“疫情”三年，员工普遍缺乏，又有“免接触”的实际需求，我国酒店服务机器人市场增速很快。以云迹科技为例，2019 年“疫情”前夕，公司的市场占有率已经国内第一，但市场渗透率并不高，大约在 4%。到 2022 年年底“疫情”管控解除，市场占有率依然“遥遥领先”，但市场渗透率已高达 30%，服务酒店的机器人总数超过 3.8 万台。

现在酒店运营成本非常高，四五星级的全服务高端酒店，人工成本在主要成本构成中占比高达 50%，有的甚至占营收的 30%~40%，“开门”意味着亏损；在经济型酒店中，人力成本占比也会在 20% 以上，其他运营成本也一直居高不下，而房价受市场供需的制约很难上涨，酒店经营效益提高很难。

2024 年 3 月，浙江大学邀请我给“酒店投资研修班”讲课。课程学员中有许多“富二代”，投资了一些酒店品牌都不赚钱，很焦虑，希望通过课程找到用“数字化”提升盈利能力的途径。一位年轻投资人对我说，“我们投资酒店就像买“理财产品”，目的就是为赚钱。不赚钱，玩情操，有意思吗?”

我询问过许多酒店总经理、业主，使用机器人的目的是什么，回答很一致，希望降低人工成本、提高运营效率。这很符合开酒店的底层逻辑。

然而使用机器人，能否代替部分人工，把劳动力成本降下来?

答案是有分歧的。

以送物机器人为例，广证恒生发布过一则测算数据：服务员完成一次客房配送工作人均用时 8 分钟，机器人配送平均用时仅 6 分钟；在业务量同为 200 次的情况下，服务机器人每日可节省时间达 6.7 小时。按照国家统计局公布的酒店业员工平均年薪 48260 元进行换算，酒店业员工平均时薪为 23.11

元，酒店运营一台机器每日可节省人力成本 154.84 元，每年可节省人力成本约 56515.5 元，可见机器人确实可以降本增效。

另一种说法，减不了：机器人只是时尚的玩具。给我这个观点的是一位负责数字化的主管，这种观点在目前还有相当的代表性。一般而言，这样观点占主导的酒店，要么机器人被拒之门外，要么冷落在大堂一角。

还有一种“无摩擦论”：Amadeus 酒店服务业企业发展与营销执行副总裁 Ahmed Youssef 认为，技术加持服务的模式将成为未来主流，合适的环境辅以合适的技术会带来真正的竞争优势，但技术的应用也应该拿捏有度。“酒店服务提供商应该避免为了方便自己而使用技术，而是应该优先考虑那些解决方案是否能够为员工和顾客提供无摩擦体验。”

我同意这个观点，但技术趋势来临时常常很难把握其尺度，比如什么样才是使用机器人的“度”呢？

这些观点没有统一之前，仁者见仁，智者见智，机器人在各酒店集团和酒店里就出现了不同的普及率和迥然相异的应用效果。

曾有机构预计，到 2050 年，全世界机器人的数量会超过人类总数，市场规模可超过 30 万亿美元，其中酒旅服务机器人占多少？它们到底能为酒旅业做出怎样的贡献呢？

“本领见长”的机器人

机器人到酒旅业不应该纯粹奔着“代替人”而去，而是提高人效比。把不需要员工干的事揽下来，把人用到必要的岗位上；把人的效率提上去，把人的工作强度减下来；把酒店总体人力成本降下来，把酒店综合效益搞上去。

2023 年秋天的一个下午，在上海阿纳迪酒店，我遇见了支涛——云迹科技 CEO。她兴奋地告诉我，云迹科技将在这里“全球首发”：推出崭新的机器人服务平台 UP。

UP 有着灵动的智慧系统——HDOS，能够指挥、分配十几台功能不同的机器人，按照客人的呼唤、酒店的预排有条不紊地全天候工作。UP 像极了机器人团队的总领队，是地地道道的机器人中的HR。有了这样的机器人“总管”，酒店的人力成本可以大幅度下降，而且员工的幸福度也大幅度上升。

她的话，让我脑海里浮想起了“云迹”的LOGO，那是一个清纯的女孩，仰望着星空，双手相握，祈祷着“机器人，让人类更幸福”。

2024年仲夏日，任兴本，济南舜和酒店集团的掌门人——董事长，拉着我的手让我去看他的“秘门绝招”。美轮美奂的宴会大厅背后，现代化的厨房里，灯光通明，主灶台上一排名厨挥洒锅勺，一盘盘令人垂涎欲滴的大菜即刻传出。任总却手指另一灶台，微笑不语：六台智能炒菜机鱼贯排开，只见锅体转动、锅盖自动打开、配菜分批投入、焖煮炸抄，锅体“液晶”盘上数字闪烁，数分钟后，开盖、装盘，一气呵成。

为舜和酒店提供这款智能炒菜机器人的出品方——“特优智厨”姜总介绍说：舜和酒店小炒类厨房上了六台设备，两个厨工操作，9个月收回成本，每年为餐厅创造利润45万元；自助餐厅上了两台厨房大型设备，节省大厨体力，出品稳定且多样，每年为餐厅节省15万元。任总点头肯定：舜和这家以餐饮闻名齐鲁大地的酒店集团用“炒菜机器人”搭上了数字化的高速列车。

在深航国际酒店，机器人也用得相当“得心应手”。他们对机器人在酒店服务中的评价是，“工作时间最长，薪资待遇要求最低，受到客人点名表扬最多”的“三最”员工。

现在的服务机器人可以独立负责早餐的面档，为客人煎蛋、下面、煮饺；可以到吧台为客人调制鸡尾酒、现磨咖啡；可以送外卖、送瓶装水、送鲜花到客房；可以在餐厅里穿梭传菜到客人的餐桌；可以清扫走道、大堂；可以晚间安全巡更、监测“黑针孔”、厨房驱鼠、喷洒香氛和消毒；可以接电话，满足客人线上的咨询和需求表达；可以向下过预订单的客人通话传递酒店的关怀和实用信息。

酒店运营中人力消耗最大，品控要求最严的是房务清洁。如果机器人能打扫卫生间或协助员工“做床”，其使用价值将会迅速得到行业认可。一些机器人科技企业，瞄准这一领域开展了积极的科技攻关，我看到了多种这样产品的雏形和设计蓝图。

从跑腿的“大白”变成全能的大神，从“单机作战”升级为“多机作战”

和“人机协作”，随着技术的发展，机器人本领越来越强。我相信，各种各样满足酒店运营管理需求、客人情感需要的机器人问世，只是时间问题。

机器人之价值并非仅仅是它的“行为能力”，在酒店数字化过程中，由于有了机器人作为运营终端，形成一个个服务的闭环，可以在不打扰客人、保护好客人隐私的前提下，默默地感知客人的情感和需求，然后将这些信息传递给 AI 大脑。数字大脑做出最聪明的认知和决策后，以“工单”形式下达给员工或一个个功能机器人，执行完后会把执行过程和动作忠实地反馈给系统，进行绩效评估。客人通过电话催了 2 次单，从客人的语气上，AI 机器人会判断出情绪，做出防止“投诉”的安排，还会通过数据分析挖掘出客人的许多“隐形需求”。

一句话，在酒店数字化系统中，通过机器人完成了智能设备之间、环境之间、人与酒店之间的连接，知人、知事又知情，在数字酒店体系中占据不可或缺的地位，这是机器人隐藏在“功能”背后的深层价值。

机器人的长成与“人格”

服务机器人与一般的工业机器人和特种机器人不同，它是直接为客人服务的，直接参与了酒店的运营，除了智慧以外，应该逐渐具备一定的“情感”。酒旅企业引进服务机器人时最好将它纳入总的人力资源池，当作员工的一部分。

服务机器人的长成与自然人有很多相似的轨迹。服务机器人从诞生到能够为人类服务，要经历孕育出生、学习基本技能、基础教育、考试认证、职业培训、跨界学习、工作实践等成长阶段，任何一步的缺席，都会给服务机器人留下功能上的缺憾。不过这段“必由之路”与人类相比，要精炼得多。

出生孕育：人类需要 10 个月，机器人仅需 18 分钟；基本学习：人类需要 12 个月，机器人仅需 10 分钟；基础教育：人类需要 12 年，机器人仅需 30 分钟；考试认证：人类需要 3 个月，机器人仅需 30 分钟；职业培训：人类需要 4 年，机器人仅需要 6 小时；跨界学习、工作实践人类需要 4 年，机器人仅需 30 分钟。

图 12 显示了人类生存成本和机器人生存成本的显著差别。这就是说，当一个机器人能够在某一方面独当一面或辅助人类进行工作时，它的基础成本与人相比是不在一个水平线上的，加上其硅基的头脑、机械的力量、电能的耐力，综合形成了人类无可比拟的工作效率。这就是工业机器人被大量应用、服务机器人将被人类广泛接受的物理价值。

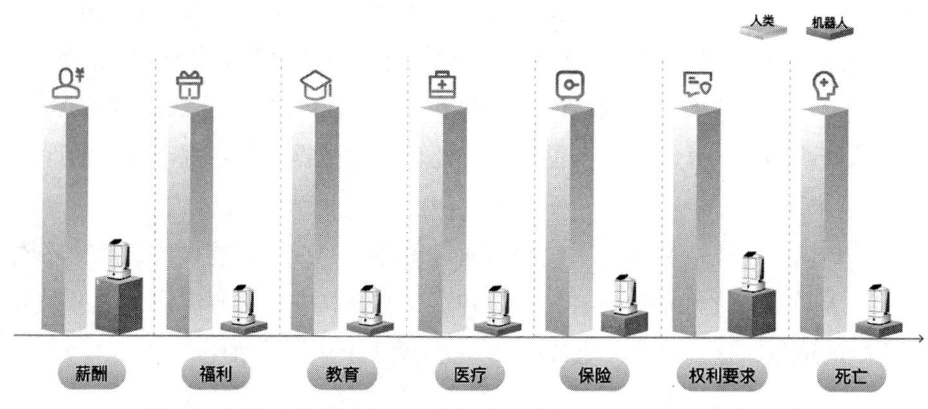

图 12　机器人生存成本 VS 人类生存成本（本图由云迹科技提供）

同样，机器人与人类相比，也有类似的“生命周期”，只不过“生命周期”的每一环节的内涵有很大的区别。

孕育出生：人类新生命的诞生是追求自身的血脉和文化延续，靠的是基因传承；机器人的产生是人类有目的劳动结果，靠的是技术革命。

身份管理：人类管理自身和身份的认同是通过户籍制度或身份证制度及各种资格认证来实现的，机器人同样有自己的身份认同形式，通过产品编号和内部的结构或配置的特性构成其唯一性。

基础教育：人类通过教育制度和教育课程及父母亲人的帮带，完成常识教育和智力开发；机器人通过程序灌输和“机器学习”获得基础教育和专业技能。

考试认证：人类通过系列的考试和证书的获取，建立“资格”和“资质”，打通上升的通道；机器人通过企业的质量检测和行业的“评价体系”或“运行标准”，获得行业的准入。

学习工作：人类以个体为单位进行思维、积累工作经历和经验，过程复杂而漫长，甚至贯穿一生，且不同个体之间无法相互复制；机器人可以群体训练、工作经验可以群体复制，技能升级瞬间实现。

生存条件：人类发展需要周全的社会环境和制度保障，教育体系、薪酬制度、社保制度、绩效评估、医保医院等，才能健康成长、幸福生活；机器人则一次买断或软件订阅、靠实时监控和自测自检完成正常工作状态，且无忧无愁。

人格权利：人类天生平等，法律保障其“人格自尊”“人权充分”；机器人无“权”无“格”，保护机器人的工作环境和权利的法律法规或相关的社会契约与共识暂时缺失。

尽管，人类因生在不同的国度、有不同的制度、不同的生态和社会环境、不同的文化传承，“人权和人格”的水准是不一样的，追求人权、尊重人格是人类共同的目标，然而“人权和人格”对各种服务机器人还有各种人形机器人而言还是虚无缥缈的幻影。

深刻地认识服务机器人的以上属性，有利于我们在酒旅数字化场景创新中加入“机器人”的元素，更佳地完成人类与机器人的物理沟通和情感沟通。

小心掉入“恐怖谷”

机器人需要行进在路上，是否要拥有“路权”？机器人能够生成和处理个人数据，是否应拥有“隐私权”。机器人具备情感模拟或感知能力，是否拥有不被滥用或虐待的权利？机器人需要接受升级和合理的维护周期，是否应拥有“健康发展权”？……

对于是否应该赋予机器人各种“人权”以及尊重他们的人格，这在机器人进入人类生活那天起就被广泛地讨论。对于那些刚刚具备初级办事能力的机器人，或者不具人类外形的机器人，特别是工业机器人和特种机器人（如扫地机器人），人们对这些问题的关注很少，甚至忽略；而对于具备人形并有着较高智慧及“人类情感”的机器人，关注就集中起来。

赋予机器人这些权利有利有弊，需要跨学科的合作和深入研究，因为这将带来诸多伦理和法律上的挑战，应该谨慎，以确保在技术进步的同时，不忽视伦理和社会的复杂性，防止人类产生对机器人的“反感”。

在酒旅行业，引进机器人没有疑义，但是否要引进“人形机器人”却要特别慎重。有人会说机器人拥有人类容貌、身材、腿脚、声音、发肤，或萌态浓浓、或俊逸潇洒、或与偶像形象逼真岂不妙哉！事情若真如此，当然善哉，然而在逼近这个理想的结果过程中，人形机器人大概率会掉入“恐怖谷”理论的陷阱，给酒旅机器人带来不利的发展因素。

1970 年，日本的机器人学家森政弘提出了“恐怖谷”理论。“恐怖谷”理论描述了一个现象，即当机器人或物体的拟人程度增加时，人类对它的好感度会上升，但面对越来越逼真的人形机器人或物体外表和动作，但还未完全像真人时，人类会在某个点上感觉到不安和恐惧从而引发消极情感反应。当机器人或物体拟人度继续上升，直到真人无法辨别时，人类的好感度会恢复和上升。

我认可这种心理反应。试想，当你晚上归来走进寂静的酒店大堂，忽见一个似人又不完全像人的东西趴在前台，心中的恐惧是否如“聊斋”女鬼重现，魂飞魄散是大概率的事件；再想，如果你兴冲冲下飞机、赶高铁、乘出租来到下榻的酒店，迎接你的是前台后伸出一张血色不足神情乖戾的“人脸”，此时明知是“人形机器人”，也一定会大呼倒霉。更严重的是酒店住客百人百态，万一有个心脏病或抑郁症患者，因此引起疾病突发，后果是不堪设想的。

我不反对“人形机器人”的研发和应用，相反，我认为人形机器人是“具身智能”的一种终极形态之一。我提醒的是在迈过“恐怖谷”之前，酒旅业作为一种迎人待客的特种行业需要格外谨慎。

场景十

酒旅 AI 大模型

说“人工智能”那是一个漫长的故事，说“AI 大模型”那是捧在您餐桌上一道真实的大菜。

酒旅 AI 大模型让酒店不再是暂时的居所，而是流连忘返的温馨港湾。

无论您来自何方，无论您多么独特，这方天地享受便捷与温暖、舒适与惬意。

酒旅科技人用灵感与智慧，用数据与算法编织自己的 AI 大模型，这一次，我们与世界走得最近。

璀璨的星辰照亮原本混沌的研发之路，成就点石成金的魔幻之力。为您筛选出最有价值的信息和创意，将平淡无奇点化为令人惊叹的创新，复杂繁琐的流程优化为简洁高效路径。

AI 大模型不仅是道可口的饭菜，更是一把助您数字化成功的金钥匙。

这次与世界走得最近

站在巨人的肩膀上

如虎添翼的效应

目睹一场浴火重生的经历

商业模式的探索

自主开发还是“拿来主义”

这次与世界走得最近

“忽如一夜春风来，千树万树梨花开。”这句曼妙的诗句用来形容当下酒旅业“行业大模型”的涌现十分贴切。2023 年 10 月 27 日，“2023 酒店住宿餐饮业数字化发展峰会”举行的联合发布会上，云迹、辉驿、众荟、首旅如家、迈点联袂发布了各自的“酒店 AI 大模型”，一时真有点让人目不暇接。

这是中国酒店业与世界数字科技跟得最紧的一次。

2022 年年末，OpenAI 的 ChatGPT 横空出世，掀起了一股人工智能的狂潮，人们被 AGI 大模型的出众本领惊得“花容失色”。次年 3 月初杭州特勤局邀请我为西湖国宾馆高管讲课，特地要求增加 ChatGPT 内容。我用 ChatGPT3.0 自动撰写了一套介绍 ChatGPT 来龙去脉的 PPT，并对 GPT 的“本领”进行了一次实例点评。说实话此时 ChatGPT 虽有“一本正经说瞎话”的毛病，但其整体实力深深震惊了我，我意识到酒旅行业一旦用上了这种所谓“大模型”，无疑会使数字化进程如虎添翼。

在随后短短的半年时间里，国内通用大模型高速发展，如雨后春笋。百度“文心一言”、阿里“通义千问”、华为“盘古”、科大讯飞“星火”、中国移动“九天众擎”、中国联通“鸿湖”等等几十家大模型先后诞生。虽然性能上与 ChatGPT4.0 相比有些距离，但在总体功能上也很管用，假以时日和经过大量的中文材料训练，在质量上赶上国外产品颇有希望。

ChatGPT 和大量国内通用大模型的出现，以其开源的特性和溢出效应将其所具有的能力扩展到更为广泛的各行各业，一波行业专用大模型在经过特殊的行业数据训练和参数调整等复杂的技术熵变后应运而生，其中就包括好几个中国酒旅业的行业大模型：例如，擅长住中体验的云迹大模型“HotelGPT”，专注酒店业知识管理和制度、标准的辉驿大模型“妙沿”，聚焦酒店数字营销的众荟大模型“通荟”，专攻酒店运营现场管理的首旅如家“数字店长”，而迈点 AI 大模型有点酒店业“万宝全书”的特点。

大多数人面对这些行业大模型会有点瞠目结舌，一连串的疑惑浮现在深思的脸庞上：这些号称酒旅行业大模型的东西和 ChatGPT、文心一言、星火究竟是啥关系？科技公司如何训练出所谓的专业“大模型”？他们会在未来的酒店数字化过程中扮演什么角色，解决什么问题？如果真的有用，酒店集团和科技公司与它们最和谐的关系应该是怎样的？未来的商务模式可能会是哪种形式？

我关注和推进了其中几个大模型的研发过程，目睹了酒旅数字化专家在这个领域里辛勤耕耘的全过程，除了感动更有思考和殷切期待。

站在巨人的肩膀上

ChatGPT 及一众国内通用大模型出世后，人们尝到了 AI 的甜头：发现工作思路、唤起创新灵感不再是一种奢望；往日劳神费力的 paperwork 像制作 PPT 和 Excel 一样瞬间轻松起来，工作效率大大提高；就是非常烧脑的编码技术也从神坛上跌落下来，只要设想好一个模式，大模型就会迅速帮你输出一串令人心跳的 Python 代码或其他机器语言。不过，有心人很快发现，这些通用大模型在整体智能水平大幅度提高的情势下，用到专业领域或处理 360 行各等繁杂特殊的事务时智力立马下降，甚至于胡说八道。比如说让通用大模型去处理酒旅业的许多专业问题它就显得力不从心。有高智商但无专业知识是这些通用大模型的最大问题。

事实上 ChatGPT 大模型在推出时，OpenAI 就预料到会有这样的情形，通用大模型虽然涵盖了广泛的知识，但对于特定行业或领域的深入了解必定有所不足。这是因为每个行业特定的语境和特定的术语完全不同，知识体系和技术路线也有天壤之别，只有通过专业训练才能帮助模型更好地理解和使用这些术语以解决行业问题。因此大模型广泛采用开源的方法，或将 API 开放给各个行业，相当于把 GPT 的脑袋借给需要的行业，通过对模型进行特定领域的训练，使其更精确地回答专业问题。这就是现在的通用大模型衍生出专业（或行业）模型的底层逻辑。

例如这次联合发布的“酒店 AI 大模型”中，云迹科技的 HotelGPT 在百川 2-13B、阿里千问 -14B 等基础上进行训练，辉驿科技的“妙沿”利用 Langchain 框架调用 AI 通用模型为“白泽”的内核引擎，众荟科技则在 ChatGPT/ChatGLM 等基础上进行研发和训练，首旅如家在 GPT3.5/ChatGLM2 基础上训练，迈点采用百度“文新千帆”作为训练底座。

这些行业的大模型无一例外地把自己的“脑子”建立在某一个通用大模型之上，相当于借用了一个出色的“大脑”，但又无一例外地对“大脑”进行了各有侧重的强化训练。通过这样的环节“酒店 AI 大模型”有了自己的特殊本领，成了酒店住宿业的行家、专家。

举一个例子，当系统从网络上爬取了一个客人对酒店的一段评论：“这家酒店的服务太热情了”。通常被归类好评：服务人员非常友好和周到，但在酒店业的语境里，它还有另一种可能：服务过于热情，客人可能感到有些骚扰，造成了不便，这就是抱怨了。酒店行业大模型要的是能够充分理解特殊场景下的具体问题的处理能力。

因此“酒店 AI 大模型”并非自立门户、自开山头建立起来的一种 AI 系统，它是建立在多种通用大模型基础上，灌输以行业知识、技能训练使之更适合住宿业的一种专家系统。“酒店 AI 大模型”的推出，将改变以往的 AI 如“智能语音前台”或“某某智能音箱”回答问题时“专业性”较强（话题范围很窄），但一旦客人转移话题系统立刻变傻的现状。并且由于是建立在更强大的通用大模型基础上，其通用智能非常强大，这又促进了“酒店 AI 大模型”专业能力的极大提升。从这个意义上说，“酒店 AI 大模型”与市场上诸如 ChatGPT 一类的通用大模型有千丝万缕的联系，但从技术路线上来说，可能系出多门，未必一定扯上血缘关系。

如虎添翼的效应

从理论上说，“酒店 AI 大模型”的推出对行业数字化进程是一种“如虎添翼”的正面促进作用，实际效果怎样则要看大模型的真实功能和效用，以及行业对这些大模型的态度：拥抱还是冷漠。

在华邑酒店的咖啡厅，有着酒店行业人工智能领军人物之誉的林小俊——众荟科技CEO，给我分享了一段抖音直播视频：一位老练的酒店主播略带口音，正侃侃而谈推销自己的套餐：放价不停，酒店特惠。一边介绍套餐的种种诱人的福利，一边鼓励观者线上提问，线上作答。小俊问我对主播的表现评价如何？我回答：非常够格！小俊自豪地告诉我，那是众荟的大模型。

首旅如家是中国酒店业中第一个推出专业大模型的酒店集团，CIO王波起了关键推动作用。他把这个模型直接称为“数字店长”，希望“它将每日的经营复盘、市场热点判断、酒店收益管理、宾客服务反馈、风险和应急处理等酒店60%的职能承担起来”。

云迹科技负责大模型开发的曾祥永，是中国科学院自动化研究所博士与计算技术研究所博士后，对我举例说他们的大模型能让机器人地图更新、动态避障、路径规划、任务调度、人机交互等多方面技术指标和产品性能大幅度提高。云迹科技已有数万家酒店客户，为了处理机器人每天遇到的各种问题，有一个数十人的售后客服团队。在大模型支撑下，售后服务效率也得到了显著提升。在曾博士后方支持的云迹科技VP应甫臣，是Google中国第一代工程师，他对专业大模型的价值判断是：经历了早期的火热后，当下的关键在于真正提升各垂直领域的生产力。应总希望更多的大模型加入进来，一起加速酒店业数字化进程。

潘哲恺是辉驿科技专用大模型的主持者，这位毕业于美国纽约大学且立志要成为一名“数据科学家”的年轻人，对大模型风生水起创造的机会非常珍惜，对辉驿科技为他提供的舞台十分感激。他对辉驿大模型将给酒店业带来的影响充满了自信，期待“辉驿的大模型将是未来酒店行业的”知乎”。

迈点AI的开发负责人张超阳，在大数据架构和AI模型设计上有丰富的经验。他特别自豪：得益于迈点14年来全域数据库资源，他们的大模型花了整整6个月，持续从海量的行业新闻、研究报告中融合学习，站在酒店人维度分析，训练量超过100多万tokens，与人聊天时能够结合上下文对话互动，高效快捷地帮助酒店检索内容、制定解决方案。

系统性地梳理酒店AI大模型的作用，可以概括为以下N点：

（1）“酒店 AI 大模型”可以支持酒店日常运营，进行客房需求预测，物料预测、房价预测、收益预测，可以帮助管理酒店的房间存量和制定价格策略。帮助改善客户入住和退房流程，提高运营效率。

（2）“酒店 AI 大模型”可以用来分析市场趋势和客户反馈，以调整和改进酒店的营销策略。可以帮助生成个性化的电子邮件和营销材料，以吸引不同客户群体。

（3）“酒店 AI 大模型”可以进行良好的物业管理，可以改善各种设备、资产的运行情况，对各种运行的系统进行智能化的控制。

（4）“酒店 AI 大模型”可以帮助酒店高效实现 OA 管理，包括各种文本翻译、文本起草、社交媒体的推文生成以保持活跃度。自动回复客户在社交媒体上的提问或评论，提供基本信息或处理客户问题。

（5）“酒店 AI 大模型”用于接受来自各个渠道的客户意见、需求，进行分析，按照分类予以反馈、并采取适当的行动来改进服务。这种接受和反馈的渠道和方式是融媒体全智能的。

（6）其他用途的支持。

总之“酒店 AI 大模型”对未来酒店数字化的推进是全方位、全场景、全过程、全智能的。具体的应用场景无法穷举，它是一个不断创新的过程。

因此，“酒店 AI 大模型”是未来酒店业数字化加速的“引擎”，但当下更像是与数字化一起脉动的探索者。

目睹一场浴火重生的经历

不管基于何种通用大模型，要将它训练成为精通某一行业或某一领域知识或技能的专业大模型是一项高技术、复杂的、迭代性的过程。我这里简单地将此过程的主要步骤描述一下：

首先要明确设计的目标。例如，如果目标是为酒旅业创建一个专业模型，那么应该考虑该行业中最常遇到的问题、需求以及客户的疑虑。还有酒旅业也分成许多领域，如纯酒店服务、餐饮、娱乐、旅游、度假、休闲、物业管理、运营、市场营销等，在具体的领域里面还可以细分，如物业管理又可分为能源、设备和设施管理、安全和保安、清洁和环境卫生、园艺和景观、废物管理、停车管理、房屋维修等。

理论上可以做一个酒旅业的通用大模型，但这方方面面涉及的知识还是太广、数据训练量巨大，投入也水涨船高。集中力量做一个领域“专业通”是比较靠谱的做法，现实的情况也是如此，这次发布的几个“酒旅 AI 大模型”都有自己的特色。所谓特色，就是说在某个领域我特别行。

如何确定大模型要达到的目标？这和科技公司所涉及的领域以及相关数据收集与处理的能力优势在哪个方面有关。

对于酒旅业或其中细化领域（如住中行为、数字化营销、SOP 和相关制度）的专业模型，需要大量酒旅业或相关领域的数据。这些数据包括文档、手册、行业报告、客户互动记录等。

以云迹科技为例，数万台机器人在全国各档次的酒店里整日跑来跑去执行各种任务，云迹科技积累了千万级的数据，这些数据有的是客人通过 App 下达的购物指令，有的是客人通过电话或电视机下达的购物需求，有的是前台发出的送物指令，有的是在电话中投诉、抱怨或表扬等。这些数据统一经过云迹科技的 HDOS 处理，转换成最终的执行命令并进入云迹科技云端的大数据库，这就是云迹科技研发专业大模型的资源和底气。

再如众荟科技，十多年的舆情跟踪服务，他们的机器爬虫从各种融媒体上抓取了几十万家酒店基础信息和 4 亿条消费者的服务评价（俗称网评）。这些网评在经过众荟科技的精细化标签后裂变成细粒度的分析结果，成了人工智能系统辨析网评背后的情绪、语言真实的含义、行业特殊内涵的利器和资源。众荟科技利用这些数据资源，开发了以市场营销为主的大模型也就顺理成章了。

一般来说，有了数据，还应该对原始数据进行清洗、标注和分类，确保数据的质量和准确性，以便模型能够更好地理解和分析这些数据所含的信息。包括对评论、反馈、房间描述、系统日志等文本进行清理和标记，这些内容可能是各种形式的文字，有些可能不够规范或混乱。在数据清洗和标记过程中，还会发现文本中的一些杂乱或不必要的部分，如拼写错误、特殊字符、

HTML 标记、语言中个人习惯的“哼、哈”声或其他噪音。例如，将“!!!!!”替换为“!”，或者删除不必要的 HTML 标记，以确保文本更干净和一致，这就是数据清理。

在网评信息处理中，可以标记诸如评论主题、情感表达（积极、消极、中立）、提到的酒店设施等元素和评价维度等。这有助于大模型更好地理解评论的含义和信息。

通俗地说，数据清洗和标记就像是整理一本混乱的书籍，清洗就是去除书页上的涂鸦和杂乱的笔记，使它变得更容易阅读；标记就是在书中加入目录、章节标题和页码，以帮助读者更快地找到他们感兴趣的内容。通过清洗和标记，可以使大模型更好地理解和利用这些数据，提高其在酒旅业的应用效果。

经过上述准备后，还要进行最关键的一步，选择通用大模型：到底选 ChatGPT，还是选国内的星火、盘古、百川等，这也是一个巨大的复杂工程，必须和你的信息系统技术环境最佳融合。因为这一步过于专业，此处略过。

将数据输入经过精心选择的通用大模型，通过大量的重复性的训练，就会积累对行业特有语境的敏感性和广泛的知识，就能具备 GPT 之类的通用大模型没有的专业素养。此时还要对大模型进行“两环四节”的再调整性训练：微调和训练及验证和测试。

前者是继续用特殊数据和案例对专业模型进行微调和再训练，促使大模型在特定的领域中表现更加优秀，而不是仅仅保持通用的知识。后者是将专业大模型放在实际场景中进行测试，以验证其性能和准确性。这包括利用行业专家提供的问题集，或使用真实的用户查询进行测试。“两环四节”进行得彻底与否，也会对专业大模型的最终使用效果产生直接的影响。

举个例子，假设你训练的“酒旅 AI 大模型”，在理解和回答一般性问题方面表现尚可，但你希望它能够在酒店业务中做更多的工作，比如提供酒店推荐、回答客户问题或者预测酒店房价。特定任务“微调”的过程就是让这个模型通过接受一些与酒店市场、预订、分销业务相关的数据，来学习如何更好地完成这些特定的任务。这些数据包括客户的酒店评价、酒店房价的历史数据、酒店出租率和房价的关系、酒店一般的收益管理原则、酒店设施的描述等等。通过在这些数据上进行训练，“酒旅 AI 大模型”可以逐渐学会在酒店这些业务中有更好的表现，比如根据客户偏好推荐酒店，回答客户的问题，或者预测未来的价格趋势。

经过以上的繁复和大数据量的训练过程，专业大模型算是初具形态，但距离向行业推出的目标至少还有两个步骤要去完成，每一步都是伤筋动骨的历练：一是部署与实际应用，二是持续地学习和更新。

当然专业大模型的训练还有其他多种方法，例如众荟科技采用了混合模型法、辉驿采用集成性和 API 能力较强的 Langchain 框架等，这里就不一一叙述了。

商业模式的探索

通用大模型和专用大模型都是在人工智能底座上经过大量训练培养出来的一种公共和专用服务平台，其成长和维护必将消耗大量的人力、智力和财力，从本质上是一种高端服务。事实上也对使用者，无论是机构、企业还是个人，都有巨大的智力提升和劳效提升之功。因此，从长远看，它的商业模式必然是有偿的。

简单说来，目前大约有以下几种模式正在探索中：

（1）订阅制 / 会员制：类似于许多在线服务和应用程序，用户为持续访问和获得最新、最优化的服务版本而支付费用。

（2）按使用次数付费：每次请求、每分钟使用或每千字等，都有不同的费用标准。对国内酒店行业大多数普通用户来说，使用“酒店 AI 大模型”是最方便的使用方式，为此付些费用是合情合理的。

（3）企业合作和定制化服务：企业可能需要特定的、定制化的大模型解决方案。这可能涉及在特定数据集上进行培训、优化性能或添加专有功能。这些服务比标准使用更为高级，因此价格也要高些。

（4）开放 API 和开发者工具：开发者可能希望将这些大模型集成到自己的应用程序或系统中。通过提供有偿的 API 访问和开发者工具，扩大其大模型的应用范围并赚取收入。

（5）免费或付费的使用：大多数免费的是基础版本或有限制次数的版本，付费的常常是高级版本。如 ChatGPT3.5 是免费版，4.0 是付费版。

根据“2023 酒店住宿业数字化发展峰会”上得到的信息，“酒店 AI 大模型”普遍还处在试水阶段，商业模式并未成型：众荟科技采用 License 授权、辉驿显示为“内测”、云迹科技采用植入机器人增强性能、首旅如家为集团内部试用再视情况推广、迈点为微信小程序免费订阅。

不管怎样，我预计，上面几种常用的商业模式对“酒店 AI 大模型”基本可行，问题在于我们酒店行业能否接受这种新型的数字化服务，并将它与自己的事业结合起来。只有当这种接受和结合呈现良性状态时，商务模式才可以被称作“合适”的。

自主开发还是“拿来主义”

“酒旅 AI 大模型”对未来数字化进程具有强大的正向推进关系，那么是否所有的酒旅集团、科技公司都有必要投入资金和人力去研发一个自有的“小宝贝”呢？

中国人有一个习惯，叫作“群羊效应”，形象地描述就是说好那就大家都做，说不好就全都嫌弃。且不说大模型这东西真的不好做，就是资金和人力的投入也是很大的一笔账。比较“和谐”的做法是“拿来主义”。

酒旅集团可以和这些“酒旅 AI 大模型”建立直接的合作关系，将他们接入到自己的数字化系统中去，如接到 CRS 系统以增强客房的预订能力、接入到自己的物业系统中，强化自己的各种设备的管理能力、接入到自己的 OR 系统，优化自己的文档和知识管理的路径。林林总总，凡是现有的数据系统都可以和有特殊专长的 AI 大模型链接起来，为自己的系统添加一个“AI 智能引擎”，何乐而不为？

对科技公司也是一个提升产品智能化的契机。目前酒旅科技公司软硬件产品已经相当丰富，但就其水准而言普遍停留在信息化时代，也就是以自动化为特征的“智能酒店 1.0 时代”，各种产品“自动”可以，智能不足。并且，令大多数科技公司和 CTO 们烦恼的是，产品开发似乎已经走进了山重水复疑无路的死胡同，不知突围的方向在哪里？2023 年 7 月，我在青岛为某酒旅集团讲授《酒店科技企业突围的“五个维度”》时就指出，重要的维度之一就是“让现有的产品更智慧”，而更智慧的捷径之一就是引入“酒旅 AI 大模型”。

这样的想法当然不能算错，却不一定明智。一方面，有进入“群羊效应”的嫌疑，一哄而上的结局必然是大面积淘汰。另一方面，“酒旅 AI 大模型”虽建立在通用大模型上面，然而把“通用大模型”训练成“专用”大模型的过程，绝不是喝着咖啡看看文章就能干成的，几乎每个“酒店 AI 大模型”的背后都是博士级数字化专家呕心沥血的付出。

也有的同仁会说，为什么不直接引入 ChatGPT 或国内的星火、盘古？选择性更多，使用体验也不错。为什么要引进或鼓励使用“酒旅 AI 大模型”？这种说法我在与诸多 CIO 和 CEO 交谈中多次听到，可以说有一定的代表性。这种想法显示出这些观点的持有者对大模型的认识还是肤浅的，对行业内的“合作与共识”的观念还是淡薄的，我不敢苟同。

说这种观点是肤浅的，是因为现在推出的几款“酒店 AI 大模型”的数字底座都是国外或国内的通用大模型，瞧不起这些行业大模型的基本能力就是瞧不起这些能力的提供者，这些“酒旅 AI 大模型”就是在这些通用大模型基础上通过大量行业数据训练而得到的，可以通过使用它，去看它的专业 AI 能力是否足够强。一方面否定“酒旅 AI 大模型”的底座智能性，另一方面又去引进大模型底座，这是一种违背逻辑的做法。

说它是一种行业“合作与共识”淡薄的观点，是因为酒旅业本来就是一个传统服务行业，数字化方面的人才和资源特别珍贵、几年的疫情又使行业受到重创，数字化进程已落后于其他行业，也落后于国家数字化建设规划的阶段目标。我们最好的办法是集中优势资源，各干各的强项，形成一种合作环境。

酒旅集团和独立酒店、科技公司和各路专家，与“酒店 AI 大模型”加紧联系，尽可能多地在各种场景中使用，其实也是一种“再训练”。大模型有不断学习的功能，它在提供服务的同时，也在吸取使用者的反馈。一方面使用者的场景是丰富的，是大模型研发者无法穷尽的；另一方面，使用者对结果的评价对大模型逻辑推理和算法都有不断完善的推力，可以最大限度地克服大模型极有可能存在的“偏见”。从这个意义上说，“使用”大模型本身就是一种对“酒旅 AI 大模型”的支持和贡献。

山东舜和酒店集团的 VP 任丛丛对此这样评价，她认为这些大模型一旦用到酒店的系统中，在美丽的环境、舒适的客房和善解人意的大模型支持下的各种智能系统，更能够准确理解客人的需求，并提供个性化、高效的服务体验，这绝对是酒店业引领数字化时代的闪光点。她乐观地预测这会“让我们的酒店更具竞争力和魅力！”

我相信，像任丛丛这样对“酒店 AI 大模型”热情拥抱的酒店高管不在少数。他们会是一群园丁，用自己的智慧去浇灌、培养这些刚刚出土的幼苗；他们所在的酒店将会变成肥沃的土壤，让“酒店 AI 大模型”在使用中茁壮成长。

我对这些“酒旅 AI 大模型”的最终效果并不敢轻率评论或虚言妄赞，因为我和大家一样还没有足够的使用经历，但我愿意多多地使用他们、支持他们、完善他们，其中虽有淘汰者也必有成功者。

场景十一
酒旅数据资产的挖掘

酒旅企业，每一个数据都像一颗隐匿于地下的宝石，每一次开挖就是一次对数据宝藏的探寻。宝石的被开发、被擦拭、被赋能，就是酒店的数字治理。

从繁杂的数据中，听到客人的心声，冰冷的数据也许是他们最真的倾诉。

灵敏的海鸥，暴雨之前找到安全的港湾，竞争的酒店，理智地从数据感知市场的风向。透过迷雾，精准洞察市场的脉动，抢占先机，让每一次决策都充满睿智。

拍脑袋，那是随风而起的狂风，灵光一闪；数字化决策，用数据编织缜密的地图。

狂热的火焰碰上宁静的秋水。两者的相融，才是您激情的迸发和理性的护航。

这就是数字思维。

既要“拍脑袋”也要“数字思维”

“用数字化方法更好地挖掘酒店数据资产”，这听上去像一条标语，其实是酒旅业未来数字化道路的一条重要途径。为什么不是必由之路，因为数字化路径很多，这条路虽有巨大的效益，但需要有悟性，需要有特定的知识和技能，也要有追求数据资产最大化的动力。这样的人目前在行业里并不多。但对身居各个酒店集团 CXO 的人尤其是 CIO 和 CTO 来说，深刻地领悟这一命题，脚踏实地地走上这条数字化道路却是一个使命。

酒旅业中从事数字化建设的各级领导、管理者、科技人员从现在起就要培养自己的数字思维。因为这种思维方式与过往的“拍脑袋”“凭经验”的方式有很大的不同。提倡数字思维并不是反对实践经验，相反是对真正的实践的最客观、最科学的总结。

掌握数字化方法，就是学习使用数字化时代发现问题、分析问题、解决问题的工具。这些数字工具或系统有的已经非常成熟被广泛用于科学领域。数字化方法特别有利于推进数字酒店由 1.0 阶段向 2.0 阶段升级。

数据资产是国家顺应数字化发展的趋势，在数字化推进过程中特别注重发掘的一个宝贵资源，它将与有形资产、无形资产一样成为一种可计量可交换的价值形式。可以说今后数据资产的发掘程度直接决定了各个地区、行业、企业的经济价值和地位。

在数字思维指导下，用数字化方法挖掘更多的数据资产在底层逻辑上形成了一种内在的必然。

数字思维的优点在哪里？

我们平时工作或学习，通常采用先期调查、收集情况、使用经验、推出结论的方法。整个问题判断的过程遵循的是逻辑推理，一般只有对基本面的把握而不强调确切数据的处理，是一种基于观察、经验的定性分析。它可以产生正确的结论，也会产生错误的结论，这种风险不得而知。这种方式俗称“拍脑袋”。

数字化时代，我们倡导使用一种理性的、基于数据和统计规律的数字化方法。用数字化方法论来进行思考、判断、推理的思维方式就是数字思维。数字化方法与传统“拍脑袋”的经验推断法的最大区别是基于数据和统计概率理论，假以大数据平台和人工智能以及物联网提供的各种传感器具备的实时数据采集能力，而产生的客观的带有概率的分析结果。

数字思维的好处是促进一种由数字系统或带储存功能的机器传承、复制的数据资产的产生，其产生的各种模型本身就是非常宝贵的酒旅数据资产，从而摆脱对一个个具体人的依赖进而大规模复制，如产生一款凝聚最佳实践经验的“数字店长”，满足各大酒店集团都期待的“千城万店”对合格店长的渴求。

而数字化方法则是产生这一切的前提。

从“回归模型”看数字化方法论

那么什么是数字化方法？如何用数字化方法进行酒旅业的研究？

数字化方法其实就是数据分析方法。我们运用数字化方法来分析行业的各种问题、研究各种课题、产生各种智能控制指令等。首先我们观察的视野、目标会出现变化，以数字化领军人物的主体 CIO 为例，眼里不仅仅要有服务器、通信网络、桌面系统、云计算、CRS、CRM，更要着眼财务、能源、人力资源、运营、物业等酒店要素的运行，同时要掌握必需的数字化方法，用这些数字化方法像外科手术刀一样游刃有余地剖析数字外壳包含下的企业运行密码。

数字化方法有很多，例如酒店用户画像分析法、波士顿矩阵法、复购率（重住率）分析法、客群流动分析法、目标群体指数分析法、KANO 需求分析法、盈亏平衡分析法、时间序列（长期趋势）分析法、多因子相关分析法、季节循环分析法、多元回归分析法和方差分析法等，以及现时风头正盛的 AGI 大模型人工智能等。

这些方法有一个显著的特点就是思考时以数据为依据，以数理分析的方法为工具，从大量实时数据中找出其内在的关联性，从而得出解决问题的方法，并将这种规律性放在相关因素变动的情形下体现。这种数字化方法论在思考的结果上呈现整体性、相关性、定量性、联动性、风控性和一致性。

用这种方法来分析、解决酒店行业中的主要问题的过程就是数字化方法。

下面我以一个实例来说明数字化方法的应用：首旅如家创新工场（辉驿科技）在建设“文殊酒店智能总控系统”时为了对酒店客人送物需求总量进行预测，以解决当前大量的客户投诉酒店送物不及时的问题时就采用了这种方法，取得了不错的效果。通过建立模型、训练模型、模型预测和模型评估等环节，成功归纳出客人送物需求的规律。

为了让这个案例有普遍的意义，我以回归模型建立的过程简单勾画下这种数字方法的步骤，因为回归模型的建立过程包含了对研究对象（问题）相关要素的选择过程，完成这个过程就是用数学方法寻找“主要矛盾”的过程。一旦这个模型建立，我们可以把历史数据回填到模型中去，可以直观地看到模拟的数据和实际数据之间的误差，以此判断出模型对实际数据模拟的逼真度，决定取舍。如果模型的模拟度很高，那么根据模拟结果的误差我们可以得到建立在一定概率基础上的均方差。如果我们用各种手段（在智能系统中我们主要用传感器采集数据）得到未来影响研究对象的数据，并把数据回传给模型，就能自动得到研究对象的变化指标，加上一定的方差调节，产生的结果就是我们要的智能化指令。

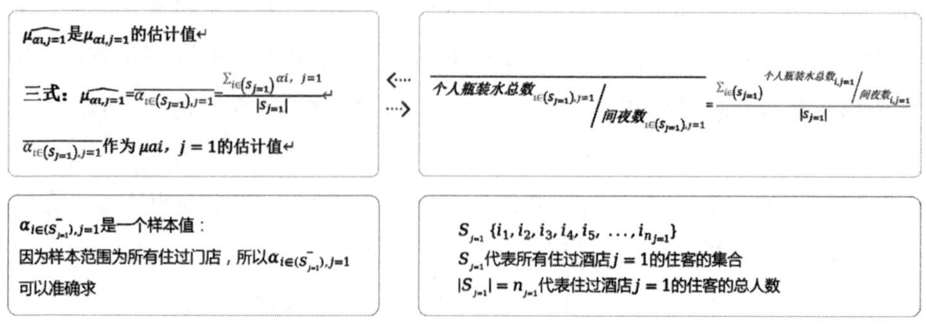

图 13　从案例（瓶装水需求）看数字思维的重要性（1）

$$a_{i=i_1,j=j_1} = \text{个人瓶装水总数}_{i=i_1,j=j_1} / \text{间夜数}_{i=i_1,j=j_1}$$

$$\sigma_j = \frac{\sqrt{\sum_{i\in(S_{j=1})}(a_{i,j} - a_{i\in\bar{(S_j)},j})^2}}{|S_j|}$$

$Z_{i=i_1,j=j_1}$ 代表 $a_{i=i_1,j=j_1}$ 的标准分数（Z-score）描述的是 $a_{i=i_1,j=j_1}$ 在 $a_{i,\ j=j_1}$ 的分布中的位置

$$Z_{i,j} = \frac{a_{i,j} - a_{i\in\bar{(S_j)},j}}{\sigma_j}$$

$S_{j=1}\ \{i_1, i_2, i_3, i_4, i_5, \ldots, i_{n_{j=1}}\}$

$S_{j=1}$ 代表所有住过酒店 $j=1$ 的住客的集合

$|S_{j=1}| = n_{j=1}$ 代表住过酒店 $j=1$ 的住客的总人数

图 14　从案例（瓶装水需求）看数字思维的重要性（2）

建立回归模型的步骤如下：

（1）确立研究的问题或系统需要控制的目标，如酒店营收、酒店房价、酒店出租率、酒店能源成本、酒店客房最佳温度等。

（2）在众多相关因素中找出与研究问题关联度最高的因素。寻找方法是计算与研究问题的相关系数 γ。

$$\gamma = \frac{n\sum xy - \sum x \cdot \sum y}{\sqrt{\sum y^2 - (\sum y)^2}}$$

其中：γ 相关系数的相关性表示：$-1 \leqslant \gamma \leqslant 1$。比如研究营收与房价的关系、房价与出租率的关系、气温与能源消耗的关系、酒店瓶装水放置数量与客人需求量的关系与顾客满意度的关系等。既能研究一个变量对研究问题的相关性，也能研究多个变量对研究问题的相关性。用计算相关系数来找出相关度高的因素，剔除不相关或弱相关的因素。

（3）构造回归模型并计算模型中的因子系数。然后收集高相关因子的历史数据，利用最小二乘法，直接计算回归模型中的因子系数，即上式中的各项 b_n，从而完成回归模型搭建。

$$y = a + b_1x_1 + b_2x_2 + b_3x_3 + \cdots + b_nx_n + e$$

这里的 y 是我们研究的问题或控制的目标，x_1、x_2 是经过相关性检测，与研究问题高度相关的因素，通常称为自变量。模型中的 b_n 就是各回归项的系数，有几个自变量 n 就是几。当自变量越多也就是影响研究问题的因素越多，

模型越复杂。比如我们建立一个控制模型，让空调始终输出一个最佳体感温度，这时就要考虑到酒店的室外温度、室外湿度和酒店的出租率、公区人员的聚集密度。当这些因素变化的时候空调的输出温度也要随之变化，客人才会有最佳舒适感。通过这个模型我们就可以掌握空调温度的调整规律，并用能源智控系统实现对空调机的温度调节，从而实现温控智能化。

（4）用历史数据回填回归模型，可以看到模型的拟合优度，并计算出均方差。这样就可以看看我们搭建的模型是否真正符合历史规律。只有对历史的温度描述尽可能地准确，用这个模型去控制未来的温度才有保障。这一步是保障模型可用性的必要步骤。

（5）设定误差概率，进行回归预测，得到研究问题在相关因素变化的理论值、预测值或控制值。

（6）进行必需的统计假设检验，以保证回归推断的准确性，也就是进一步控制模型输出结果犯错误的可能性。一般我们把置信区间设置在 0.05，也就是说用模型输出的结果是错的概率为 5%，即结果为正确的概率是 95%。

（7）确认回归模型切实可用，与实际应用系统关联，用传感器或其他应用系统生成的结果控制目标系统，达到智能化控制。

这样的应用例子很多，再举一个测算酒店营收预算的案例。“酒店营收”在传统的酒店管理过程中一直是一个主观指标，用回归模型的方法，我们算出影响酒店营收的因素有房价的高低、酒店出租率、天气的好坏、酒店所在地流动人口的变化、城市重大活动的规模及频率等。

收集若干年这些因素的实际数据，对此进行必要的定量化处理，我们就能建立这样一个预测模型：

$$y = a + b_1x_1 + c_2x_2 + d_3x_3 + f_4x_4 + g_5x_5 \dots + e$$

其中：b_1 为房价系数；c_2 为出租率系数；d_3 为气候系数；f_4 为流动人口；g_5 为重大活动系数。

当我们把预测期所在的各项因子收集过来并输入模型后就可得出酒店营收的预测值。每一个因子数据的变化都会导致预测值的变化。

以上步骤是为了说明利用数字化的一种方法即回归模型法进行问题分析、

研究、解决的过程，其中建模的过程有些复杂。好在当前的各种数字化方法论已经相当成熟，算力和算法的获得途径多而便捷，不会对推广形成障碍。

这就是数据资产挖掘的过程。当然，这一过程在具体实践中具有相当的多样性。

用数字方法更能挖掘数据资产

我在对首旅如家《ARIMAX 模型对酒店住客送物需求总量的预测算法》进行评估时指出：首旅如家创新工场（辉驿科技）在建设“文殊酒店智能总控系统”时采用了数字模型方法，对酒店经营中的一些行为进行了抽象、归纳，力图总结出管理行为的规律性，以便于用系统进行控制，这是一种非常值得鼓励的方法。如果我们广泛对酒店经营中的各种现象进行研究并据此找出其内在的规律，我们就可以开发出有实践价值的“数字店长”，我们的数字智能总控系统也有望统筹其他的智能系统从酒店智能 1.0 向 2.0 的层次发展。

采用数字化方法是为了更好地挖掘酒旅业的数据资产，上面所举案例中的几个回归模型准确反映了某酒店的特定场景研究目标的运行规律，因而就成为该酒店的数据资产。

《数字中国建设整体布局规范》中提出畅通数据资源大循环，释放商业数据价值潜能，开展数据资产的计价研究，建立数据要素按价值共享参与分配机制。与此同时，国家级数字资产管理机构和交换平台也在陆续推出。2023 年 8 月 21 日，财政部发布《企业数据资源相关会计处理暂行规定》，明确了数据资源会计处理适用准则以及相关列示和披露要求，暂行规定自 2024 年 1 月 1 日施行，这就是所谓的“数据资产入表”。

在推出入表规定前后，国家先后发布了《“十四五”大数据产业发展规划》，为大数据产业发展提供了明确的指导和框架，其中包括推动数据资产的交易和利用；发布了《关于构建数据基础制度更好发挥数据要素作用的意见》（简称“数据二十条”），表达了政府更好地构建数据基础制度体系，强化数字经济发展的意志，体现了对数据资产交易和使用的支持。这无疑给酒旅集团和科技公司提供了更大的发展空间。

酒旅数据资产在哪里

在酒旅业，我们有着大量的数据，这些数据的形成和收集过程花费不小，也有巨大的使用价值，但现行的财务政策下还不能将其价值在财务报表上体现（进入资产负债表以无形资产或库存产品的形式得到确立），也不能名正言顺地进入市场进行交易。

比如，锦江、华住、首旅如家都建立了庞大的会员系统，分别拥有 1.97 亿、2.23 亿、1.4 亿的会员。这些会员数据规模还在随着时间的延续扩展着。为了建立会员系统、收集会员信息，各集团多次建设或维护性投资和每年的运维都是一笔巨大的支出，成本是显性的。会员系统为各大集团维系了同客人的关系，产生巨量的订单和其他消费，是不折不扣的酒店核心竞争力的数字化平台，其使用价值不容小觑。会员系统本身和其内含的多项数据信息、用户画像、预测模型等就是实实在在的数据资产，在进行数据治理后一旦能够入表，就可以作为一笔巨大的无形资产计入资产负债表，公司的市值随之上升是必然的结果。

在绿荫婆娑的西溪木守，绿云董事长杨敏魁对我提出的数据资产入表话题颇感兴趣。绿云目前处在上市辅导阶段，公司的各种资产正在进行严格的第三方评估，估值的高低会直接影响公司上市的价格。

绿云在以 PMS 为中心的酒店数字化生态建设中，创造和积累了大量有价值的算法和数据信息，每年都要投入大量资金在数据资源的收集、积累和形成上。数据资产如果能够评估入表则意味着公司产生了一块巨大的“蛋糕”；即使来不及“入表”，只要数据资产这个概念成立，入表的路径能打通，那么对于公司未来的价值提升无疑是一个巨大的空间，对公司今后获得更多融资机会也是一个利好的因素。资本市场更倾向于向拥有丰富数据资产的企业提供融资支持。

多年来专注于酒旅业的东方网升已经发展出了业内颇具影响力的融媒体

平台——迈点网。其庞大的媒体网络涵盖 32 个不同矩阵，拥有超过 100 万注册粉丝、累积发布的原创内容已经达到了 5000 万篇以上。这些资源可广泛应用于酒店项目投资、选址、运营分析、数字营销以及游客消费行为分析等多个方面，几乎覆盖了整个领域的决策参数和大模型的训练素材。应用价值不仅在行业内获得了高度认可，还受到政府、学术界等领域的广泛赞誉。东方网升和迈点网所拥有的数据资源转换成数据资产一旦入表，将为其带来巨大的价值宣示和实际经济利益。同样，当这些数字资源加工成为数字产品进入数字交易所挂牌交易，也会随着交易规模和频次增加，为其带来巨大收益。

在我们行业几乎每个酒店集团都产生和拥有大量的反映企业经营和消费情况的数据，许多科技公司如云 PMS 供应商、机器人供应商以及 OTA 等都实时产生并积累了海量的数据，这些数据以往都由于个人隐私和企业竞争的需要处于严格封闭状态，其价值基本没有得到开发。数字资产的概念提出后，其价值必将在严格的法规管理前提下予以释放。这些数据在交易前需要进行脱敏处理，需要进一步的数据整理、挖掘才能变成有巨大价值的社会公共数据。例如，每天几万台机器人分布在各类酒店不停地运作，其规模大小、运行时间长短、运行高峰低谷的分布、机器人服务类型、不同类型酒店对机器人的使用效率、机器人在不同区域的活跃度、不同机器人的使用频率和强度、不同客人对机器人的使用强度和满意度等，这些指标经过处理可以发布为“酒店运行指数”“酒店市场景气指数”等重要的行业指数，对掌握酒店运行现状和研究趋势能发挥出一般统计报表和数字无法比拟的作用。

数据资产价值的“凤凰涅槃”

我们在探索宝藏时，常常会想到这样一个场景：远方的阿拉伯山间，阿里巴巴口念秘诀：“芝麻——开门！”宝藏之门吱呀一声轰然打开，价值连城的金银财宝改变了穷小哥的命运。

如今中国包含酒旅业在内的各行业，就面临着这样一个价值巨大的宝藏等待发掘，谁先掌握秘诀谁就获得进入宝藏的先机。

这个宝藏就是数据资产，这个秘诀就是“数据二十条”及相关的实践与路径。

若再深入地探讨酒旅行业中的数据资产挖掘方向，会发现有许多酒店数据可以通过数字方法进行加工整理，转化为有价值的数据资产。比如：

（1）客户偏好分析：通过分析客户预订历史、住宿喜好、用餐选择等，酒店可以利用数据挖掘和机器学习技术识别特定的消费者行为模式和趋势。这可以用来提供个性化服务，如提供定制化的房间选项或促销。

（2）价格优化：酒店可以使用计量模型分析过去的预订数据、市场需求、竞争情况等，以制定动态定价策略。这种价格优化模型可以作为一种数字资产，有助于提高收益管理效率。

（3）能源管理：通过对酒店的能源使用数据进行分析，酒店可以开发能源管理解决方案，以更有效地控制能源成本。例如，智能控制系统可以根据房间的预订和使用情况自动调整空调和照明。

（4）在线评论分析：酒店可以使用自然语言处理（NLP）和情感分析技术来分析客人在各种在线平台上的评论和反馈。这些分析可转化为有关服务质量、客户满意度等方面的洞见，从而改进服务。

（5）预测维护和设施管理：通过对设备和设施的运行数据进行分析，酒店可以预测何时可能需要设施维护或更换。这种预测维护模型可以降低维护成本并改善客户体验。

（6）人员调度优化：通过对前台、清洁、餐饮等部门的工作数据进行分析，酒店可以使用人工智能算法创建更有效的人员调度方案，以确保在高需求时段有足够的人员。

（7）市场营销效果分析：通过分析不同营销渠道和战略的效果，酒店可以开发更精确的营销投资模型。这可以用来更有效地分配营销预算，并衡量不同营销活动的投资回报率。

总之，通过使用数字方法分析和处理酒旅业的各种数据，可以创造出有助于提高效率、增加收入、改善客户体验和支持战略决策的数据资产，它们为酒店提供了竞争优势和创新机会。

在挖掘数据资产价值过程中，首先要有数字意识，其次要有数字工具，使用数字工具才能有效挖掘数据资产。当然在数据资源向数据资产转换的过程中，不仅仅需要工具，还需要建立配套的企业数字治理体系等。

数字工具就是数字方法论以及相应的应用系统。目前这类工具不少，但大都是学术和研究型的，能够直接被行业接受的数字资产挖掘应用系统极其稀少。这是现状，谈不上遗憾，因为数据资产的概念在我国正式提出的时间还不长久，但确实是一个拓展机遇。由此，我认为它会构成当前科技公司产品发展的一个重要的方向。

场景十二

酒旅“低碳战略”

仿佛两位陌路的英雄，在时代的宏大舞台上邂逅。

数字化，如纵横驰骋的剑手，剑影如电，划破长空；低碳战略似轻柔的春风，吹绿可持续发展的原野，共同孕育生态与和谐的希望。

当数字化遇上低碳战略，那是智慧与责任的相拥，是创新与守护的携手。

强大的算力和算法遇到巨量的需求和场景，并驾齐驱、双剑合璧，就像搭乘高铁飞速穿越时空的“新质生产力”使者！

两个战略在这里交汇融合
减排的途径和数字化助力
巨大的商机与永恒的创新
应势而出的能源和物业管理新模式?

两个战略在这里交汇融合

数字化已经成为中国国家战略，也是未来酒旅业重要的发展方向。伴随着数字化的还有国家另一个重大战略——“低碳战略”。

“低碳战略”会对酒旅业带来哪些颠覆性的影响，会对酒旅业提出怎样的要求、需要酒旅业在实施数字化的过程中予以何等程度的匹配？酒旅数字化可以从“低碳战略”实施过程中探寻到多大的商业机会和技术窗口？

思考并实践以上问题对行业的生存、健康发展具有深远的意义。

“低碳战略”也称“双碳战略”。所谓“双碳”指的是“碳达峰”和“碳中和”。我们国家向世界庄严承诺在 2030 年前实现“碳达峰”，在 2060 年实现“碳中和”。

碳达峰是指某个地区或行业年度二氧化碳排放量达到历史最高值，然后经历过渡期进入持续下降的过程，是二氧化碳排放量由增转降的拐点。这标志着碳排放与经济发展实现脱钩。达峰目标包含达峰峰值和年份。

“碳中和”就是国家承诺，对排放的二氧化碳，采取植树、节能减排等综合措施和方法将其全部抵消掉。

应该意识到“低碳战略”是事关全人类生存和发展的大事，也是中国在发展过程中对全人类所做的重大贡献。“低碳战略”是中国能源革命的目标，也是未来我国社会经济发展的推动力之一。习近平于 2020 年 9 月 22 日在联合国大会上提出我国低碳战略的目标，又连续六次在国际会议上重申这一宣示。中央五中全会及经济工作会议上多次强调低碳发展的目标，因此可以预见低碳战略具有执行力度上的坚定性和实施过程中的复杂性，它涉及国民经济各个行业，也会极大地改变许多传统的理念、文化、习惯、技术。

酒旅业要坚定执行国家的“低碳战略”，必须清晰理解碳中和对行业的具体要求和影响，运用科技手段实现这一目标。同时充分利用酒店业“数字化”过程将两者紧密地结合在一起：在“数字化”中创新低碳手段，在“低碳战略”中探索数字化机遇。

要实现酒店业的“碳中和”，本质上就是要减少酒店经营过程中的二氧化碳排放量。那么酒旅业有哪些途径可以减少二氧化碳的直接排放和间接排放呢？

减排的途径和数字化助力

不再使用任何化石燃料，包括煤、油、气。这几年酒店燃煤锅炉已基本淘汰，但油锅炉和天然气锅炉的使用还比较普遍，在低碳过程中这些用煤、油、气的锅炉将被无情地淘汰，数字控制电锅炉将成为主流。

炊事方式的电气化是必然趋势，这将引发酒店烹调方式的大变革：用电灶取代油灶和气灶。中国传统的明火烹调和由此产生的中餐烹调手势和技术将出现颠覆性的转换。大厨回锅重学是大概率事件，烹调器具的数字化创新将层出不穷。

燃气热水锅炉的替代，引出地源热泵或直接利用地热，燃气锅炉集中蒸汽系统或将淘汰，以改变源侧大于汇侧造成巨大浪费的现状。必须使用蒸汽者，则会选用小型电热蒸汽发生器。

酒店业间接减排的途径是最大限度消除使用电、热力造成的间接排放。

煤油气改电，能减少大量的二氧化碳直接排放，但使用电同样有碳排放的问题。我国目前煤电占 65%，气电不到 5%，每度电的碳排放为 0.57kg。因此如果不节约，用电的总量仍然无法达到碳中和。方法是：一要进一步节约用电，控制用电总量；二要尽可能使用水电、光电、风电、核电等“绿电”。

为什么不控制电力需求总量就无法实现碳中和？答案是绿电的增量受资源制约。据国家能源权威专家清华大学江亿院士测算，我国水电潜力 5 亿 kWh，核电 1.5 亿 ~2 亿 kWh，风电、光电潜力 7 万亿 kWh，发电总量约 12 万亿 kWh。如果用电总量超过 12 万亿 kWh，风光电的比例就要超过 60%，而 60% 的比例一旦超过，就将导致调峰困难、电网不稳。酒店业碳中和过程中电的节约和建筑节能将始终是一个重大课题。

我们必须思考如何利用酒店智能控制系统将酒店环境的调试过程用数字

化方式来实现，用数字智能方式来建立酒店外立面、环境、公区灯光和公区室温的最佳调节、实现对客房温度最舒适和个性化调节。

在加大绿电生产的过程中，调峰问题不可回避，也需要酒旅业（及其他用电行业）进行相向而行的数字化技术改造。因为风电、光电、水电的生产规律与用电负载规律是有差异的，比如连续几天的静风就会引起风电生产减少，太阳日照的季节性变化和气候性变化会引起光电生产的失衡，冬季枯水期也会引起水电生产的减少。绿电的生产受自然因素影响极大，需要蓄能措施予以配套，同时也需要包括酒店行业在内的用电需求侧积极响应。

酒店需求侧的响应包括：尽可能利用酒店物业的现成条件大量建立电动汽车的停车和充电设施，并且使现在的充电（桩）设施由单一功能的“充电”升级为充、储合一的电（桩）设施，汇入全国的电动车储电体系中去。专家估计未来全国电动汽车保有量将达到 3 亿辆，以每辆车蓄电 50kWh 测算，每天可蓄电 150 亿 kWh，加上电动车储电桩的蓄电能力，总的储电能力可达到 200 亿 kWh 以上，相当于未来风电光电每天的产量。有的专家建议，以后像酒店这类大型公共建筑，要参与到国家规划的建筑分布式蓄电池规划中，以每个蓄电站 300 平方米，100Wh 每平方米，全国 300 亿平方米建筑可储存 30 亿 kWh，与上述电动车蓄电方案相结合可基本满足需求。这是发达国家都在努力的布局，酒店也责无旁贷。加上酒店内部使用的电热水器、电冰箱、洗衣机（房）、空调、风机水泵、充电器等灵活负载的直流系统灵活地连接光伏、蓄电池、充（储）电桩等，可通过直流母线电压的变化自适应地完成峰值调节。

酒店需求侧的响应还包括：优化酒店建筑节能设计，在屋顶、建筑表面安装既满足楼宇装饰又有采电功能的光伏玻璃，把酒店建筑变成一个绿色供电系统。这一点会在今后绿色酒店的建设标准中成为首选。另外酒店楼宇发展光储直柔的配电或其他可实现柔性用电的方式为电网调峰发挥作用。酒店内部运营用电也可以在数字化技术的加持下，实现扶梯、空调等设施的变频调节。此外运用酒店墙体护围结构蓄冷、蓄热，利用土壤源热泵中深层地热热泵间歇式运营模式技术为酒店用电设备转移负载实现调峰发挥作用。

在未来酒店发展中，酒店物业的选择和营建将贯彻“少拆多修”原则，尽可能通过减少酒店建材使用量达到“低碳”也是一个重要的方法。因为当前建材生产导致的碳排放占我国碳排放总量约40%。酒店的建造将实现软着陆，能够改建的尽量改建，能够维护的绝不拆建，以此减少钢铁、水泥等建材的用量。未来的酒店结构设计也会顺应低碳战略要求，自然采光、保暖、节能的新型建造处理和建筑结构体系会成为趋势。数字化技术在这些新结构的酒店中将大量出现，比如智能窗帘，楼宇外部景观灯光智控系统，酒店室内公区最佳光线供给数字系统，智能园林喷灌系统等。

巨大的商机与永恒的创新

在酒店业实现碳中和的过程中，酒店数字化多了一份责任、多了一个应用空间和维度，也新辟出一批重大商机。

“低碳战略”的实施，必然引进和开发各种能源供给和控制的新设备和新系统。这些新设备和新系统不是简单地把传统的技术转移到这场新的战略计划中，而是将采用大量的传感器、大数据、云计算、人工智能等数字化技术，以实现对酒店业低碳目标的控制，因此我们从现在开始就要考虑如何采用数字技术和AI技术实现对酒店能源和运行系统的智能化革命，这对酒店科技和能源供给控制企业无疑是巨大的商机。

当各种低碳减排设备陆续进入酒店业时，首当其冲碰到的问题是如何解决这些系统间的数字信息交换，即数字化系统本身无法避免的“数字孤岛”问题。比如，现在酒店的管理中各种智能系统已经不少，但彼此间基本独立运行，系统数据交换比例很低，系统运行就是按照一定的业务逻辑进行简单的控制。举个例子：现在酒店的空调系统无法根据当天的室外温度、湿度，结合出租率、客人流量的实时变化动态、酒店内各个不同场区的朝向、遮光设施、窗帘及消费场景（客房、会场、大堂、餐厅、泳池等）进行灵活的动态联控，达到既满足具体场景对温度的特殊需要，又对不同场景实施不同的温控策略，从而使酒店的空调用电在最优化调适的原则下得到最佳效果。

要达到这样的效果，首先要对酒店内的各种数字化系统进行智能总控，即把客控、温控、PMS、流量探测系统等统统整合在一个综合的智能总控平台上，统一、持续、实时地接收各系统搜集的大量反映酒店运行的即时数据，予以可视化显示（报警）。同时智能总控系统按照酒店运行最佳实践形成的管理标准（如不同场景的最舒适温度），结合不断变化着的各种影响空调温度调适的实时数据，通过大数据形成的模型，以最合理的算法形成系统运行指令从而使空调系统调节到最舒适最节能状态。可以说，这样的场景在酒店里是非常丰富的。这里，酒店数字化总控平台是建立在物联网技术上的一种崭新的酒店应用系统，它将在不远的将来成为酒店信息的主数据库，成为未来酒店管理与运营的综合控制平台。它一方面完成对酒店各种智能系统的智能统合（智能 HUB），同时利用数据、算法和算力完成对各个系统实时的最佳的智能控制。这种智能控制的结果包含了酒店运行的经验和标准（SOP），更有在此基础上产生的智能控制指令——使酒店的运行摆脱了简单、不变的经验形成的桎梏——形成最有价值的酒店数据资产，其意义非常深远。

应势而出的能源和物业管理新模式?

在可以预见的将来，酒店业对低碳的要求会成为与利润同样重要的指标，又因为“低碳”有数字化的加持，酒店内的节能减排及相关的系统会变得越来越专业，对此传统的酒店管理公司无论在理念、资源还是在能力和责任方面越来越捉襟见肘。“专业”的导向大概率会出现分工的细化：酒店能源和物业委托管理新模式脱颖而出，即酒店管理公司专心酒店现场服务、专攻客人引流提高出租率和扩大连锁范围，酒店能源管理和物业委托给有智能系统建设、运营资源和人才的第三方团队，以提升物业总体运行效率和实现低碳目标；在运行结果上实现利润分配，达到酒管公司、业主和委托管理方的利益最大化。当然，这种新模式能否成为一种行业趋势、一种新的商机，还需等待和观察。

场景十三

酒旅数据交易与隐私保护

我们渴望开发数据资源，在数交所的盘面上获得资产的价值。

我们守护客人隐私，肩膀上的责任如泰山压顶般重大。

“数据二十条”，一把神圣的锁，锁住“隐私数据”，承载着对客人尊严的捍卫。

数据的洪流中筑起坚固堤坝，制度的细线里编织严密护网。任何偷窥的目光要想穿透，都是痴心妄想，让客人的隐私在数据世界里如静谧的港湾，少有风浪的侵扰。

挥不去的困惑

找把锁锁住数据隐私

宝贵而又烫手的数据可否交易

数据的权属如何确立

隐私数据保护的原则：不出域和不可见

“脱敏”方法好多条　执行最重要

建立隐私数据保护机制和措施

挥不去的困惑

酒旅业在经营过程中获得和产生了大量的数据，这些数据构成了酒旅企业内部非常宝贵的资源，如会员库（含会员画像、个人 ID、信用卡信息等）、客史库、PMS 原生记录（含预订、房态、房价、出租率、ADR、RevPAR 等）、机器人工作状态和运行轨迹、客控系统（含智能家居）产生的客人行为数据、酒店财务数据、酒店设备运行记录等。这些数据一般都局限在酒旅企业内部使用，很少有主动地对外提供，更没有把它当作一种资源进行开发，使其成为一种数据产品进而转换成为数据资产。酒旅行业数据使用现状的形成，源于对客人隐私和企业自身商业机密的尊重和保护，一直是行业植入根基的一种意识。

尽管如此，客人隐私数据或酒旅企业经营数据的泄露或“脱裤”事件仍时有发生，无论在国内还是国际酒旅业，本地品牌还是国际连锁品牌概莫能外。究其原因：一是高价值的酒旅数据易为黑产业觊觎，导致信息系统频繁遭到“黑客”恶意攻击；二是网络安全技术措施的进步落后于“黑客”技术发展；三是酒旅企业在信息化和数字化进程中，对数据资源的保护和共享意识以及相关的“数据治理”体制没有完全到位，暴露出相当的管理漏洞。

因此，一方面，国家“鼓励数据依法合理有效利用，保障数据依法有序自由流动，促进以数据为关键要素的数字经济发展”，尽快将数据资源经过开发转换成数据资产形成新质生产力要素；另一方面，酒旅企业包括科技公司企业虽然意识到数据的重要性，但又担心在利用数据时可能因泄露用户隐私而触犯法规或面临其他法律风险，因此感到困惑和担忧，敬畏和恐惧是普遍的心态。大部分可供酒旅行业共享的数据资源，因为担心商业机密泄露影响企业竞争力而不愿共享，处于“休眠”状态；大量个人数据更加敏感，基本处于“化石”状态。

找把锁锁住数据隐私

如何打破这种尴尬状态，首先需要国家在法律层面进行破冰，对数据要素在法律政策上举旗定向，以创造良好的数据要素发展的大环境。只有这样，全国范围包括酒旅业的各个垂直领域数据资源的开发利用才能有序开展起来。同时作为国民经济重要领域的酒旅业，需要积极响应国家数字经济的导向，主动合规地开展行业数据的加工开发的探索，走通酒旅业数据资源、数据产品、数据资产的转换路径，加快行业数字化转型和创新的步伐。

为了营造数字化大环境，中共中央、国务院在2022年年底颁布了《关于构建数据基础制度更好发挥数据要素作用的意见》（简称“数据二十条”，下同），系统性地阐述和布局了数据基础制度体系，其中对数据资源及其保护作了许多原则性和创造性的提法，可以看作是对个人数据和企业数据特别是两者敏感数据的“保护锁”。

在实践中，我们需要思考以下问题，并同时验证这把“保护锁”能否切实保护个人数据（和企业数据）的敏感信息？

宝贵而又烫手的数据可否交易

酒旅企业手中的企业数据和个人数据能否进入市场进行交易？

酒旅业在数据资源开发中会涉及大致三类数据：公共数据、企业内部数据、个人数据。

公共数据通常是在公共领域中或由政府、机构或组织公开发布的数据。这些数据不受专利、版权或其他限制，可以由任何人自由访问、使用和共享。酒旅行业涉及的公共数据有旅游统计数据、天气数据、交通数据、公共卫生数据、景点介绍和评价数据等。

企业数据是指由酒旅企业内部系统生成、收集、存储和处理的各种信息和数据。这些数据涵盖了企业运营的各个方面，包括但不限于业务活动、财务情况、客户信息、员工资料、产品销售等。企业数据来源中也有公共数据授权或者交易市场采购等，通常是机密的，对企业的经营和竞争具有重要意义。部分企业数据的合集又形成行业数据。

个人数据通常由酒店、旅行社、在线预订平台等机构在提供服务的过程中通过前台、App、小程序、智能系统等收集、存储和处理，涉及住店客人、旅行者个人身份、偏好、行为或其他敏感信息。

酒旅企业数据资源形成和数据资产开发中，首要关注的是后两类中敏感数据的保护。敏感信息关乎企业和个人的权益、隐私，如果处理不当受到侵害，会触犯国家相应的法律法规，对数据资产的开发危害很大。所以，我们要扎好篱笆关好门，用国家的法律法规当“锁”来保护这些敏感信息。

酒旅业的个人数据，大多数具有敏感性。比如，客人身份信息，包括客人的姓名、家庭地址、电话号码、电子邮件地址、身份证件号码等。这些信息在酒店登记入住时通常会被收集。客人财务信息，包括客人的信用卡信息、银行账号等支付信息。客人偏好和个人喜好：包括客人的饮食偏好、床铺偏好、特殊服务需求等。客人健康信息，例如客人的特殊饮食要求、医疗需求、智能系统记录的客人健康指标等。客人通信记录，包括客人与酒店之间的通信，如电子邮件、电话记录，客人呼叫机器人信息等。

酒旅企业本身经营活动产生的各种原始数据，比如企业的经营效果和动态指标，企业资金和财务数据、人力资源数据、各种专利、技术、IP 等。

这些数据对酒旅企业的经营和发展具有重要的意义，掌握得越多，使用得越深，价值越大。

那么问题来了，以上这些个人数据和企业数据我们可以通过市场得到或分享吗？这是一个非常敏感的问题。

根据马克思主义经济理论，凡生产力要素（诸如土地、劳力、技术）都可以流通和交易，个人数据和企业数据都是数据要素的一种，数据要素是现代新质生产力的构成之一。因此个人数据和企业数据原则上是可以交易的。

这个推论与大多数酒旅人对敏感数据的使用认知是有冲突的。

《中华人民共和国民法典》规定：自然人的个人信息受法律保护。任何组织和个人需要获取他人个人信息的，应依法取得并确保信息安全，不得非法收集、使用、加工、传输他人个人信息，不得非法买卖、提供或者公开他人个人信息。

如何理解上面的推论和《中华人民共和国民法典》的规定？

我的理解是，个人数据可以交易，前提是必须遵守法律法规。《中华人民共和国民法典》明确限制数据“非法买卖”，并未反对“合法交易”。

个人数据（企业数据）合法交易的前提是什么？

三点为要：一是遵守《中华人民共和国个人信息保护法》等有关保护个人隐私的法律法规，法律法规有限制的不能逾越，法律法规有要求的必须做到。二是获得确权：需要经过数据主体同意，数据主体必须自愿将其个人数据出售或转让给第三方。酒旅行业的个人数据的使用范围、场景、时间、条件必须得到当事人的授权。三是交易必须公平、公正、透明，保障数据主体的合法利益。

数据得到合法的流通和交易，才能促进数据资产充分释放其潜在的价值，促进数字化转型和创新。

数据的权属如何确立

数据要流通交易，就要明确数据资源的权属，即产权。

酒旅企业中数据很大部分来自客人主体和酒旅企业本身。目前这些数据资源的产权似有若无，尤其对其加工、经营的权利是含混的。个人的信息和企业经营产生的数据，蕴含巨大的资产价值、对形成新时代的数字经济有巨大的推进作用，但加工者和经营者如何获得合法权利去使用它，前提是什么、代价是什么？现状是“灰色”居多。面对这些数据酒旅企业大多呈现“既想要又不敢用或不会用”的尴尬局面。这不利于酒旅行业发展数字经济，促进数字化转型与创新。

“数据二十条”创造性提出数据产权的“三权分置”理论，即数据持有权、数据加工权、数据经营权。第一次将数据生产、流通、使用过程各参与企业的合法权利清晰界定，在保障安全前提下，推动数据处理者依法依规对原始数据进行开发利用，支持数据处理者依法依规行使数据应用相关权利，促进数据使用价值复用与充分利用，促进数据使用权交换和市场化流通。

“三权分置”首次使数据产权合法分离，使一大批并不持有数据的企业在依法的前提下获得了数据加工和经营权，这对促进数据产业的发展具有重大价值。比如，酒店在客人前台登记时，获得了大量客人隐私信息，这些数据持有者为客人所有，经过恰当授权，酒旅企业成为间接持有者。原来数据在酒店内部有限使用，价值限制在一定范围，现在经过合法程序后可以让数据处理企业参与到这些原始数据的开发利用中去，让数据再生出新的价值。无论是酒旅大数据公司还是云 PMS 公司都有可能成为这些原始数据的探宝者。

酒旅企业如何在业务过程中把自己转换成为客人个人数据的合规流通利用者（或称个人信息数据处理者）?

答案是获取数据主体（客人）的授权，即必须履行“告知——同意”的原则框架。一旦数据主体（客人）撤回授权，酒旅企业对相关个人数据便失去使用的合规性（已实现匿名化的个人数据除外）。

如何进行授权?

“数据二十条”要求“建立健全个人信息数据确权授权机制”。确权授权机制明确规定，要按照个人授权范围依法依规采集、持有、托管和使用数据，不得采用“一揽子授权”、强制同意方式过度收集个人信息。个人信息权利应归属于个人信息主体。

个人信息授权包含两个部分，一般个人信息授权和特殊个人信息主管部门授权。

前者需要严格遵守“告知—同意”的原则，这是酒旅企业直接获取客人数据或信息的最重要的合法性条件和场景。在具体执行这一原则时，酒旅企业必须注意使用的场景、App 或其他的工具必须将“告知”做得充分且明白，客人的“同意”是在“自愿”“明确”“知情”的基础上做出的，任何利用技术或语言、文字、视觉等因素影响或诱导客人做出“同意”的黑模式都将面临法律风险。建议各酒旅企业要特别重视个人数据授权的重要性，严格履行这一机制，要求企业内部职能部门熟悉与执行“告知—同意”规则。

后者的授权，“数据二十条”规定，对涉及国家安全的特殊个人信息数据，可依法依规授权有关单位使用，其法规的基础是《保守国家机密法》，确保特殊个人信息数据在更加高级别的合规授权下使用。

隐私数据保护的原则：不出域和不可见

“数据二十条”提出“原始数据不出域，数据可用不可见”的要求，数据以模型、核验等产品和服务形式向社会提供。

在这里，“出域”指的是将数据从其原本所在的领域或环境中移出，即数据离开了原始的数据所有者或控制者所在的范围。在数据安全和隐私保护的语境中，数据的“出域”通常意味着数据跨越了不同的组织、系统或地理边界，可能会带来数据泄露、不当使用或不法操作等风险。

例如，在酒旅业中，如果将客户的个人信息数据传输到第三方服务提供商或其他机构进行处理，而这些机构并非原始数据的所有者或控制者，这就被视为数据的“出域”。数据的“出域”可能会增加数据的安全风险，因为数据在传输和处理过程中可能会受到未经授权的访问、窃取或篡改。因此，在数据管理和数字化实践中，强调“原始数据不出域”，即尽量在数据处理和使用过程中将数据保留在原始的控制范围内，以降低数据安全和隐私保护的风险。

实现“数据可用不可见”意味着可以在不暴露原始数据的情况下，让用户或系统能够使用数据。这通常涉及数据的处理和加工，以提取有用的信息并将其提供给需要使用数据的用户或系统。

那么如何实现“数据可用不可见”？隐私计算是一种可实现上述要求的数据处理方法，通过在数据处理过程中采用加密、数据脱敏、分布式计算等技术，实现在不暴露原始数据的情况下进行计算和分析。其目的是确保数据在使用和处理过程中的隐私保护，同时尽可能地减少敏感信息的暴露风险且充分释放数据价值。

有几种行之有效的方法有助于实现“数据可用不可见”。

（1）数据脱敏：对原始数据进行脱敏处理，去除其中的敏感信息或对敏感信息进行加密，以保护数据的隐私。脱敏后的数据仍然可以提供给用户或系统使用，但不会暴露用户的个人信息。

（2）数据聚合和汇总：将原始数据进行聚合和汇总，以生成统计信息或摘要数据，而不暴露原始数据的细节。例如，可以将大量的交易数据聚合成销售总额或平均交易金额，而不必暴露每个具体交易的细节。

（3）数据抽样：对原始数据进行抽样，只提取其中的一部分数据作为代表，以减少数据的数量和复杂度，同时仍然能够提供足够的信息用于分析和使用。

（4）数据分析和挖掘：使用数据分析和挖掘技术，对原始数据进行处理和分析，提取出有用的信息和模式，并将其提供给用户或系统使用。这样可以在不暴露原始数据的情况下，让用户或系统获得数据的洞见和价值。

（5）动态数据生成：根据需要，动态地生成数据，而不是直接使用原始数据。例如，可以根据用户的查询条件或行为实时生成数据，并将其提供给用户使用，而不必暴露实际的原始数据。

“脱敏”方法好多条　执行最重要

在以上方法中，对隐私数据进行脱敏是保护个人隐私的重要步骤之一。如何实现隐私数据脱敏，下面一些方法论可以便捷、高效地使用：

（1）部分隐藏 / 掩盖：例如只显示身份证号码的部分信息，而不是全部信息，以此减少身份证信息的识别性。

（2）替换 / 加密：使用替换技术或加密算法来对敏感数据进行替换或加密。例如，将身份证号码替换为一个唯一的标识符，或者对身份证号码进行加密，以确保即使数据泄露，也无法轻易还原。

（3）生成假数据：可以根据特定算法生成类似真实数据但不包含实际个人信息的假数据，以替代真实数据。这样可以保护隐私，同时又能保留数据的统计分析价值。

（4）数据分割：将敏感数据分割成多个部分，并分别进行脱敏处理。例如，将身份证号码分割成出生日期、地区代码和顺序码等部分，分别进行脱敏处理，以降低数据的识别性。

（5）噪音添加：向敏感数据中添加随机噪音或虚假信息，以混淆真实数据，使其更难以被识别或还原。

（6）数据哈希化：对敏感数据进行哈希处理，将其转换成固定长度的唯一哈希值，以保护原始数据的隐私，但仍然可以进行数据匹配和比较。

有了以上方法的支持，个人数据或企业数据中的敏感部分就会得到较好的保护。例如，某旅游平台希望分析用户的旅行偏好，以提供个性化的旅游推荐服务。然而，用户的旅行偏好数据包含个人隐私信息，例如旅行目的地、入住偏好、预算等。直接共享这些数据可能会导致用户隐私泄露。在这种情况下，旅游平台采用隐私计算技术，可以对用户的个人偏好数据进行加密或脱敏处理，并将处理后的数据发送给分析机构。分析机构在不知晓用户的具体个人信息的情况下，仍然可以进行数据分析，比如识别出不同用户群体的旅行偏好，发现旅游趋势等。这样，旅游平台就可以提供更个性化、精准的旅游推荐服务。

需要指出的是，根据《中华人民共和国个人信息保护法》，隐私计算虽然属于法定方法之一且逐渐被广泛应用，但因其“未达到匿名化的程度”，在使用隐私计算处理个人数据前，仍需要征得个人的同意。

还有一种技术叫作“数字版权管理”，简称 DRM（Digital Rights Management），是一种防止数字内容的非法复制，保证阅读者必须在获得数字内容 IP 拥有者同意方能看到的技术。

为什么要讨论数据隐私保护的技术和方法论？因为数据信息保护技术是我们要建立的“个人信息保护机制”的重要内容。

建立隐私数据保护机制和措施

“数据二十条”是中国政府出台的数据制度纲领性文件，数据安全和数据管理是其关注的两个重点内容，其中关于国家审慎对待原始数据流转交易的政策意味着政府在数据流转和交易方面持谨慎态度，重视数据的安全和隐私保护。

对于酒旅业，“数据二十条”的执行涉及如何切实有效地保护好酒旅企业客户的个人信息和敏感数据，因此，需要采取一系列必要措施来健全“个人信息保护机制”。这个机制的核心就是落实个人数据处理者的责任和创新个人数据保护技术。对酒旅企业而言，在以下几个方面要有扎实的措施。

酒旅业务需要建立符合相关法律法规要求的数据管理制度和流程，确保数据的流转和交易符合政府的审慎要求。酒旅业需要加强和探索对客户个人信息实行分类管理，对敏感数据进行保护的措施，包括加密存储、去标识化、访问控制、网络安全等方面的措施，以防止数据泄露和不当流转。酒旅企业需要明确规定数据交易的条件、范围和流程，确保数据交易符合法律法规和政府监管的要求。酒旅企业在进行数据交易时，需要审慎选择合作伙伴，签订合适的合同和保密协议，明确双方的权利和义务，以确保数据的安全和合规。

酒旅业需要建立完善的数据监管和审计机制，定期对数据流转和交易及数据脱敏技术的有效性进行监测和审计，发现问题及时采取措施进行整改和处理。同时酒旅业需要加强员工对数据安全和隐私保护意识的培训，提高员工对数据管理的重视程度和风险意识，防范数据安全风险，也去除可能来自内部的数据风险。

这些措施构成了“个人信息处理者”责任部分的核心，加上创新个人信息保护技术，实现了国家对建立个人和企业隐私数据保护机制的基本要求。

在数据要素成为新质生产力的时代，数据的大量产生和使用是一种必然的趋势。在酒旅行业使用的数据大多涉及个人隐私和企业机密，一方面充分利用这些数据对酒旅企业本身和行业乃至社会都具有极大的价值；另一方面也正是因为这些数据潜在的价值，必然受到黑产业的觊觎而极易被非法攻击，个人数据的隐私或企业机密都有泄露的风险。

“数据二十条”为我们开了一个好头，酒旅企业需要积极响应国家推进数字化转型的政策，遵守国家数据管理政策法规，加强对数据的保护和管理，确保数据流转和交易的安全和合规，保护客户隐私，以此来强化酒旅企业作为数据处理者、加工者和经营者的权利和地位，扩大合法合规利用数据资源的空间，促进酒旅业数字资源开发应用健康可持续发展。

场景十四

酒旅网络安全

回首往昔，岁月并不如烟飘逸，恶意的黑客像幽灵穿梭，难缠的病毒如瘟疫传播，虚假的链接似迷雾难辨。

数据被觊觎，代码被篡改，网络被堵塞，酒旅网络没有战争却硝烟四起，酒旅网络四通八达却陷阱密布。

在厮杀中坚守，在坚守中拼搏——我们的网络安全卫士：用智慧、技术、汗水和信念，铸就酒旅网络的坚固长城。

盼望“网安”的法律之剑更威严，如雷霆击碎所有的攻击，如春风吹散所有的阴霾。保障酒旅网络的天空永远宁静与湛蓝。

头上的达摩克利斯之剑

网络安全、信息安全始终是数字化过程中的软肋，是CIO的“心腹之患”。如何形容这个“患”的大小？恰如悬在头上的达摩克利斯之剑。

一方面，随着数字化升级，酒旅环境中物联网的设施越来越普遍，数字酒店成为一种时尚。这些酒店的大堂、前台、客房网络以及智能家居采集个人行为数据的能力无感化、无间断；走道、餐厅、会议室、健身房等公区的监控也被做到无死角；就是躺在酒店床上，翻着手机，浏览App、预约外卖等的轨迹也清清楚楚。数字酒店在全过程关注着客人，包括位置、需求、动作甚至情绪，目的当然是使客人得到无微不至的个性化服务和住店最佳体验。另一方面，酒店数字化把酒店各种设备也连在一起，门禁系统、客控系统、灯光系统、空调系统、梯控系统、锅炉系统、能源系统、停车系统等等再也不是独立的存在，而是通过云平台相互关联，实时控制。

这种状态是一种趋势，它的终极是数字孪生的现实控制部分，是真正的数字酒店的物理基础。然而，它的另一面，网络风险、信息风险也在积累之中。

原来若发生网络安全问题，是一间房或一层楼的范围，现在可能是一家酒店的问题，连在网络上全部系统的问题；若是酒店全部上云的话，那就是一个集团范围的事件或是一个服务器集群范围的事。

原来所有的设备全在线下，手工控制，形式上落后，耗工耗时，但也远离网络或基本与网络物理隔离，没有被远程攻击、操控的危险；现在连在网上，远程监控，信息可视化，被攻击和非法操控的可能性在增加。

更加让人放心不下和矛盾的是，数字化不断深化的过程，正是这种风险积累的过程，两者呈高度相关。

在信息化时代，为了安全我们可以将一些内部系统与外部系统进行物理隔绝，这的确有效防止了一些外部恶意攻击，比如说将PMS设置在内网，通过互联网无法直接连入；但现在随着数字化场景的创新，个人数字设备被允许直接接入酒旅企业的系统，BYOD 已经成为一种常态，情景变得复杂起来：私人设备五花八门，且人群各异。如果是员工，可以用企业“BYOD 内部策略”来规范其行为；如果系统面向的是公众，那就大为复杂，当涉及制订全面的 BYOD 网络安全计划时，需要考虑诸多因素，包括基于用户身份、设备和位置来授予网络访问权限。这需要综合考虑多种安全工具，如移动设备管理（MDM）、网络访问控制（NAC）以及带外管理系统等。目前并没有单一有效的解决方案，IT 部门通常会采用多种工具来确保全面的 BYOD 网络安全，但这很难保证网络和数据信息的万无一失，更何况酒旅企业背后有着一批为了利益而虎视眈眈的黑产业的觊觎者。

眼前的威胁和往事的回忆

随手打开笔记本电脑，百度一下酒旅行业网络攻击事件，映入眼帘的就是两件大事：

洲际酒店集团遭网络攻击预订系统瘫痪

2022 年 9 月 7 日，酒店业巨头洲际酒店集团（InterContinental Hotels Group PLC，IHG）发布公告称其信息技术系统自本周初遭到破坏后已中断。

洲际酒店集团是一家英国跨国公司，目前在 100 多个国家 / 地区经营 6028 家酒店，并有 1800 多家在开发中，旗下品牌包括豪华、高档和基本连锁酒店，如洲际、丽晶、六善、皇冠假日、假日酒店等。

在 6 日在向伦敦证券交易所提交的文件中，洲际酒店集团报告其公司部分技术系统受到未经授权的活动的影响：“自昨天以来，IHG 的预订渠道和其他应用程序已被严重中断，而且这种情况仍在继续。”

美高梅国际酒店集团遭受网络攻击

2023 年 9 月 13 日，美高梅度假村、赌场和娱乐公司报告大规模网络攻击影响了其操作系统，导致赌场楼层、预订系统、订票系统、电子邮件系统等全部瘫痪。甚至酒店的电子钥匙卡系统也出现故障，导致许多客人被锁在房间外。

这次攻击不仅破坏了美高梅在拉斯维加斯最著名的赌场，如曼德勒海湾（Mandalay Bay）、大都会（Cosmopolitan）和百乐宫（Bellagio），还破坏了美高梅在全美的几家酒店。虽然赌场楼层已经重新上线，但该公司的预订和预约系统在最初报告后的一天多时间里仍然处于瘫痪状态。

这两起事件，让我想起 2018 年这个国内酒店业信息安全的多事之秋，我发表在迈点网的《根治酒店信息泄露　期冀怎样的“尚方宝剑”？》一文，清晰记录了当年对网络安全的反思。

2018 年 11 月 30 日，酒店业因信息安全丑闻又一次被狠狠地摔在了光天化日之下，世界酒店业巨头万豪自曝旗下的喜达屋客房预订数据库被黑客入侵，5 亿条客人信息或被泄露。

如果说国内酒店业泄密事件发生可以用安全投入不足、管理不严、法治观念不强等原因解释，那么世界酒店业龙头的表现如此又做如何解释？是整个酒店业都病入膏肓了吗？

在数字化应用同样广泛的银行、通信、电商业，这类丑闻为什么相对较少，是这些行业的信息安全技术和投入比酒店业更高更多吗？用什么样的方法可以治疗酒店业信息安全的沉疴，使其达到一个相对安全的状态？

面对酒店泄密事件，简单的抱怨、肤浅的分析、愤怒的诅咒、就事论事的技术补偿无济于事，因为万豪不会是最后一个，我们可以拭目以待。

黑客对酒店业信息系统的攻击绝不是游戏，盈利是黑客的终结目标。酒店业之所以成为黑客的攻击目标，原因就在于酒店信息数据含金量高，而攻击的成本和风险相对低。以酒店业多次泄露的信息为例：包括客人姓名、住址、邮箱、电话、护照号码、银行卡号、密码、会员积分等。

这些信息的价值远远高于或等值于电信、电商等行业。特别是获取会员客人机密后，通过偷窃会员积分，所获利益和偷盗银行账号里面的钱财完全等价。然而攻击银行系统和攻击酒店系统，所承担的法律风险哪一个更大？可谓有天壤之别。只要这种系统风险差别存在着，黑客对酒店业信息资源的

“特别眷顾”将永远持续。

每当酒店信息泄露时，就有舆论指责酒店业自居于“传统服务业”，信息安全意识淡漠、投入吝啬、对客人的隐私关切马虎。更有奇怪的现象是：万豪事件曝光后，国内评论中很少有人尖锐批评，但对国内集团却多的是口诛笔伐。其实比较下两个公司对事件的态度，就可看出它们对泄露事件的态度有很大的不同：万豪（喜达屋）主动披露的泄密是早在 4 年前就已发生的；华住酒店集团在事件发生后的第一时间披露并立刻报案的。且两起事件泄露的信息量都是 5 亿条，是巧合还是另有玄机？万豪的 5 亿条是自己确认的，而华住酒店集团的所谓 5 亿条信息只是黑客的号称，网警查证的只有 1 亿条，且开房数据中大多数是无法匹配的，因此更像是黑客为扩大讹诈效果而有意夸大的一个数。所以，国内舆论中那些带有偏见的，甚至怀有商业目的评论，对华住酒店集团是不公正、对酒店业真正提高防范能力也无益处。这样说并不否认当事酒店集团对信息泄露的责任。

同时，看看爆出问题的酒店集团都是些国内外酒店业的巨头公司，他们在信息系统包括安全上的投入远远大于一般的普通的酒店集团。以华住集团为例，成立 12 年，信息技术投入达到 13 亿元，每年在信息安全上的投入都在千万元级以上。同样万豪集团，引领世界酒店信息业的发展风向标，在信息化的投入上从来为同行羡慕。

树大招风和后人一手的弱势

有个现象不能不引起我们的思索：越有知名度、越规模化的企业越容易树大招风，引来黑客的“光顾”。相反，一批中小酒旅集团，它们确实存在投入少、防范技术差等问题，却悠然自在。为什么呢？

还有，技术等防范措施对黑客有强大的防御作用，但无法根绝。原因很简单，黑客在技术提升上的利益驱动远大于各行业防范方，他们的攻击特别专业，而信息系统的应用方相比显得落后得多，甚至处在业余级别，因为他们的主业并非信息技术，信息系统只是它们的一个业务平台而已。更何况，反黑客技术都是基于黑客的行为特点而产生的，发出第一枪的永远是黑客。如此的态势决定了在这场信息保卫战中，酒旅业（包括其他行业）注定处在一个不利的位置。

酒旅业绝不可以以处在弱势地位为由而对信息安全无所作为。从屡屡发生的酒店数据泄露事件中，我们可以看到数据信息安全对客人至关重要，对酒店业自身的利益也重要。每一次事故发生，酒店集团的市值损失都非常大；客人对酒店业的信任丢失造成的市场缺失、品牌美誉度降低更是无法估量。

现在中国酒旅业早已不再是“传统服务业”了，一大批连锁酒店集团已成为“现代服务业"的重要组成部分。现代服务业的特征之一就是以数据技术作为业务支撑和平台。要明白，失去了可信任的数据平台就是失去了酒旅业发展的土壤和空间。

面对频繁的黑客攻击，虽不能完全杜绝，但在现有水平上提高防范能力还是有许多工作可以进行。必须指出，各酒店集团的自身努力很重要，但远远不够，中国酒店行业必须联手，汇成合力，方能众志成城。有三项工作可以即刻启动：

（1）酒店行业整体在技术上补“短板”。联合出台酒店信息安全基本标准，把酒店业信息安全的基本水准提高到一个可以接受的水平，提高黑客攻击的难度和成本，防止黑客攻击目标的转移。安全标准可以包括基本系统和防范指标，建立“白帽子”工作制度，建立酒店系统安全监测平台、防范工具或系统推荐平台等等。

（2）酒店行业整体在管理上补“漏洞”。联合制定酒店行业信息化安全操作流程，包括各项操作规程，规范酒店集团信息系统建设和维护过程中的管理行为，防止非技术性的安全事故；开展酒店系统安全培训和不定期的“飞行检查”；建立行业激励与惩罚机制。

（3）联合建立酒店信息安全事故处理流程。当事故发生时，酒店集团对事故的报告、披露、处理要有最有利于客人、社会和政府的导向，提高处理流程的及时性、透明性、公平性，把信息事故的损失降到最低。

希冀“尚方宝剑”的护航

万豪自爆喜达屋信息泄露事件，其实发端在2014年。万豪在四年后自爆，与欧盟即将实施《通用数据保护条例》（简称 GDPR）有很大的关联。因为根据 GDPR，对违法行为的罚金最高可达 2000 万欧元（约合 1.5 亿元人民币）或者其全球营业额的 4%，以高者为准。

期待中国酒旅业乃至中国各行业个人隐私信息得到较好的保护，需要强大而正确的舆论监督，更希冀于国家尽早亮出法律的“尚方宝剑”，出台相关法律。法律先行，黑客的攻击就会在发起前踌躇，风险就会高出收益；酒旅业就会更加规范，防范的动机就会更强。

从“零信任”安全模型看主动作为的重要性

其实，很多国际酒店品牌集团在网络安全方面已提出了许多有用的措施。比如雅高集团提出的“零信任”定义（Zero-Trust Definition），就非常有见地和实际效用：雅高“零信任”安全模型的主要精神就是“永不信任，始终验证”。这意味着系统在默认情况下不应该信任任何设备，即使它之前已经经过验证。通过建立强大的身份验证系统，在授予访问权限之前验证设备名称，并确保仅对明确授权的资源进行最小权限的访问。

从“零信任”安全模型看我们“网络安全”主动作为的重要性：不管网络攻击的黑客有多神秘、技术有多先进，他们在道义上处于被审判的地位；酒旅行业尽管在防御技术上处于弱势，但有“魔高一尺道高一丈”的道义优势，如果我们善于利用各种第三方网络防御资源，用企业内部技术制度的弥补，很大程度上可以将网络安全做得更好。

网络安全之路，真可谓“路漫漫，吾将上下而求索”。可以断定，数字化之路有多长，网络安全和隐私保护之路就有多长。

场景十五
酒旅数字化与标准化

酒旅数字化标准的征程，仿佛置身于荆棘密布的丛林：传统的习惯如枷锁束缚创新的步伐，企业的差异如山间的深壑难以跨越，技术的选择如幽径的岔口难辨东西。

我们相信，没有规矩不成方圆；我们理解，磨刀不误砍柴工；我们深信，酒旅行业需要数字化标准。

聚集行业数字化精英，凝聚各方智慧与经验，糅合无数利益与需求，投入“汗牛充栋”的资源，举行殚精竭虑的论证，终于共识存，硕果出，行业迈开了酒旅数字化标准第一步。

“标准化”的悖论

酒旅行业内对“酒旅数字化进程中是否需要标准？”这个问题的认识是多元的，如何把握其分寸，对酒旅数字化走向有着至关重要的影响。简单地对这个话题说“Yes”或“No”，都无法表示出行业数字化对标准化真正的认识度和对技术环境的要求。

数字化在中国已经成为国策。三年疫情对酒旅业造成一定的伤害，使行业更加清晰地看到数字化的价值，对数字化的建设由追求时尚转为更加务实，因此我们务必创造更好的环境，加快其进程，其中，标准化就是重要一环。

说到标准化，我们可以将其视为一组明确定义的规则、规范、指南或协议，旨在引导和规范酒旅业数字化技术和系统的设计、开发、实施和运营的过程。“标准”是标准化的最终物化形式，它是一种可重复使用的秩序性文件，起托底和秩序引导双重作用。标准化的目的在于确保数字化环境中不同系统、组件、接口之间的协调和协同工作，以提供一致的、高质量的服务和体验，从这个意义上说标准化是必要的。

然而，数字化就其发展过程而言还处在初级阶段，各种数字技术本身并不具有行业的一致认可性、其应用的场景也五花八门处在摸索创新阶段。因此，应当鼓励各种技术“百花齐放”，让其在充分的市场竞争和场景应用的磨砺中脱颖而出。过早地强调标准化而推出一些“标准”也许会束缚这些数字技术的成长。

这就是“标准化”推行时遇到的悖论。

德比科技的高明敏是一位资深的产品总监，他认为酒旅数字化当前仍处在探索阶段，需要放手通过各种最佳实践来验证数字化技术的可行模式，不必要也尚未到形成标准的阶段。

锐赢科技的总经理方健则明确提出“需要建立标准”。他提出的云边协同的酒店智能网络架构就是一套网络标准。在酒店运营阶段，利用华为的鸿蒙操作系统、云计算、大数据和 AI 大模型，建立酒店设施设备之间、各业务系统之间等全量全要素的连接，提高网络运维效率。

亚朵集团的 CTO 阮俊彦也是“挺标”的，他觉得标准能让业务更好地读懂技术。有标准，甲乙方的基础门槛降低，能更容易聚焦在核心业务，而不用去过度关注基础设计；统一的技术样式、通信协议、接口，能够延伸更多的生态，挖掘更大的业务价值，才会有更多的乙方合作伙伴加入，做大整体的市场。

奥莱维科技 VP 陈鸿安从体验和技术两方面支持标准化。他认为，智能客控出现了很多年，每个酒店品牌、客控厂家都在各自为政设计智能化产品，导致客人在不同酒店得到的体验是良莠不齐的。需要有一个标准来约束哪些功能是必须的，哪些功能是不能去做的。同时目前各个厂家的产品之间不能兼容，售后维护成本高质量低，甚至出现酒店被供应商绑架的情况，因此产品和技术的标准化是必要的。

比特科技总经理郭洪福则在一些酒店集团的支持下，践行了一种崭新的思路，那就是以酒店集团的名义推出自己的蓝牙模组和 485 芯片，并将方案输出到旗下品牌的标准中，想参与这些品牌智能化建设的必须采用酒店集团的标准化模组或芯片，方能获得参与资格，这就解决了子设备的互联互通的替换问题。

可以说在数字化过程中欢迎标准化有相当共识，但也因技术的多样性和场景的复杂性以及人们对不同技术的理解、体验、掌握程度的异同，存在颇大的数字化标准的认知差异和多元理解，这促使我们在行动时需要特别务实、谨慎。

“二分法”拆解：标准与标准化

比较智慧的方法是把“标准化”和“标准”适度地分开，将两者放在不同的维度区别对待，前者是一个过程，后者是一种结果。

标准化的过程可以也理应贯穿于数字化的整个过程中，而具体的一个个技术“标准”可以在某个时点上打磨、推广，这是从时间维度上区分。同时我们可以从数字化实施的内容和形式上进行分割：在数字化的应用场景、酒店的业务流程和系统功能上先行数字化的标准，而在具体的技术路线和产品技术实现上谨言慎行，待其瓜熟蒂落之时再进行标准化。

这样既用标准化的优势解决了数字化进程中各种系统在设计、开发、实施和运营中相互协调的问题，又让出了足够的时间和空间允许各种具体的技术去试错，在实践中把公认的“最佳实践”进行“标准”，如此就能把貌似悖论的问题破解了。

我们考虑最多的是，如何将中国酒旅业的数字化工作有序且高水平地推进，以改变目前存在的大多数酒店想做数字化但不知道怎样做的窘境；也正视酒旅集团科技人员和专门的科技公司面临的技术路线紊乱和技术标准的冲突，以及由此造成的成本沉淀和行业困惑。

解决这两类问题，我们从建立酒旅数字化运营规范入手，通过总结这十多年我们行业开展智慧酒店建设的摸索过程积累起来的大量最佳实践经验，告诉大家数字酒店建设的路径。也就是为行业的更多酒店，指明一个符合数字化基本要求的酒店应该怎么做？做到了哪些场景、环节和功能就是“数字酒店”。至于实现这些场景、环节和功能的技术支撑，我们不做硬性的规定，也就是暂且不做纯粹的技术标准，目的是“让技术的子弹飞一会儿”。

大费周章的良苦用心

《数字酒店运营服务规范》团体校准（以下简称《规范》）从编写到颁布经历了一年多的时间。

2023 年我以中国饭店协会酒店数字化专委会理事长的名义，委托两位大型酒店集团数字化的负责人亲自担任起草组组长，一位是首旅如家的资深 IT 副总裁王波，另一位是我在锦江酒店工作时长期的搭档，现任锦江酒店的数字化负责人李翔。两位都具有丰富的酒店信息化和数字化一线经验和扎实的数字化理论造诣，由他们带队成功的把握很高。

2023 年 4 月校准正式立项，成立起草小组，聘请起草专家和论证专家，

6 月完成初稿后，经过 7 月山东论证、10 月宁波论证、12 月深圳论证、2024 年 4 月定稿终审等多次大型论证环节，共有 85 名专家代表不同的酒店集团和酒店品牌、科技公司、供应链服务商、院校、行业协会、政府部门，对这部《规范》进行了十余次的修改、论证。

2024 年 4 月，中国饭店协会副会长、行业标准专家宋小溪亲自主持专家评审，最终确认《规范》团标定稿。

《规范》的诞生，充分展示了中国酒店行业对数字化的认识水准和行事的科学精神。《规范》起草专家所在酒店和品牌市场覆盖度超过了 70%，大中型科技公司和服务供应商意见也有充分的体现，具有相当的代表性。反复的论证过程——三次大型论证活动和十几次讨论会也深度挖掘了行业多视角多层次的研究结果，让不同的意见有足够的碰撞和发酵时间，形成的《规范》比较成熟而免于冲动。《规范》在标准的界定上，定位于务实兼有一定的先进性，可为更广泛的酒旅企业在数字化实践中参考。

迈点网总裁罗钦在一次采访中，曾问我，为了一个“团标”，为什么要动员那么多的人力，花费那么多的时间去走那么复杂的论证流程?

我的回答是，编制《规范》绝不是写一篇文章那么简单。如果是撰写一篇论文，也许请一位高手妙笔生花即可成就。作为一个行业的数字化团体标准，需要尽可能广泛地荟萃行业内数字化各种优秀的实践，并把这些优秀的实践上升为行业大多数企业可追慕的示范性案例，完成从实践到理论的升华。我们之所以广泛地聘请起草专家，就是为了在起草过程中能搜集到各种建议；之所以一轮又一轮进行论证，是因为每一轮论证都是对这份《规范》认知和认可的过程。只有大家认可了,《规范》才有推广的基础和执行的价值，否则就可能是一篇无用的论文而已。

这样的教训以前发生过。曾经有一家技术联盟，专门起草过一份有关智慧酒店建设的标准，就其文档本身来说水平还是不错的，但缺乏大多数行业专家的参与，缺乏反复论证的过程，因而虽然以某一层级的标准正式颁布，但没有发挥它应有的价值和作用，长期被束之高阁。

因此，此番《规范》的编制，我们特别关注其充分的代表性、适度的引领性和高度的实用性。

数字化团体标准

《规范》描述的酒店数字化运营场景其实是一个丰富、博大、精彩，又有实际效益的未来酒旅企业的大创新过程，如果用通俗的语言来形象描述可能会是一本几十万字的大书。

《规范》全文一共十一章，145 条，一万七千余字，应该说已极其精简。我建议酒旅行业的各级 CXO 们、业主们，只要对建设数字酒店有一点兴趣，花一点时间通读一下《规范》是完全值得的。

《规范》着眼于运营和服务两个关键点，立足基础数字化能力，以构建行业发展良好生态为原则。《规范》以安全为前提，保障用户安全、经营安全，符合安全法规和国际安全标准，保障酒店安全运营。《规范》引导并规范酒店进行数字化创新，利用新技术，对酒店场景、服务流程、运营流程进行创新和赋能，实现酒店及酒店集团提效、增收、提升体验的目标。

在数字化服务方面，《规范》聚焦了以下重点内容：预订服务、入住服务、客房服务、餐饮及会务服务、康乐及其他服务、离店服务等。在数字化运营方面，《规范》聚焦了：前厅管理，销售管理，协议管理，餐饮管理，客房管理，财务管理，商城运营，安防，停车，供应链管理，基础设施管理，数据质量管理，信息安全管理等。最后《规范》对数字酒店的评价与持续改进提出了要求，为数字酒店的进一步推广和未来“贯标”工作画出了水准线。

《规范》的文字虽然简洁，但内容的覆盖面是广泛且完整的，并且对数字化场景的要求也是非常具体且客观的。它考虑到了条款的执行有利于构建完整的数字酒店功能，同时又考虑到了条款的执行难易度与大多数酒旅企业的可接受性。

《规范》像一位循循善诱的导师，引导各类酒店在各个应用场景中进行数字化创新和设施系统的应用。我个人预计，如果能达到规范引导内容的 80%，酒店将在数字化建设、转型和创新上收获非常大的效益。

推进行业合作与共识

在《规范》编制过程中，行业合作和共识的建立起着至关重要的作用，也有重要的意义。酒旅业是一个多元化的领域，涉及各种各样的资源和利益相关者，包括酒店经营者、技术提供商、院校、政府、行业机构和顾客。

合作可以促进标准制定。数字化标准的制定需要跨部门和跨领域的合作，以便汇集不同领域的专业知识和经验。例如，酒店需要与网络安全专家合作，以确保标准中包括强大的数据安全措施。合作也有利于降低校准编制和推广成本。例如，多个协会和机构可以合作编制具有共性的应用系统标准，从而减少重复或交叉导向。在应华住集团总裁刘欣欣之邀，担任盟广顾问期间，我接触了他们的一些企标，如网络安全、CRS 系统、智能音箱产品等标准，我发现就这些“企标”本身而言有相当高的水准，体现了华住在数字化实践中走过的宝贵历程和丰富的数据资产价值。我认为，在尊重企业 IP 的前提下，这些企标稍做流程化改造就可以转换为行业标准。

共识可以确保标准的广泛接受，推动标准采纳。例如，制定数据交换标准时，需要考虑酒店经营者和在线旅行代理商的需求。再如，客控中采用的近场通信协议，要有助于推动标准的广泛采纳。如果标准是行业内多数人都认可的，那么更多的酒店和科技公司将愿意采用它。

在推进酒旅业数字化标准进程中，我是“行业合作与共识”论的推进者。

“让子弹飞一会儿”

在开发数字化产品的过程中，存在技术路线差异导致的标准错位，这令科技企业颇感头疼，酒旅集团在采用这些产品时也常常无从下手。

编制《规范》不是为了回避难点，主要是考虑数字技术还是很新的技术门类，它的发展和被市场接受需要一个充分的试错空间。没有走完这个过程，人为地用标准去规定哪种技术好用，否定哪种技术不好，是一种不客观的态度，注定不为市场所接受。

例如，室内近场通信技术，也就是智能客房控制必须用到的一种控制技术，有的企业采用蓝牙、有的喜欢 Wi-Fi、有的觉得 Zigbee 好、有的青睐 NFC、有的钟情 RFID（射频识别）、还有用 Z-Wave 很顺手的，这些不同的近场通信协议各自形成一批技术拥趸和产品生态圈。其中 RFID 使用射频信号来识别和跟踪物理对象，通常用于物联网（IoT）和供应链管理。Z-Wave 是一种低功耗、短距离通信协议，专注于智能家居和自动化。蓝牙（通常在 10 米到 100 米）适用于低功耗设备，如智能手表和传感器。Wi-Fi 通常在 30 米到 100 米，但可以通过增加接入点提供更大的覆盖范围，主要用于互联网接入、局域网连接和高速数据传输等场景，应用人群最广。Zigbee 适用于低功耗设备，如智能灯泡、智能插座和传感器，主要用于智能家居和物联网应用，支持设备之间的互操作性。

这是他们各自的优点，但它们分别又有自己的局限，很难用一种标准来统一使用场景，硬性规定哪种产品必须用哪种技术。

大家一定注意到一个事实：以前每个手机厂商都有一个连接线标准，用户怨声载道；现状只剩下苹果、安卓和 Type-C 三种；最后可能趋向 Type-C。这个过程没有强行的行政措施去影响消费端，也没有过度使用标准去限制生产端，一切都是一个自然筛选和形成的过程。

所以我一直认为纯技术的标准可以“让子弹飞一会儿”，待市场实践有了基本共识后再进行；也可以在有限范围内汇集志同道合的技术同盟者以“××联盟”的方式进行试行，如仁微股份的总经理黄志明就是蓝牙技术的推行者，他建立的蓝牙联盟创造了许多优秀的使用案例。

我们在进行《规范》团标编制的过程中，积累了大量数字技术使用的优秀案例，收集了大量科技公司对各种技术方案、协议、接口的应用心得、参数，也掌握了酒店集团、独立酒店、各类中小型住宿企业对不同技术产品的偏好、成本接受度以及客人对各种技术的接受偏好，为下一步进行技术标准编制奠定了坚实的基础。数字化是酒旅业的一个长期目标，我相信标准化是实现这个目标的必由之路。

无尽的挑战

酒旅业数字化是一项伟大的工程，伴随着数字化的是酒店运营、产品、流程和组织架构的全面重构，是一场颠覆性的革命；同时，新兴技术层出不穷、产品的更新迭代持续不断，这会对标准编制这项工作产生持续的挑战。

我认为只要数字化实践在继续，对标准化的挑战就会是无尽的，这是个无解的过程。具体的挑战主要表现在以下几个方面：

一是客人期望越来越个性化的住宿体验，数字化标准将更多地集中在为客人提供个性化服务和定制体验上。实现个性化需要更复杂的数据分析和处理，以及更高级的技术集成。因此数字化标准需要不断更新，以支持客户数据的安全共享和个性化服务的提供。

二是智能化和物联网的崛起，使酒店房间和设施变得更加智能化，客房设备将与互联网相连接，为客人提供更多的便利。然而智能设备和物联网的增加将增加数据安全的风险，需要更强的数据隐私和安全标准。这就需要数字化标准还应包括针对智能设备和物联网的安全性和互操作性要求。

三是"碳中和"和可持续旅游持续发展，绿色酒店将成为行业的关注点，数字化标准将需要支持可持续性实践的跟踪和报告。可持续性标准需要考虑不同国家和地区的法规和标准。

四是未来数据隐私和安全的保护要求会越来越高：随着客人对个人数据的关注增加，数据隐私和安全将成为行业的关键问题，数字化标准需要强调数据保护和合规性。但不同国家和地区的数据隐私法规差异很大，需要制定跨境标准，以确保数据处理符合各种法规。

还有技术发展的本身，数字化标准需要持续创新和更新，以适应新技术和市场发展趋势。而现实是标准的制定和更新需要资源和时间，可能滞后于新技术的发展。因此数字化标准制定组织（如酒店数字化专委会）应采用灵活的方法，以便能够及时响应变化，如采用模块化标准和快速更新机制。

总之，在未来，数字化标准将长期在酒旅业中发挥关键作用，为客户提供更好的体验、降低成本并提高数据安全性。为了应对不断变化的技术和客户需求，数字化标准需要灵活性、合规性和可持续性，以确保酒旅业能够适应未来的数字化挑战。

场景十六

数字产品“出海”之路

中国酒旅科技日益彰显其风采，扬起远航的风帆，向着广阔的海外市场进发的“吉时”可已到来？中国“数字酒店”1.0、2.0 产品创造的种种智能场景，就像“移动支付”那样以其独特的魅力和卓越的性能吸引着海外的目光。

与其“红海”扑腾，不如海外拼搏。

虽然前路充满未知，哪怕鸿沟和泥沼，迎接挑战是中国酒旅科技的“宿命”。

潮平两岸阔，风正一帆悬。

这是我对所有征人的良好祝愿！

我欲济沧海　何时挂云帆

中国酒店科技经过数十年的筚路蓝缕，无论软件系统还是硬件产品，已经完全能够满足国内各档次酒店市场需要，当年那种国外 PMS 或 POS 机一统天下的现象早已不见踪影，尤其在管理系统和智能酒店方面，已经完全和国外的系统并驾齐驱甚至超过其一般水准，非复“吴下阿蒙”。

然而，三年疫情的意外冲击，酒旅业市场遭受挤压，对各系统的升级和科技产品的需求虽有渴望但支付能力不足；同时国内酒旅业伴随着一波数字化转型和创新的高潮，数字化科技产品经过十来年的快速发展，进入“瓶颈期”：在新的场景创新、功能开发、流程再造还没有找到新的突破之前，同质化比较严重。酒店行业的 CEO、CIO 和科技公司的 CTO 们对未来产品的走向普遍有一种“山重水复疑无路”的困惑。

国内酒旅业科技公司从开始拼质量、拼创新、拼服务、拼售后，最终走向拼价格，其中 PMS 和服务机器人就是两个典型的例子。酒店科技市场需求还没有完全恢复，市场竞争却有增无减，“内卷”白热化。这个情景在当下工程师人力资源日益紧张、成本日高的情况下令科技公司颇感前途渺茫。

在国内酒店市场增量不够的形势下，部分酒店科技企业开始探头张望海外市场，“觊觎”那一方陌生的新天地；一些科技企业甚至把是否“出海”放在了与“出局”并列的“两难”选择之上。

中国酒店科技产品走出国门、探索“出海”之道、占领海外市场的条件和实力是否具备？中国酒旅科技出海“吉时”到了吗？

故事和共识

从中国酒店业主场来看，国内科技公司已经占据绝对的市场占有率，国内酒店科技产品的功能和使用体验也已获得了市场的认可，在智能酒店创新的数字化实践中，国内酒店科技产品走在了国际同行之前。国家提出的“一带一路”和“双循环”战略，前者为我们指明了市场所在，后者点明了发展的路径。

因此国内酒店科技的发展策略可以是：就算国内市场顺风顺水，在企业条件具备的前提下，理应去开拓海外市场，打通另一个循环；何况国内市场已经很卷，就更有必要去“反杀”海外市场，因此扬帆出海的方向基本没错。

其实，在“出海”的探索上，酒旅业早有一批成功的”Early Bird（先行者）”，他们的实践能给我们思考“出海”问题提供不少启示和引导。

田同勇（TT），一个无论在市场占有率还是渗透率都做到国内头部的酒店智能前台创业公司——鹿马科技的CEO，去年亲率团队飞往尼日利亚，推广其Palmhotel和Boom sales产品，大受当地住宿业企业欢迎，迅速实现从1家到150家酒店的突破，被当地客户称为来自中国的“最领先的产品和方案”。田同勇对“非洲市场拥抱科技、拥抱生活的超强意识和接受能力，以及拥抱鹿马科技产品”所留下的印象非常深刻，为他果断“出海”这步棋感到踌躇满志。

彭锦，OneBox美爵三信董事长，在国内高端酒店通信领域耕耘十多年，一心想用一款纯软件通信系统替代传统的程控交换机，尽管其产品具有数字化、高融合、云服务、易部署的优势，奈何国内市场接受度始终达不到预期。转念之下，2014年OneBox侧身海外，竟然风生水起，目前海外业务占了公司业务总量的60%以上。许多海外品牌如凯宾斯基等接受了他的理念和产品。2023年，一家著名的全球酒店集团欣然采用了他的系统，如果交付到位每年可为公司带来144万美元的稳定收入。

“九号机器人”在海外市场做得不错的信息是云迹科技CEO支涛告诉我的。负责集团运营的黄千有带领海外团队开拓的经历，他说，“九号机器人”在1999年就开始拓展海外市场，目前市场规模已达年营收5000万美元之巨，割草机器人和酒店机器人是公司出海的主要产品。黄千认为：“中国酒店科技水平已经相当高了，可以说站在了巨人肩膀上。咱们的技术、服务创新能力都是一流的。完全有实力和国际上的大牌酒店科技公司一较高下。”

曹现贵，比特科技董事长，谈到公司“出海”立刻精神矍铄：比特科技海外业务占公司主营收入的35%，在中国酒店科技业是数一数二的品牌。比特科技以通信设备闻名国际市场，2000年就开始布局海外市场，产品销往美洲、欧洲、大洋洲、非洲和亚洲等70多个国家和地区，建立了200多家渠道和合作伙伴关系，万豪、希尔顿、洲际、凯悦、精选、温德姆等国际品牌集团均选用他们的产品和服务。曹现贵认为，比特科技之所以有目前的品牌和竞争力，“出海”的成功是不可否认的重要因素。他认为：“现在，中国酒店科技出海的时机应该是不错的，国内市场竞争中表现优秀的企业都能快速适应并占领海外市场。”

在“海外”拓展成功的中国酒店科技企业还有中长石基、德比软件、涂鸦智能、苏州奥莱维、科瑞恩等；酒店集团中锦江、华住等也把管理系统成功地整合到收购的品牌酒店中。在我采访的21位科技公司老总中，面对我的提问：“你认为中国酒店科技出海的时机成熟了吗？”有19位给出了肯定的答复，仅有一位回答“未完全成熟，属于探索阶段”，一位未做答复。

绿云软件董事长杨敏魁：中国酒店科技海外拓展具备技术、政策及产业链整合优势，眼前是良好的发展契机。

德比软件董事长张焕杰：时机当然成熟。技术能力是够了，人文情怀看企业。企业需要长期主义，崇尚“普世价值”，尊重员工，管理体系透明公正。

阿里音响负责人沈莉莉：中国酒店数字化智能产品输出到海外市场前景非常广阔。中国智慧酒店解决方案凭借其创新的科技应用和成熟的市场经验，已经形成了独特的竞争优势，在全球酒店市场中极具吸引力。

曾服务于邦奇科技和涂鸦智能的资深经理人刘继武：已经成熟。中国产品不再是劣质产品代名词，优质、高性价比为海外客户认可。中国酒店科技已经走在世界前列，特别是送货机器人、智能音响、智能酒店客房设备等受到客户好评。

雅里数科集团余超：中国酒店科技企业发展到现今的阶段和规模，“出海”是必要的，也是新的增长点。但是不能太盲目，需要充分调研了解国外市场，结合自身优势去开拓海外市场。

TCL总经理黄华：中国酒店科技出海的时机已经成熟，中国酒店基础设施管理理念和智慧化程度全球领先，完全可以将自己的管理理念和智慧解决方案输出到海外。

科瑞恩集团SVP宋兆辉：海外市场前景很好，我们公司“出海”以提供解决方案为主。实践证明在国内人力资源成本增长及“一带一路”的大背景下，“出海”可以给企业带来新的增长点。

中国酒店及旅游创新联盟（CHTA）主席朱静：酒店科技出海，可以将中国优秀和前瞻的数字化实践带向国际同行，同时把这些国家的一些文化和消费特点引入到国内市场，融合将使中国酒店科技更加全球化。

……

这些行业人士一致的共识是：中国酒店科技企业和产品及解决方案“出海”的时机已然成熟，是时候“直挂云帆济沧海”，去直面广阔的海外市场，服务“一带一路”沿线市场、服务曾经引领国际酒店行业潮流的欧美发达国家的酒店业。这一方面将有助于扩大中国酒店科技企业市场空间、减少一定的内卷，另一方面将有利于中国酒店科技在国际化的平台上得到进一步的提升。

条件与陷阱

中国酒店科技企业和产品“出海”的窗口打开并不意味着前途一马平川，“出海”成功有着一些必要的前提条件和一系列必须避开的“陷阱”。在具备这些“条件”和摸清这些“陷阱”之前，任何贸然的决策都会给“出海”者带来一定的风险甚至血本无归的惨局。

有哪些“出海”条件是必须具备的呢？众多的国内外酒旅业科技企业主和高管们结合他们自身“乘桴浮于海”的坎坷经历给出了许多生动的案例，循着这些案例，“出海”的必要条件和可能的“陷阱”逐渐清晰：

（1）产品质量和服务模式经得起海外市场的考验：海外市场客户和中国供应商彼此熟悉度低，市场交易的机会非常难得，加上语言交流的顺畅性远远不及国内，一旦在某个环节出现产品和服务质量问题，常常连解释的机会也没有；反之，如果产品性能或服务模式口碑一旦建立，其客户间的信誉传播会比国内市场更加有效。

（2）充足的市场研究：好的产品还要市场对路。对海外市场充分调研是决定出海是否成功的关键要素之一。在选择出海前，要充分了解目标市场的需求、消费者偏好和文化特点。找准他们的刚性需求和痛点，用我们的优势和解决方案去满足他们。“出海”要遵循国际酒店业的通用流程和价值观，产品要满足国际化特性，尤其中国和美国在科技上出现两个生态架构的趋势，如果这种趋势继续发展，国际市场和海外客户将面临更多新的挑战。如何同时配合两个生态架构也是企业“出海”能走多远的重要因素。

（3）完备的合规性审核：要确保产品符合目标市场的法律法规、专利和标准要求，做到百分百遵守当地的法律法规，包括：税法、劳动法、知识产权法、专利法等，没有合规把握的产品和解决方案宁可不进也不要去“盲闯”。其中软件产品要满足数据安全、隐私保护等关键要求。

（4）客观的竞争性分析：客观评估当地市场的竞争环境和潜在竞争对手。对市场发达、规则成熟的市场主要目的是了解竞争态势和自己的竞争实力。如果市场已经很“卷”，没有必要再去“蹚浑水”；如果市场空间尚可，但市场规则不够成熟，则要偏重分析当地竞争手段类型和企业对这些手段的忍受力。如果有把握“狭路相逢勇者胜”，这种市场机会往往会多一些；如果企业忍受力低，敬而远之则是较好的策略。

（5）准确的品牌定位和营销：根据目标市场的特点制定品牌策略和营销计划。这要求出海的企业客观地根据自身实力和产品特点，理性地确定渠道策略。尽量把自己的品牌定位在当地市场容量大又无明显强劲竞争者的市场空间里，并由此确定有效的销售和分销渠道。如果输出的产品或解决方案能够唤醒本地市场需求或解决当地酒店的刚性需求，则市场的前景一般都较为可观。完成市场定位后，通过展会、论坛、拜访等多种形式进行业务拓展，由当地合作伙伴进行交付和运维，会使效率更高一些。

（6）基础的本地化准备：与了解当地市场并值得信任的伙伴建立合作关系，是企业出海成功的一个重要步骤。海外市场人地两疏，常常两眼一抹黑，要获得主动权，就要与当地企业或人员建立合作关系，由当地合作方提供可靠的支持。在产品上也要有本地化措施，比如在印度市场，由于网络连接不稳定，中国的酒店科技产品可能需要优化其应用程序，以在低带宽环境下顺畅运行，并提供离线功能。这些问题的解决需要深入了解目标市场，定制产品和策略，以确保成功地在海外市场拓展业务。

（7）客户支持和服务：在拓展市场时，提供适应当地市场的客户服务是和商品本身一样重要的环节。需要有掌握当地语言能力的员工服务当地企业。各种资料如产品介绍、技术手册、培训材料、宣传文稿要有目标市场的语言文本，严格符合当地的语言习惯和宗教禁忌要求。

（8）周全的财务管理：考虑汇率、税收、货品回收账期和其他财务因素。

（9）长期的作战恒心：走出去不是一朝一夕的事情，在一个陌生的国度里推广产品，尽管有当地的合作伙伴协助，也注定不会一帆风顺，要拼时间和耐力。“长期努力，日拱一卒”是宝贵的经验。

（10）一定的风险评估：评估并准备应对潜在的市场和操作风险。随着国际贸易格局的变化，一些海外市场和政策可能会出现变化；一些经济落后地区，还常常伴随政治动荡甚至军事冲突，需要中国酒店科技公司做好风险评估和应对措施。得与失的平衡理论上多数人都会做，但往往在巨大的利益诱惑下会冲动地夸大抗风险的能力。所有“出海”企业要评估的是企业真正的风险“承受力”。

以下是“出海”企业常常会面临的“陷阱”：

（1）认知陷阱：简单复制国内经验。国内发展得顺风顺水，以为只要复制国内的“经验”和路径就能取得一样的成就，于是直接把国内的产品和解决方案照搬到目标市场，没有根据目标市场的需求和特点进行相应的调整。由于认知局限无法理解海外市场或企业员工的合理要求，把国内一套自以为是的“竞争优势”的陋习也带到国外，其结果常常是碰得头破血流。德比软件的董事长张焕杰特别强调，“出海”企业千万不要自以为是。

（2）文化陷阱：不符合当地文化和价值观。如果产品或解决方案不符合当地的使用习惯或与当地人的文化喜好相冲突，那么再好的产品也前途难卜。比如中国酒店科技产品在中东市场推广时需要考虑当地的宗教和文化习俗，调整其产品特性和营销策略。进入欧洲市场除了需要遵循严格的数据保护法规，如GDPR，还要顾及客人对隐私有别于国内消费者的严苛。九号公司总经理黄千的故事生动说明了文化差异构成的“陷阱”：有次和一家大公司洽谈合作，为慎重，事先做了充分准备，写了一份很详细的合作方案。哪知对方一看方案便质问，“你们是否已经布好局，只是来通知我们？”原来美国的商业文化中，直接给出详细方案往往被视为已经做好决定，而不是来寻求谈判合作的。

（3）环境陷阱：在渠道拓展中没有找对合适的当地伙伴，不熟悉当地的商业环境和商业规范，不熟悉当地的法律法规、竞争环境，仅凭自己的力量闯市场。当地的环境和背景像黑洞一样吞噬资源，一切都在“吃亏”后醒悟，成本太大。

（4）拓展陷阱：没有预算或乱花预算进行市场宣传、客户开拓等市场行为。产品开拓必然要有一定的预算，才能在最短的时间内让公司接触到当地行业的头部市场关键人物。这就需要一定的预算进行参展、赞助、宣传，否则仅仅依靠人与人的有限接触传播，占有市场的时间会非常漫长。但也要避免在没有了解相关情况的情况下，就贸然参加一些虚无缥缈的国际展会，造成成本过高落地极差。

（5）货款陷阱：避免货出去了但款拿不到。其中有正常的商务合同纠纷也有各种原因的欺诈。出海不比国内贸易，货物运费和其他费用可能超过产品本身，一旦货出去了钱收不到，会陷入进退两难的境地。

此外，还有汇率波动、专利保护、黑社会打压等“陷阱”需要防范。

“出海”行舟，如履薄冰。

战略与希冀

台湾酒店科技联盟执行长郑乾池，在中国酒店科技“出海”话题上指出，这是一个期待的大战略，应先从东南亚到东北亚，然后沿着“一带一路”发展，最后向欧洲和美国发展。

长期旅居海外的洲际酒店集团原资深经理高培华指出，中国酒店科技

“出海”的商务模式有许多种，需根据企业的战略实力，灵活决定。海外酒店市场对中国酒店科技产品高质量和高性价比表现出了浓厚的兴趣，中国酒店科技企业应当在定制化服务方面也积累了丰富的经验，能够根据海外市场需求和特点提供符合当地文化和消费习惯的产品和服务。国内外市场兼顾，内循环和外循环双向打通，除了能增加企业营收，还能迫使我们聚力开发具有全球需求和标准的更高品质产品，企业的竞争力和安全性会大大增强。

“出海”是一个大方向，符合条件的企业应该积极参与到这个大战略中去；暂时不具条件的企业也要关注这个战略，创造条件争取早日加入这个大战略中去。就像浩浩长江，汇聚无数条涓涓细流，才能形成滚滚入海的壮观景象。每一家酒店科技企业理论上讲都是这股潮流中的一滴水，这是我们的使命。

中国酒店科技企业“出海”远航，也是一种必然。眼前我们看它，带着几分敬畏和迷茫，但只要勇敢地迈开双腿，走出第一步，我们的视野就会豁然开朗，我们的舞台就会更加宽广。与其内卷，不如到海外去战斗。过几年，中国酒店科技就会像中国制造业一样，得到世界范围的认可。中国酒店管理模式、管理系统、智能设备在国际酒旅业得到广泛的应用将不再遥不可及。

我们向“出海”的先行者致敬，他们是蹚路者！山东日照比特科技曹现贵董事长回忆起 20 多年前带领团队在美国开拓市场时的那种艰难，激情难以抑制：正是当年从美国引进了先进的 VOIP，比特科技才大规模招兵买马投入新的行业中去，比特科技的干劲、能力、严谨和产品得到了美国供应商的认可，陆续把美国市场大客户介绍过来，才有了后来海外市场的大发展和比特科技本身研发能力和管理能力的大爆发。“出海”为比特科技发展打下了深厚的基础，我们也从中感受到“出海”的必要性和重要意义！

有人说，海外市场文化各异、起点不同、背景复杂，“出海”未知因素太多，这些担忧固然是存在的。但国外酒店市场同样讲究成本最低、体验优化、管理高效、形式新颖，只要抓住他们对行业“普世价值”的追求和对利润的追求，就能点燃他们对我方产品的兴趣之火。

并非发达国家没有技术，所有的智能设备系统的底层技术欧美都有，但对隐私的过度保护，加上欧美人对应用技术远没有亚洲人敏感和乐此不疲，其在酒店科技的应用系统开发上被中国同行拉开了相当大的差距。美国开始意识到问题所在，所以在数据资源的开发上，开始放松法律的限制，其目的也是希望促进其数字化应用。

在“出海”战略发展方向上，我认为台湾酒店科技联盟执行长郑乾池的观点有参考价值：东南亚国家旅游业先进、文化与中国接近、酒店运营成本高于中国，容易接受我们的科技和产品以降低成本和增强竞争力；“一带一路”国家，受中国发展影响，有“中国制造”光环的加持，有国家产业政策支持，中国文化传播较好，中国产品在当地如同当年欧美产品进中国一般，信誉很好，特别是在一些得到中国支持的快速发展的非洲国家，如卢旺达和尼日利亚等，酒店科技产品大有用武之地；欧美市场，除了美国在某些领域对中国技术和系统有些限制（如石基的产品受限），大多数酒店科技品类还是因技术成熟、应用先进、场景新颖、成本有竞争力而受到欢迎。比特科技耕耘美国市场20多年，营收稳步增长；九号机器人在欧美市场畅销等就是很好的案例。

我们要“出海”，就要加大酒店科技研发的投入，不是把现有的产品挪个空间，简单从中国平移到海外，而是要在场景创新、流程创新、品质创新、服务创新上树立能放之四海而皆用的“中国特色”，以此吸引海外客户。其中流程创新是颠覆文化、颠覆习惯的，一般很难改变高傲的欧美人近百年养成的习惯，但好的流程能改善体验，就能促使他们接受。如鹿马科技“大掌柜”能使海外品牌酒店人均入住时间从3~5分钟，加速到30秒。这谁能拒绝？非洲人不能，欧美人同样不能。云迹科技服务机器人UP，能担当起机器人团队的HR，一个底座指挥十几台不同功能的机器人，智能地为酒店送物、消毒、清洁地毯、安全巡视等，日本人不拒绝，非洲人不拒绝，欧美人能拒绝？

要加强“出海”产品的竞争力，中国酒店科技企业必须加强科技研发，创造“二次创新”应用场景。比如，在LLM大模型推出后，中国酒店科技公司在此基础上，一下子推出了6~7个住宿业专用大模型。我们用不着因为“基础技术彼此都有”而底气不足，应该承认应用层面上的创新也是不容易的，这是融文化和商业模式为一体的过程。

中国酒店科技“出海”的过程也是自我提升的过程，我们的目标是星辰大海，是整个国际酒店业的数字化服务。如同当年改革开放之初，中国的酒店市场刚刚兴起，有市场、没经验，有需求、没系统，有应用、没人才；先于我们发展起来的美国、欧洲乃至东南亚地区企业，带着他们的模式、系统、设备来到中国市场，一切都是楷模、标准、人师，一切都是“先进”象征、代表“未来趋势”，连开出的高价也成为发达的象征，让我们顶礼膜拜了几十年。

这无可厚非，因为这是先人一步的技术红利，他们吃了，如今轮到我们尝鲜这口“红利”。况且，他们的红利基础是“信息技术”，我们已经在此基础上走到了“数字技术”时代，产生的红利效应比“信息时代”更大、更厚、更长，涉及的社会广度更宽，深度也无与伦比。这样的红利市场我们不去、猫在国内“窝里斗”，毫无道理。

我们一旦出去，就有可能成功，就会产生碾压，形成“反杀”。我们的管理模式就会成为国际酒店行业的标准、我们的设备、系统，可以成为引领海外酒店新市场的标配，我们创造的新模式、新流程、新体验、新场景就是未来全球酒店发展的新趋势，使用中国酒店科技和管理经验就是“时尚”。这样的路别人曾经走过，如今时机已到，还需要犹豫吗？

工欲善其事，必先利其器，做好“出海”扬帆远航之前的准备，关注任何细节都不为过。在“出海”之前，参加一下 CES 大会是中国酒店科技企业的“功课”之一。

CES 大会是全球最大的消费类电子产品展览会，各大电子厂商都不会缺席，各个行业的科技公司也纷纷加入这一展会，将基础科技与行业场景融合推出新的产品。CES 大会是实力展示的舞台，也是各科技公司产品试水的最佳场所。每年成千上万名专业参加者的反应是最佳和最灵敏的产品试金石。2020 年年初，我在拉斯维加斯参加 CES 大会，得到的最深印象是“connection”。连接万物是公认的趋势，引导无数科技企业朝这个方向去投入资金、人力、物力，随后一大批科技产品浮出水面，都体现了这种趋势。往后几年，疫情暴发，CES 大会也受到打击，参加厂商和参与者减少，但并没有中止。2024 年年初，刚刚结束的 CES 大会延续了对技术路线的判断。今年的主题是“AI 技术与车载芯片”，是符合当前科技主流趋势的。中国酒店科技产品和系统中加大“AI 技术”分量也是符合国际科技潮流的。

随着中国酒店科技企业及产品的扬帆远航，CES 大会上酒店科技的元素会越来越多，中国酒店科技的身影也会越来越接近 C 位。中国酒店科技在这波数字化的浪潮中，以自己坚忍不拔的努力和时代赋予的机遇，有可能超越欧美而站到全球酒店科技的前列。

这是我心中的希冀，也是中国酒店科技企业“出海”的最大使命。

场景十七

数字化产品开发

数字产品开发长途跋涉，刹那间，我们仿佛陷入四面围城，前方的道路被迷雾笼罩，山穷水尽让我们顿生举步维艰的烦恼：每一次尝试如同黑暗中摸索，希望的曙光总是遥不可及，技术的瓶颈恰似难以逾越的高山，产品同质化似如影随形的梦魇。

打破产品开发中的思维定式，走出过往经验和模式的拘泥、创造市场和客人最细微的需求，融合不同领域的智慧和技术，勇敢地撕开前路的迷雾，“多维”探寻隐藏在黑暗背后的新路径，用灿烂的笑脸迎来柳暗花明又一村的明天。

期待又一款名盖 PMS 的产品在您的手中诞生！

四面围城还是柳暗花明?

价值考问：未来向何处去?

突围的五个维度

四面围城还是柳暗花明?

疫情后酒旅业一番反弹使沉睡已久的酒店数字化重现生机。三年的疫情，酒店数字化展现了其实在的价值，尤其在非接触、降人工、提效率等方面创新应用场景让经营者和消费者耳目一新。另外，国家加大的各行业的数字化进程，各类管理者数字意识空前提升，数字化市场环境和消费者期待程度普遍加强，来自政府、行业和金融等方面的支持力度在强化。因此诸多行业协会和政府部门不约而同推进“数字酒店”标准的编制和推广，各大酒店集团纷纷推出未来几年的数字化计划来配套其“千城万店”的扩展雄心，众多的酒旅科技公司也摩拳擦掌，准备攻城略地。

然而一番热闹之后的是略有尴尬的沉寂，回顾这几年酒旅业数字化的探索过程，我们发现虽然轰轰烈烈，产品不胜枚举，说蔚然已成生态似乎也可以，但一个不得不面对的现实是：迄今为止没有诞生一款如 PMS 那样对酒店业产生深远影响的数字化产品。

当年 PMS 一经推出即成大势，成为酒店业乃至大住宿业最重要的应用系统，它几乎汇集了酒店运营 70%~80% 的数据，成为连接财务、CRS、HR 等系统的主数据库。这种优势在数字化时代虽受强烈挑战，但其主导地位仍未受根本的撼动。

中国酒旅数字化主攻对象是各类智控系统如客控、梯控、灯控、温控、智能前台、机器人等。经过数年的耕耘，产品出了一茬又一茬，在满足了市场最初的新奇、时尚、尝新后，我们的“智能酒店”一下子陷入了“价值拷问”的境地。智能酒店真的智能吗？有多少自动化的功能披上了智能的外衣？智能酒店真的数字化了吗？有多少智能系统采集了管理和客人的行为数据并将它资产化？“信息孤岛”在数字化时代消失了吗？我们在建设智能酒店时是否在继续形成数字孤岛？人工智能和数据挖掘等数字手段有多少应用在了当前的智能产品中？用数字系统代替经验决策，培养真正的数字经理人的目标还有多远？

诸多酒旅科技公司董事长、CEO、CTO 和头部酒店集团的 CIO 们也深有同感，对下一步的产品开发方向颇有困惑和焦虑。

价值考问：未来向何处去?

我们的困局是数字产品长期盘桓在 1.0 阶段，1.0 阶段的特征是自动化而非真正的智能化。我们的出路是向 2.0 阶段发展，2.0 阶段的特征是名副其实的智能化。

酒旅科技人比较一致的看法是，从 1. 0 向 2.0 提升意味着中国酒旅数字化境界的升华，意味着我们行业数字化发展步伐的加快，意味着酒旅数字化系统、产品开发空间的拓展。

实现了数字产品 2.0 版本的升级，我们就能直接回答上述的“价值拷问”，就能为酒旅业数字化转型和创新提供适配的系统，就能产生在效能和影响力上堪比 PMS 的数字化产品。虽然无法预计有“爆款”的效应，但整体上走出“柳暗花明”的路径，为中国酒旅业数字化注入新的活力是完全有希望的。

当我们实现了 2.0 乃至 3.0，以及更高级别的 N.0 时，我们的酒旅业就迎来了真正的“智慧化”时代，这是我们酒旅行业数字化的较高阶段的实践结果，符合国家对发展新质生产力的要求。

回到现实：上面我们提出酒旅数字化产品 2.0 版本的特征，是从产品的技术特点上归纳的，具体的产品开发战略应落脚在哪些方向上，是一个值得行业各路专家深思和探讨的问题。

突围的五个维度

中国酒旅数字化系统未来的突围方向大致有五个维度。

1. 打磨现有产品，让它更臻完美

采用先进技术，增强系统能力，完善功能结构，改良用户体验。

近几年在酒旅业上应用的数字化产品实现了从无到有的转变，但智能性确实不高，对行业进一步的数字化转型和创新的推力逐渐减弱。其间，很多数字化技术并没有在产品中得到充分的应用，如5G、区块链、AGI等在产品中的渗透率很低。市场上的同类产品技术同质化严重，产品应用场景差异化不大，质控也存在一些不稳定性，在经过“尝鲜”和试错的阶段后，吸引力下降，市场陷入价格混战的泥潭。

改变现状，增强技术含量尤其是加强新技术的应用，让智能产品更智能是未来的一个发展维度。

这方面有许多数字化科技公司已在着力，也有一些成果。例如，华为公司推出了一款智能摄像系统，内嵌图像识别功能，可以实时辨识客人诸多行为，如跌倒、醉酒、打架等，这样一款系统入列酒店环境无疑会使整个数字化环境变得灵动、聪明起来。

再如鹿马科技新推出的“大掌柜”移动前台，使传统的前台入住流程“消弭”在迎接客人的机场、路途、客房中。“隐形前台”功能让VIP的尊荣感得到最佳体现；免证照（ID）功能让酒店既免受前台客户流失的影响，又使那些粗心忘带证照的客人获得相当的受助感，在一些高端酒店应用后反响很好。

仁微科技利用一张小小的蓝牙门卡，实现了开门、电梯、导航、服务呼叫等需求的一卡化，非常便捷、智能。

众荟信息的当家人林小俊博士是人工智能领域的一位高级专家，面对层出不穷的AGI大模型，心里涌动着将现有的智能系统和大模型嫁接从而让产品更智能的强烈冲动，他手里握有海量的体现住店客人行为特征的标注型数据，一旦注入某个大模型，必将产生一款在行业中有领军效应的产品。

2. 扩大场景创新，补齐应用拼板

现阶段的智能化酒店与传统酒店相比已经在数字化创新应用上有了许多探索，我们已经普遍上新了智能客控系统，房间里的电视、窗帘、空调、灯光、音箱、空气净化以及门锁、梯控、机器人等数字化场景创新给中国酒旅业在数字化创新上加分不少。

国外酒店品牌集团负责科技的一批VP和CIO前来大陆考察，专门入住了华住、锦江、首旅旗下的快捷商务酒店，体验在中档酒店创立品牌过程中数字科技的意义。他们对这些集团的成功实践评价很高。他们认为，其所在国外酒店集团虽是国际奢华酒店品牌，但在数字化转型和创新方面有许多值得向国内酒店品牌借鉴的地方。

进一步扩展我们的数字化系统（产品）向全链路、全场景、沉浸式方向进行创新是酒店集团和科技公司未来发展的另一个维度。

这方面绿云的探索是积极且主动的，董事长杨敏魁坚持在 PMS 的周围打造一系列智能生态系统，包含住前、住中、住后全链路，也涵盖管理端和客户端。既有客房也有公区还有后台（厨房），事实上杨董已经成功地利用数字化转型的机会，将绿云由 PMS 供应商转型成为酒旅业数字化生态服务商。

酒旅数字化创新的全景化将为我们这个行业带来无限的机遇，也给我们的住店客人带来全新的体验。科技公司用纵览横览的眼光，重新审视我们这个行业，就会发现有许许多多的场景一旦用数字化的视角去加持，立刻会变得精彩生动，市场价值无限。

一家叫 JM 的科技公司，把视线落在了酒店泳池安全上，开发了一套数字化泳池安全监测系统，可以减少泳池的安全员，同时及时、灵敏监测到溺水信号，从而使酒店泳池安全这个老大难问题得到缓解。

科瑞恩科技集团针对酒店停车难的问题，用新技术和数字智能技术相结合的手段，设计了一款非常智能的数字停车系统，使“单位面积”停车能力和车主停车体验显著提升。

以上案例验证了一个趋势，全链路、全场景的数字化应用创新为数字化产品开发打开了一扇窗，由此我们坚持跋涉，数字化创新的一个个拼板必将逐渐补齐。

3. 规范接口，开发 HUB 型产品

信息化时代我们曾困惑过一个无法绕开的陷阱：信息孤岛。随着一个个信息系统引进、搭建，彼此独立或通过接口有限沟通，系统与系统间数据共享度很低。这种情形在数字化时代依然存在，“数字孤岛”依然是我们必须正视的一个问题，但这也给数字化系统开发拓展了一个新的领域。

产生这种现象的原因我们在“场景十五”已经详细讨论过，解决的方法最根本的是追求标准化。标准化的过程可以规避许多技术无法实现的难题，节约很多科技开发的人力成本，提高应用系统的效率和体验。这是一个行业共识，无论集团端还是科技开发端。可喜的是许多行业机构已经启动标准编制工作，如上海文旅局科技处正在编制“数字酒店”上海地方标准、中国饭店协会数字化专委会已完成《数字酒店运营服务规范》团标的正式发布等。

在希冀更多行业和政府主管部门投入力量建标的同时，我想说的是，策划编制标准的各方如能携手，整合出台一部覆盖全国、有较强代表性和执行导向性的数字酒店标准可能会对我们这个行业益处更大。

接口和技术标准的相对统一，让酒店集团和科技服务商在搭建数字化平台和开发数字化产品上能“有章可循”，节约大量的工时和提高系统运行效率，这对开发 HUB 型产品，从而无缝连接各种智能系统，最大限度上消除数字孤岛的存在也是功莫大焉的好事。

4. 重视开发数据源产品和数据挖掘的智能工具及系统

国家提出畅通数据资源大循环，释放商业数据价值潜能，开展数据资产的计价研究，建立数据要素按价值共享参与分配机制；与此同时，陆续推出国家数字资产管理机构和交换平台。这给我们酒旅业集团和科技公司提供了一个更大的产品发展空间，有利于挖掘和提升行业的数据资产价值。

酒旅行业几乎每个酒店集团都产生和拥有大量的反映企业经营和消费动态的数据，许多科技公司及 OTA 等都实时产生并积累有海量的数据。国家提出数据资产的概念后，必将在严格的法规管理前提下释放数据资产价值和允许数据交易。这些数据在交易前需要进行脱敏处理，更需要进一步的数据整理、挖掘才能使之变成有巨大价值的社会公共数据。

例如，每天几十万台机器人分布在各类酒店不停地运作，其规模大小、运行时间长短、运行高峰低谷的分布、机器人服务类型、不同类型酒店对机器人的使用效率、机器人在不同区域的活跃度、不同机器人的使用频率和强度、不同客人对机器人的使用强度和满意度等，这些指标经过处理可以发布为“酒店运行指数”的重要内容，对掌握酒店运行现状和研究趋势能发挥出一般统计报表和数字无法比拟的作用。

在挖掘数据资产价值的过程中，要有数字工具，只有用数字工具才能挖掘更多更好的数据资产。数字工具就是数字方法论以及相应的应用系统。目前这类工具非常少，并且大都是纯学术和研究型的，能够直接被我们行业接受的数字资产挖掘应用系统极其稀少。这是现状，谈不上遗憾，因为数据资产的概念提出时间不长，但确实是一个拓展机遇，由此，我认为它构成了当前科技公司产品发展的一个重要的维度。

5. 充分利用人工智能和模型，创造“智能店长”“智能员工”系列产品

当前，酒旅智能系统越来越多，收集的客人行为信息和酒店方的管理信息也越来越多，但数据信息的利用相对滞后。如果能把数字信息灌输到特定的数理模型中，并利用人工智能来操控各种应用系统，这样就会使我们的酒店智能化上升到一个新的高度。

比如温控系统，如果我们的传感器能探测到室外实际温度、即时湿度，再结合酒店当时的入住率或公区人员聚集的密度（如就餐密度，集会人员密度），按照最佳体感舒适度，用舒适度模型来及时调整空调的出风温度高低，这样既节约能源，又能达到高度的舒适性。再如，现在的客控中窗帘仅仅是手动改自动，如果窗帘能够根据太阳的方向做智能的跟随性转动，夏天把阳光挡住，冬天让阳光透入，同时又起到隔帘的作用，则既节能又能隔住隐私。尤其在酒店大堂这种智能窗帘用处更大。当我们的系统具备了连接各种专业的智能系统，又能运用各种智能系统采集的海量数据对客人、管理者的行为进行抽象、归纳出反映其内在规律的数理模型时，一旦传感器采集到实时的控制指标数据，系统就会智能地输出控制命令，这就使酒店能达到最佳的运营状态。

以上五个维度，可以看作在当前形势下酒旅科技公司突围的主要方向。

场景十八

酒旅企业研究院

仿佛拥有神奇的魔力，穿透表象，深入到酒旅运营的每一个细微的角落，发现隐藏其中的数字化脉络，捕捉客人行为、管理措施背后的数据流动。它用智能门锁背后的加密算法默默守护客人的安全；它提供控制模型使酒店大堂的温度恰到好处又节能环保；它用人工智能优化酒旅管理的各种流程；它悄悄地将新兴技术融入酒旅科技的每一个应用场景。

酒旅数字研究机构，以“第三只眼睛”的视角，挥洒其独特的洞察力和前瞻性，帮助酒旅行业突破传统体制束缚、跨越现有模式局限，灵活地为企业的数字化开辟转型和创新的道路。

“第三只眼睛”

2024 年 1 月 11 日，一位酒店科技公司董事长朋友邀请我参加一个活动：公司研究院成立仪式，并邀请我为参会者做个演讲。这几年经常参会演讲，话题也颇广，涵盖了行业数字化的大部分范围，但关于企业研究院却是第一次。

印象中的研究院总是高大上的，例如中国科学院、中国空间与技术研究院等，研究的课题不是“863”也是“科技创新 2030”。再不济，像阿里达摩院、华为诺亚方舟研究院、京东 JD X，主办方都是名震海外的大集团，里面的研究人员也是人才济济。

朋友的公司靠着这几年辛苦打拼，尤其在这波酒旅业数字化转型“神助攻”下，已经走到了行业头部，在酒店科技同行中颇有风采，但在从事的行业、企业的规模、资金实力上还不能和这些大集团相提并论，然而，却要做与大集团同样的事。

酒旅业是个传统服务业转型过来的老行业，很多老总看得懂美轮美奂的酒店建筑设计、喜欢金碧辉煌的内饰装潢、把弄得了一丝不苟的服务流程，却很少有精通行业数字化的，更少有把酒店数字化做到“研究院”层次的。

其实企业研究院，并非当今时代的新产物，只不过随着数字化进程加快和渗透性加强，在社会、经济、生活中科技元素的成分越来越多，就像支付宝、微信渗透到人们生活方方面面一样，高大上的科技变成了平民百姓手中的玩物，而创造科技的研究机构自然有机遇从高高在上的大企业下沉到底部企业。

企业研究机构，无论它叫研究室、研究中心、研究所还是研究院，总有自己产生的逻辑和必要性。华为、阿里、腾讯这样的大企业研究自己擅长的大应用，比方说人工智能、大模型、元宇宙、数字货币、无人技术、鸿蒙系统等等；同样，中小型科技企业也有自己生态层面上的研究领域。

企业研究院的任务，就是要生成一只“第三只眼睛”，紧盯未来本行业本企业所在层次技术发展的趋势，完成企业核心技术的积累和未来产品的开发。

所谓“第三只眼睛”本指人的双眼以外的另一只眼，如神话中的二郎神“三只眼杨戬”能够看清三界诸事，也可以理解为照相机的取景框，意思都是，通过不同的角度，在原本一成不变的世界里看到不一样的风景，发现不一样的事物。企业研究院就是这样一个“第三只眼睛”，没有它，企业就没有独特视角，就不易发现别人难以发现的事物，也就难以探测到企业发展的机会。

实践背后的动机

数字化阶段企业研究院的发展逻辑，可以从三个方面来谈，我分别用若干个故事来佐证。

1. 从盲目探索向理论引领进步

企业研究院可以汇聚一批行业的高级专家、工程师和研究人员，偏重于理论探索和基础研究。这种投入有助于科技公司突破技术壁垒，开发出更加先进和创新的解决方案，摆脱大多数中小型科技公司在产品研发上基本靠“灵感”、靠“跟随”、靠“押注”的常态，走上理论引领的主动研发之路。

企业研究院能够加速创新周期，有助于科技公司在科技发展的前沿站稳脚跟，通过对本行业相关领域的科技趋势和未来技术的深入研究，可以更快地将新理论和新方法应用到产品和服务中，有助于新产品的研发。

例如，辉驿酒店数智研究院在未来相当长的时期，将对中国酒旅业在内的“数据资产入表”课题进行专题研究。研究酒旅业数据资源的存在形式、挖掘数据资产的路径、探索企业数据治理的组织机构、开发数据产品的内容、交易数据资产的渠道、国家对数据资产入表的一系列政策以及当前酒旅业在推进数据资产入表过程中的现状、问题和必须采取的措施。数据资产是一个新产品，有关这个产品的课题只能放在研究机构去做比较合适，放在任何一个产品研发部门去做，显然勉为其难。

这对降低技术风险也有很大的帮助，科技公司常常需要在不确定性环境下创新，而研究院可以为他们提供深入的科学基础和理论支持，降低技术风险，提高项目成功的概率。有些课题比如区块链在酒旅业的应用，我一直以为它是有价值的，可以消除大量存在的中心化交易带来的种种弊端。如果使用区块链建立一个去中心化的公共客房交易平台，用区块链的“机器信用”去替代现实中存在的成本极高的“商业信用”，用“智能合约”解决自动化预订和支付、建立不可篡改的交易记录、条件触发的自动化和无需账户和个人信息情况下的交易等公共预订网络必需的条件。但用区块链建设这个网络也存在相当大的技术和投资风险，因此国内酒旅业在区块链技术提出后，并没有涌现想象中的技术实践，自然也没有成功的商业模式。其中很大的原因是，没有研究院的机制和形式来化解这种风险。上面谈到的数据资产研发同样存在技术风险，但我们的企业看到了潜在价值，就愿意把它放在研究院里作为一个课题去立项去研究。研究成了，企业和行业都会获益；研究输了，损失局限在研究院范围之内，并不严重影响企业的正常运转。

2. 改善方法论以提高产品的先进性

企业研究院在日常运行中会比研发部门更强调方法论对促进新产品研发的作用，通过学习、交流、吸收等方法不断改进科技公司的研发方法论和流程；通过对项目管理、测试、验证和评估方法的研究，提高项目的质量和效率。

苏州奥莱维信息技术公司新成立的研究中心，在“新一代智能客房”课题中，把解决商业客人非常看重的睡眠问题当作一个重要功能模块来研究，用“助眠”和“催醒”的特殊功能来解决客人“轻松睡得着”和“舒服醒得来”需求，目的是破解当前普遍存在的对“失眠无所适从”、对“叫醒简单粗暴”的现状。这就需要利用人类的睡眠和苏醒理论与机理来找方法，用物联网的多系统联动，形成一个电视柔性关合、空调有机调控、窗帘智能闭合、灯光氛围渲染、香氛情调营造等人工智能适配下的多场景联动。客人在这样的智能系统营造出来的客房里，在入眠和催醒过程中得到的是前所未有的体感和精神融为一体的全新体验，是一种超级享受的过程。这种数字化时代的2.0版客控新产品，将是中国酒店智能产品的领先标志。这种标志性产品的研发只有在企业研究机构中才有可能诞生。

3. 促进科技企业进步，形成行业贡献

扩大行业影响力常常通过品牌营销的途径，其实对科技企业来说，真正的实力推广是产品和技术的“硬实力”的拓展。研究院的研究成果可以为整个行业提供价值和影响力。科技公司通过开源研究成果、发布技术白皮书或参与标准制定，能为行业的技术进步做出贡献。

蓝豆云科技公司运用他们在酒店行业广泛应用得到的数据，进行细致的研究并将研究成果形成《酒店体验运营大数据洞察》蓝皮书共享于行业。例如通过获取体验偏好的数据，诸如高频服务、常用物品、服务高峰时段、热点投诉问题等，帮助酒店更好地配置人员和物品；利用酒店能源使用数据，探讨能源细化管理方案，以降低能源成本、减少污染。这对酒店运营和科技公司产品开发无疑是一种相当可贵的数据资源。

石基研究院通过发布年度酒店科技发展趋势、技术特点，举办公开课等形式，向行业酒店和科技公司分享了他们的成果和深度思考。通过石基私享家平台发布的《中国酒店业数字化转型能力模型》《酒店网络安全自检清单》《酒店业对客技术研究报告》等，一方面体现了石基公司本身对行业技术的研究结果，另一方面也客观带动了其作为行业领军企业的品牌影响力。

研究院可以吸引高水平专家和研究人员，提高企业的研发团队质量。这有助于公司在竞争激烈的市场中脱颖而出，吸引更多的顶尖人才。有了技术和人才，当这些优势获得流动时，对行业反哺的效应就开始显现：科技公司不仅可以吸取研究院的精华，还可以将自己的经验和成果反哺行业。这种积极的循环有助于整个行业的持续进步和发展，对企业形成品牌影响力也有巨大的好处。

好心态加好策略

然而，以上好处对于大型企业集团来说容易实现，他们要资金有资金、要人才有人才，研发的产品有比较广阔的市场。如果能找到外部的动力，诸如技术大趋势、政府政策支持、企业生态圈合作伙伴的响应的，就更容易启动研究院工作。国际上知名的大企业研究院如美国微软研究院、AWS 研究院、Google 研究院都是这种合力的产物。中国近些年也产生了一大批企业研究机构，比较成功的有华为2012实验室、腾讯研究院、百度深度学习研究院、海康威视研究院、海尔研究院等。

对于酒旅业来说，情况有些特别。酒旅业属于传统服务业，对技术的理解和追求从传统上来讲就不是很敏感，这几年的信息化、数字化推动了行业的管理理论和技术有了比较大的进步，但这大都是趋势推动下追随的结果，真正主动追求技术创新的也就华住、锦江、首旅几个大集团和一些新兴的连锁酒店公司；在酒店科技方面，大型上市公司凤毛麟角，符合上市条件正在争取上市的科技企业也屈指可数，这与酒店行业的规模和在国民经济中的地位是完全不符的。

目前在酒旅业耕耘并在科技发展上做得比较出色的企业，就规模而言还有很长的路要走。大部分酒旅科技企业在近几年得益于中国酒旅市场的主体客人对市场提出的反向要求——市场需要数字化、智能化，也得益于中国政府对包括酒旅业在内的数字化有明确的支持力度，这种力度有时非常强烈和具体，推动了中国酒旅业在近十年形成了对科技公司难得的市场环境，帮助中国酒旅科技在数字酒旅建设、各种数字应用场景创新和产品的形成上取得显著的成果，某些方面超过了日本、东南亚和欧美等传统领先的住宿业市场的水平。但实事求是地说，来自酒旅业资本方和管理方本身内在的需求是不大的。这也是造成中国酒旅业科技公司很多但都不大，有的公司成立很久却始终成长很慢的外部原因之一。

对于中小型科技企业来说，建立研究院之类的研究机构确实存在一些挑战和风险，关键在于如何明智地规划和执行，同时采用阶段性的方法，逐步扩大研究院的规模和影响力。

在建立企业研究院之前，中小型科技企业应该进行战略规划，明确长期目标和短期目标。这有助于确保企业研究院的运营与企业的整体战略一致，并最大限度地提高效益。中小型企业切记不要有赶时髦的心态，是否建立企业的研究机构完全取决于公司的中远期战略目标和当前公司的核心任务及人力资源结构。任何勉强的纯粹出于赶时髦的动机实在不是中小企业决策中应该有的成分。在建立研究院后，企业需要持续监测和评估其绩效，确保研究院的活动对企业的增长和竞争力产生积极影响。如果发现不合适或不符合预期，可以调整战略或资源分配。

中小型酒店科技企业拥有的资金和资源有限，主要的资金和资源应该用在保持企业的存续和扩展的必要投入上。如果有建立企业研究机构的必要，不管是叫什么名称，都需要谨慎考虑成本。可以采用灵活的模式，例如外包研究合作、合作伙伴关系或使用共享实验室等方式，以降低开支。有的时候恰当地利用企业的产品资源和场景资源，与当地的科技院校进行“资源串换”也是很好的方式，如向专业院校提供学生实习基地、提供实用产品和场景研发课题，换取专业院校比较充足的学生研发力量，能取得双向的“取长补短”效果。中小型科技企业在决定是否建立研究院类机构时还应考虑市场需求和关联性。企业研究院的工作应与企业的核心业务和市场方向保持一致，且产业链必须尽可能地“短”，确保投资的回报能够通过新产品、技术或服务的开发来迅速实现。这种策略并非“急功近利”，而是一种量力而行的实事求是。

在企业创新过程中，不少中国企业已经从跟随走向头部，以往靠模仿、逆向开发的路子已经走到尽头，如今大企业已开始投入巨资进行基础科学的研究，像华为研究鸿蒙系统等，中国酒店科技市场情况也差不多，在 PMS、POS 领域，我们都学得差不多了，并且这些传统赛道上也挤满了大大小小的企业，“红海”已然发紫。在酒店数字化转型和创新领域，发达国家的酒店同行还在彷徨，对他们我们已经无经可取，可以说要想继续前进，只能靠自己探索了。但中国酒旅市场科技企业大多数规模并不大、实力也相对有限，这样的中小科技企业做研究，就不能走华为这类大公司的路子，理性的策略是在前人的基础研究上进行“二次研究”，我们称之为“二次创新”。

“二次创新”是指在现有技术或基础理论上进行的进一步创新，这包括对原有成果的改进、扩展和应用到新的领域和场景。对于中小企业来说，由于资金、人力和时间的限制，进行原创的基础科学研究可能难以承担，“二次创新”是一种更有效的策略。通过这种方式，中小企业可以利用现有的研究成果，结合自身特色和市场需求，创造出新的产品或服务，从而实现差异化竞争和更深的价值创造。

酒旅数字化科技进步的事实证明，“二次创新”的确有其特殊的意义和价值：譬如在 LLM 大模型推出后，中国酒店科技企业非常迅速地采用“二次创新”策略，在对 ChatGPT、盘古、文心一言、星火大模型进行了一番研究后，纷纷选择其中合适的大模型作为训练底座，把自己熟悉的场景和丰富的数据资源投入其中进行专业的训练，推出了各有特长的酒店专用大模型，有的适合线上营销、有的擅长线上客服、有的精于文档编制、有的用于处理酒店日常经营……效果非常显著，我认为，这是中国酒店科技与世界科技潮流走得最近的一次。这些酒店专用大模型就是“二次创新”的结果。

与研发部门的关系

中小企业成立研究院之类的机构，必然会碰到与原有的研发团队协同的问题。两者是什么样的关系？有人说是“一套班子两块牌子”而已，也有人说是“红军与蓝军”的关系，还有人说是增加“内部竞争，优胜劣汰”的机制等等。我以为这些观点貌似有理，但放在中国酒店科技市场这个语境中讨论则显出弊端和不足。

第一种，有形式主义的嫌疑。“两块牌子”固然有多一些外部机会的好处，但内部运行机制会因“一套班子”而固化，无法发挥出成立企业研究机构的底层优势，其结果常常流于形式。第二种，“红与蓝”说，确实会由于“红”“蓝”定位的异同，在产品研发上形成对垒，有一定的益处，但“红”与“蓝”因架构不同、技术路线不同，主动创造矛盾的结果是研发成本显著增加，但产出并非线性增长。这是一种大企业研发采用的策略而不适合于中小型企业。第三种，“内部竞争”说，更会把中小企业本来就短缺的资源更加稀释，和中小企业“集中资源办大事”的原则背道而驰。

企业研究机构和产品研发部门，是功能定位有所不同，研发方法、思路、手段、层次有所区别，但相互补位的两个有密切关联的部门。比喻来说：企业研究院主要是“金钱变知识（技术、专利、著作权）”，而产品研发部主要是“知识（技术、专利、著作权）变金钱”。

“金钱变知识”，意味着企业研究院通常是通过投入资金来获取知识和技术创新，可以理解为企业研究院通过投资支持研发项目来获得知识和专业技能。

"知识变金钱"意味着研发部门要将知识和技术创新转化为实际的产品和服务，从而产生经济价值。产品研发部门利用企业研究院提供的知识和技术来开发新产品或改进现有产品，最终将其销售给市场，从而实现盈利。

换句话说，企业研究院通常负责深入的研究和探索新的知识、技术和创新，为组织提供了解决问题和探索新领域的能力。产品研发部门则将这些研究成果转化为实际的产品、服务或解决方案，以满足市场需求，并将其商业化，从而创造收入和价值。两者互为依托。

研究院和研发部门的不同职能对企业来说既是一种内部资源配置的优化，也是企业创新体系的重要组成部分，有助于企业在竞争激烈的市场中持续发展和壮大。

那么，企业研究院成立后会发挥哪些作用呢？一般而言，有以下几个方面：

（1）承担企业核心技术的开发或定向领域的关键产品研发。企业研究院扮演着推动创新的角色，特别是在企业的核心技术领域或战略性产品的研发过程中。如海康威视研究院通过连续的产品需求和技术研究，根据研发部门从一线得到的市场需求，实现了普通模拟摄像到数字摄像的转换，又从"看得见"向"看得清"（高清）提升，最后实现了"看得懂"的智能场景摄像头产品升级，一举完成了中国摄像设备从落后到先进再到领先的跨越，整个过程企业研究院和产品研发部门联手合作发挥了重要的作用。

（2）代表企业与外部上下游企业或研究机构合作，推动产业链优化。企业研究院作为企业与外部生态系统之间的桥梁，促进了战略性合作的建立。它能够协助企业与供应商、客户、合作伙伴和研究机构建立深度联系，共同推动产业链的协同优化。比如酒店的中台系统已经承载了信息中枢的功能，在中台的一端外联诸多的衍生功能系统，这些系统大多数是第三方合作伙伴的产品。一方面中台希望有更多的生态伙伴能够连接进来，另一方面与第三方进行合作、谈判、衔接也是一项比较繁复的工作，此时由研究院代表企业与这些第三方机构发生合作关系的好处就显现出来了，价格策略统一、接口技术一致性乃至对外联络团队稳定都会使彼此的效率有极大的提升。

（3）为企业的决策层提供智力支持和参考方案，帮助企业战略实施落地。企业研究院充当智囊团，为企业高层提供关键信息和智力支持。通过市场分析、技术评估和趋势研究，研究院能够为企业决策制定提供实质性的参考方案。这有助于企业明智地规划和实施战略，确保战略目标的成功实现。

（4）为企业培养、吸纳、储存更多的研究人才。企业研究院不仅是技术创新的发源地，还是吸纳和培养研究人才的温床。它可以提供专家、工程师和研究人员所需的创新环境和资源。这有助于中小企业吸引和保留高素质的人才，提高研发团队的质量和创新能力。研究院还可以储存公司内部的知识和专业技能，发挥内部技术人员的能量，确保知识的传承和积累。

以上功能自然也可以由原有的研发部门承担，但两者比较由研究院来做更自然、更高效。

企业研究院在未来科技公司的战略和创新过程中扮演了关键角色，它将有助于为酒旅业数字化转型和创新提供可持续的新动力，为数字酒店向 2.0 升级提供新平台，有其深潜的价值。企业研究院也需要大量资源支撑，功耗甚大。有此意向者必基于企业内部发展需求，不宜仅出于追求政策利益、时尚趋势等轻率为之。

场景十九

高端酒店数字化破局

中国高端酒店的发展令人炫目，宛如在时光长河中跋涉三十多年的行者，足迹所至，风景无限，故事纷繁。

数字化的潮流涌现，破茧蝶变，用心灵去触摸大时代的脉搏；智能化的场景创新，凤凰涅槃，用智慧来重塑客人的新体验。

固有的藩篱，挡不住酒旅人数字化跨越边界的飞翔；包容的胸怀，能接纳数字原生代消费浪潮的拍打。

高端酒店在数字化加持下，让技术褪去“冰冷”色彩，绽放出人性的暖花；用场景改善客人的体验，编织起璀璨的主题；用思考提升深邃的内涵，串联起传统与创新。

高端数字化破局，就在当下，就在您的手里。

回眸一望三十年

来路蜿蜒六巨变

误区和困惑

破局的思考

五个转型和五项创新

回眸一望三十年

我国的高端酒店由来已久，不过它真正迎来蓬勃的发展机遇是在改革开放之后，特别是国家为促进旅游业的发展，1982 年 8 月成立了国家旅游局，并于 1988 年 8 月起开展了历经四轮的旅游饭店星级标准的修订和持续的评定，极大地刺激了高端酒店的发展，并使旅游高端酒店所倡导的生活方式成为当时的时尚和行业标准——无论在酒店物业还是在酒店管理和接待流程等方面。

中国的高端酒店在三十多年的发展中，形成了自己的特色和发展规律。回眸一望，现在的高端酒店与当初的情况已经不可同日而语。进入数字化时代，我们的经理人在管理和经营高端酒店时，那些变化的特征和新的特点无不成为激励我们调整管理行为的依据和动力。

高端酒店究竟发生了哪些变化？这些变化对进入数字时代的高端酒店经营、管理和营销有哪些影响？未来几年，中国高端酒店的数字化之路何在？

来路蜿蜒六巨变

一是酒店规模。中国高端酒店的市场规模和发展速度都是世界上同类市场中最大和最快的。相关统计数据显示，2022 年年底我国四、五星级高端酒店的数量已达到 3068 家，房间数量达到 70.49 万间。与 2005 年相比，分别增长了 2.53 倍和 2.27 倍。中国作为单体市场，高端酒店超过了酒店业发达的美国。这期间，中国的 GDP 从 18.7 万亿元增长到 121 万亿元，国民人均可支配收入从 10493 元增长到 36883 元，是各类酒店和品牌的快速增长的根本原因。

图 15　本书作者与上海中心 J 酒店高管讨论数字化转型（2023 年 8 月）

二是客人结构。20 世纪 90 年代初，国内高端酒店的客人以外国游客和商务人士为主。而现在，国内客源逐渐增多，涵盖了更广泛的客户群体，包括商务、会议、休闲和家庭旅行，这一特点在疫情三年后尤为明显。数字原生代正成为许多高端酒店的主体客源，他们对数字化生活方式有着先天的亲和力。

三是服务定位。从以前的“五星级”酒店注重标准化的服务到现在更注重个性化、定制化的服务。高端酒店在提供奢华服务的同时，也更注重为客户创造独特的体验。

四是产品特性。一改早期高端商务酒店端庄严肃的产品印象，现代高端酒店从原来的仅仅聚焦住宿、餐饮、会议、娱乐转而强调产品的多元性，传统的餐饮、SPA、娱乐等设施和服务也得到了极大的拓展。

五是营销方式。高端酒店的营销方式不再是单一的 Call Center/CRS，也不仅仅是借助 OTA，而是从传统的广告宣传、扫街逐渐转向了数字化和社交媒体。酒店通过移动互联网和社交平台与客户进行更紧密的互动。

六是信息化和数字化设施。高端酒店的信息化始于 20 世纪 80 年代，中国的高端酒店信息化以装备 PMS 和 POS 系统为起点。酒店的信息系统和设施一度追随着国际酒店集团的步伐，直到 2010 年前大多数国内酒店集团尚未配备自己的 CRS 系统，会员系统、收益管理也是凤毛麟角。然而随着 PC 互联网的迅速普及，国内OTA完成了由“水泥+鼠标”到线上销售的转变，极大促进了酒店业信息化的进步，特别是自2014年起中国已完全进入移动互联网时代。一大批酒店把Wi-Fi建设当作信息化的首选，移动支付已经在酒店应用中形成闭环，这一年中国酒店的信息化应用赶上甚至在某些方面超过了国际品牌酒店。此后的近10年，中国酒店信息化步伐加快，智能酒店概念进入酒店人的视野。无线网关、智能前台、智能房控、微信点餐、机器人在大多数高端酒店不同程度出现。数字化概念开始为高端酒店接受，但推行阻力依旧不小。

至此，我们再定义高端酒店，常常发现已经很难用传统的话语去描述它，国内的“星级”标准所框定的样式在这些新的高端酒店面前“黯然失色”。事实上眼前的高端酒店已经演变为新时代品质生活的载体、生活方式的展示、多功能的综合体、体验场景的空间。

误区和困惑

在此背景下，我们从整体上评估一下中国高端酒店在中国数字化建设潮流中所处的境遇和表现：

（1）三年疫情严重创伤了中国酒旅业，酒店数字化进程受到延迟，但发展的趋势没有改变，并随着酒旅市场的复苏有加快发展的势头，高端酒店概莫能外。

（2）中国酒旅业开始务实地关注数字化转型并积极探索，涌现出一批数字化转型的优秀实践，但大多数酒店没有跟上国家数字化部署的步伐，中国酒旅业的数字化与其他行业相比整体偏弱，高端酒店数字化进程慢于有限服务酒店。

（3）大多数高端酒店未把数字化产品的开发和推广当作提升核心竞争力和完善客人体验的重要步骤。对面向客人的数字化系统和产品的打造缺乏整体的规划和资金投入，同时存在数字化人才不足的因素，特别是高端酒店总经理的年龄平均在48岁，他们与主体客源的年龄有一个代差，在对待数字化的态度上有着不小的认知差距。

（4）中国高端酒店在数字营销、智慧客房、数字支付方面尚能勉强跟上社会潮流，但在进行其他数字化产品研发、应用场景创新、服务流程迭代、管理结构优化和数据资产的挖掘等方面的探索还刚刚起步。

形成如此局面的原因是多方面的，其中有些理论上的误区或思维上的困惑是阻碍高端酒店数字化进程的绊脚石。那么到底有哪些误区和困惑呢？

其一，数字化技术“冷冰冰”与高端酒店追求的“人对人”的温馨服务有文化冲突，这是存在于中外高端酒店圈的一个普遍的认知。数字技术与微笑脸庞下递过来的热毛巾相比确实温度不够，但其高效率和便捷性带来的也是一种优质服务。20 世纪 80 年代美国首先推出的 PMS-EECO，随后 HIS/FEDILO/OPERS 陆续进入中国高端酒店，一度都是高星级酒店的标配，它们并没有给高端酒店的温馨服务拖后腿。

南京金陵饭店是国内知名的高端酒店，冯华东是该酒店的 CIO。他说对这个问题“金陵”的视角是这样的：“温情待客服务一点也不能降低，但在客人看不见的地方，一定要用数智技术来代替人，即把简单重复的劳动交给机器去做，把一线员工的劳动力、创造力解放出来，给客人带来更加个性化、有温度的服务。”

外滩一家知名的奢华酒店引入了鹿马科技的智能“大掌柜”，实现了前台的移动化和隐形化，将 VIP 接待流程前置到机场、车站和码头，使客人从接机到入住房间一气呵成，免去了前台登记流程。这一创新既满足了政府对酒旅业治安管理的要求，又得到了客人和管理方的高度评价。

上海旅游协会饭店分会原会长，长期担任衡山集团副总裁、衡山宾馆总经理的黄铁民先生认为数字技术进入高端酒店是一种趋势，其应用场景的设计和创新是一个讲究的过程，有些需要员工直接提供的服务还是要坚持提供，比如 VIP 的迎送等，但大量在后场存在的重复繁重的工作确实可以由机器人和系统替代，比如安保的巡视、香氛的喷洒、地毯的自动清洁、行李的运送、对非法摄像头的监测等。他认为数字时代的总经理的能力应展现在对数字工具和系统的精妙应用上，而非简单地拒绝。

事实上，数字科技加持高端酒店非但不存在文化的冲突，反而为高端酒店极致的服务提供了可能。

酒店行业两大“顽疾”——一块抹布擦到底和客房黑视频偷窥，曾经困扰了我们行业许久。如今借助数字科技，一种装有特殊芯片的神奇抹布问世，用此抹布去擦规定范围以外的物品，立刻会在酒店管理 App 上报警；一款流动的黑视频流量探测仪也已问世，只要在酒店走廊里巡视一遍，就能探测出哪间房里有黑镜头。显然数字科技的护航，对高端酒店的客人隐私安全和卫生保障是加分的。

其二，还有为数不少经理人心中存有困惑：国外高端品牌酒店总部这几年在信息化、数字化应用方面并没有推出什么创新案例或标准迭代，按部就班跟随风险小，如今要进行数字化创新，中国酒店能行吗？

2023 年秋季，英国朗庭国际集团负责信息化的副总裁 Shrikant Shemoy 先生和 CIO—Perry Lai 先生到上海与我会面时告诉我，他们对中国酒店的数字化发展印象很深刻，此番中国行的目的就是想亲自体验国内的几家酒店智能化的应用，看看如何引入到朗庭的品牌建设中。我也听闻，有几个著名国际品牌酒店总部已将中国区酒店的数字化标准和创新的权限下放，原因就是看到了中国走在国际行业前列的现实。长江后浪推前浪，当时代将高端酒店数字化创新的大任施降到中国同人身上时，我们何必踌躇，昂首挺上去便是。

其三，有人担心数字技术成本高、应用场景少，与酒店面临的财务目标有矛盾，因而在具体的数字化项目投资上瞻前顾后，也是影响高端酒店数字化进程的一个因素。

数字化场景建设需要一定的资金是无可避讳的事实，但它是一种有价值回报的投资。一种共识已经形成：任何不能提高酒店效率的数字化都是“伪数字化”，但不能简单地理解为这种回报是一一对应的，有的时候这种回报是间接的、有时间的滞后性。在酒店装潢上一掷千金的豪情，取一份转投到数字化建设上，就能事半功倍。况且，现在酒店数字化应用已经呈现出“全链路、全场景、沉浸式”特点，住前、住中、住后，前场、后场，物业设施控制、数字营销、元宇宙、区块链等，有广阔的用武之地。这些新场景的数字化将使客人的体验上升到史无前例的水平、使酒店的管理效率空前提高、使人力成本有效降低。高端酒店把后场员工降下来，用到前场去，服务质量提高，温馨依旧，人房比降低，财务指标漂亮，这不正是我们孜孜以求的吗？

所以结论是，数字化的投入应该成为今后高端酒店实现积极的财务目标和企业价值的有效路径。

破局的思考

中国高端酒店的经理人应该意识到，一个由中国酒店业引领国际同行创造数字化应用场景、系统、工具、标准的时代已经来临，这是中国酒店业对国际同业实现弯道超车的最佳机遇，是历史赋予我们的使命。

如何实现高端酒店的数字化破局，是我们必须深思熟虑的问题。

我认为，对这个问题的破解必须有一个高度，就是不能把酒店数字化看作是一个纯粹的技术问题，以为撒些钱、买几套系统、做几个项目就可以实现。

数字化过程是传统酒店业深度融合和颠覆相结合的一种变革。从企业领导力角度出发，这是一个“一把手”工程，具有话语权的一把手的重视程度决定着高端酒店数字化的成败和价值。

五个转型和五项创新

就事论事而言，高端酒店的数字化要实现“五个转型”：

一是领导力转型。把数字化场景创新、产品和工作流程创新、内部组织架构创新等作为战略核心。

二是全方位体验转型。投资面向客人的数字化体验系统（如以人工智能、元宇宙、区块链、机器人、物联网、虚拟场景等为技术构建的体验系统和场景），让数字化系统提供全面的、崭新的住客体验。

三是数据管理形态转型。酒店成为基于信息和数据的企业，数字产品和数据资产比例大幅提升。

四是运营模式转型。酒店接近半数的收入来自线上和数字（数据）产品。

五是工作资源转型。超过三成的工作外包给具有独特技能的第三方（图 16）。

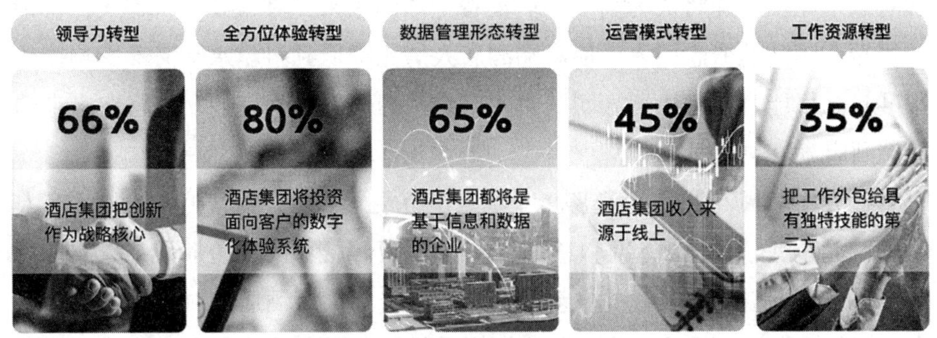

图 16　高端酒店数字化的 5 个转型

这 5 个转型既适用于高端酒店集团，也适用于单体高端酒店；既适用于传统高端酒店（集团）的转型，也适用于新建高端酒店（集团）的数字化创新。

根据我长期跟踪国内其他行业数字化进程和与国际、国内高端酒店（集团）经理人，特别是 CIO 们的密切接触，以及对当今影响酒店数字化建设的各项新兴技术的研究，我建议高端酒店数字化可以从以下应用场景进行创新破局：

（1）智能前台。前台移动化、隐形化，让 VIP 客人感受更尊贵的服务。这是一个 2C 的场景，具有直接影响客户体验的效果。前台“移动化和隐形化”设计将使大堂格局和气氛演变得更加自由和温馨，其流程简捷至 2~3 步、时长缩短至 30 秒以内。对未带身份证等证件的旅客也能顺利办理入住手续。因为具有移动性，酒店“金钥匙”在各种迎宾环境可以将入住手续悄无声息地完成，直至将客人送入客房。这种智能前台对高端酒店的 VVIP 尤其适合。它同样适合高端的度假酒店、康养酒店。在客人波次抵达酒店时，服务员可手持移动设备抵近客人进行贴身服务，安静、快速、温馨，因而大到欢迎。

（2）机器人服务。机器人团队成为高端酒店重要劳力组成，成本大幅下降，人房比趋于合理、科学。高端酒店可坚持接待、送物、门童等场景的高品质真人服务，但对地毯清洁、安全巡视、黑镜头监测、香氛（消毒）喷洒、面档、调酒等场景完全可以用机器人来执行。一方面不影响高端酒店温馨氛围，另一方面减轻员工劳动强度，提高工作效率，同时还能平添几分科技感，这对数字原生代即将成为高端酒店消费主体的未来尤其重要。机器人，特别是机器人团队的概念引入，使高端酒店人房比降低到科学水平又不影响接待水准具有可能。谁将机器人团队真正组合进酒店的人力资源，谁将在未来的高端酒店竞争中占据主动。

（3）数字酒店 2.0。全链路、全场景、沉浸式创新，让智控系统更懂客人的心，更好执行管理方标准和意图。数字酒店目前还处在 1.0 阶段，以实现对窗帘、灯光、空调、电视的自动控制为主。未来高端酒店的“智能客控”将向 2.0 阶段升级，即系统采用大量的传感器、运用大数据和人工智能，能在客控中体现客人的主观意念和酒店管理的要求。比如，能根据冬夏阳光智能调节的窗帘；能依据温度、湿度、人员密集状态智能提供最佳舒适度的空调、能依据室外天气光线智能控制的灯控系统、无人智控车库等。这些智控系统在人工智能大模型的加持下将全场景地在高端酒店里率先实现，成为新空间的数字管家。

（4）数据资产开发与挖掘。一方面，数据资产的挖掘是高端酒店数字化创新的必然过程，它客观上会大幅增加酒店的价值。例如，酒店研发出符合本企业的某个管理模型——如“预订客人 No show 预测模型”，可以结合启用“智能语音前台”与相关客人进行联络，提高客人到店率，这个模型就是有价值的数据资产。另一方面，有些高端酒店保存了许多名人字画，如锦江酒店集团所属酒店就保存有大量有价值的各类墨宝、文物；有些酒店具有特别的景观或 IP，如上海中心 J 酒店的“上天视角”和上海国际饭店“市中心零距离”地标之类，可以制作成“数字藏品”，结合线上营销进行发售或赠予。这些数据资产不仅增值空间很大，而且会给“数字原生代”属性的客人一种住店新体验。这是用数字化方法把以体验为目的的年轻客人们由“头回客”变成“回头客”最有效的方法。

（5）积极采用 AGI 大模型。用人工智能来创造一款“数字 GM（数字总经理）”，用智能系统的能力体现高端酒店的优质管理的一致性，以此替代大量不规范、随意性的低层次管理行为。这是高端连锁酒店集团为适应高速发展但高级管理人才短缺而采取的有效措施。

AGI 大模型是指具备人工智能的通用机器学习模型，现在除了 ChatGPT 之外，国内也有许多好用的大模型提供 API 服务。高端酒店应用时只需将此类模型进行酒店专业内容的训练，就可以“培养”出一款实用的系统。

我希望“数字 GM”具有高端酒店经理人具备的一切知识，又有灵敏采集酒店运营时一切影响客人感受和酒店管理目标的内外部数据的能力，能够用大数据搭建的各种模型和 AI 算法及时调整各系统控制参数，联通各层次管理人员和员工及机器人团队，通过智能驱动工单，实现对高端酒店的基础管理。初级阶段，这种“数字 GM”是一种辅助决策，下一阶段，则是一种深度的高端酒店智能总控系统。

以上高端酒店数字化破局点仅是例举并非全部，其他还有“低碳战略”和 ESG 推行过程中数字化的应用等等。

需要指出的是，破局是开路，是为打开局面而寻找的突破口。高端酒店的数字化掌门人可以从我推荐的破局点入手，但更要有酒店数字化的全局观及步骤，一个好的路径是按照《数字酒店运营服务规范》团体标准的要求推进，这是一部具有酒店数字化建设全局性的指导文献。

还应指出的是，对于高端酒店集团和高端单体酒店来说，集团与集团、酒店与酒店之间在数字化过程中应该依据自身的特点、资源和目标进行个性化的设计，实事求是而不必拘泥行事。

在中国酒旅业的数字化进程中，高端酒店具有资金充足、场景丰富、人才较多、品牌影响大的优势，理应站在行业的前头，为实现国家建设“数字中国”的宏伟战略和建设“数字酒店”的重任做出与行业地位相适应的贡献。

PART 3

酒旅数字化实践案例和圆桌对话

实践案例

酒旅企业数字化场景创新的理论非常重要，我们花费了大量篇幅去认识、研究它的内在逻辑和展开形式，然而与酒旅一线的实践相比，实践的价值更是无法代替。实践是检验理论的标准，在衡量酒旅数字化场景创新的效果中，依然有效。

酒旅行业企业有几十万家，以集团作为核算单位有上百家，在蓬勃开展的数字化转型和创新中，有大量是以品牌为单位进行的，其数量成百上千。

尽管我长期与酒旅集团企业 CIO、CTO 等高管近距离接触，比较了解他们在数字化实践中的关注热点和痛点，以及他们对一些重点数字化系统的评估意见；也相对熟悉酒旅数字科技行业位处头部的企业产品和研发重点，但要在数量众多的实践中选出优秀的案例也是一件不容易的事，也无法避免一些主观性，只能在有限的视野范围内尽量客观地挑选一些实践案例进行解析，这并非权威推荐，个人管窥蠡测而已，仅供参考。

1. 实施数字化大战略落地数字化大项目

截至 2022 年年底，锦江酒店集团投资和管理的酒店规模超过 12000 家，分布于世界 100 多个国家，客房数达到 127 万间，会员超过 1.9 亿，排名全球酒店集团 300 强第 2 位。

锦江酒店集团响应“一带一路”倡议，在“一带一路”沿线国家，布局超过 800 家酒店，客房数达到 12.6 万间。锦江立足优化资源配置，精心打造“丽笙锦江饭店”复合高端品牌，为全球消费者提供融合中西文化的高品质酒店服务。在“走出去”的同时，锦江加快“引进来”，将海外品牌引入中国市场，以市场规模的提升效应来促进价值链升级。截至 2022 年年底，锦江旗下卢浮和丽笙两大海外集团的品牌在中国的发展规模近 700 家，客房数达到 8.4 万间，未来 3~5 年还计划拓展 1200~1500 家。锦江酒店全系列品牌布局长三角区域 3 省 1 市、全域 41 个城市近 1800 家酒店，逾 19.4 万间客房；布局上海“五个新城”165 家酒店，逾 2 万间客房。

作为酒旅行业的领军企业、数字化建设的国企主力军，锦江酒店在会员生态建设、数据云网安全、数字化应用系统建设、全球采购平台以及面向客人的数字化产品落地方面进行了大量投入和场景创新。

（1）不断推进会员生态体系建设 2004 年以来，会员酒店间夜贡献率达到 65%；持续升级“锦江荟”App，打造酒店为核心的一站式预订平台。据平台数据实时显示，2024 年上半年 App 月活跃用户 230 万，同比增长超过 40%；提升会员积分价值，完善积分应用场景，1~4 月积分兑换率 28.4%，同比增长 4.5 倍，月均积分消耗超 4 亿，同比增长 3.3 倍。支持预订和使用积分兑换丽笙国内外酒店，截至 2024 年 5 月，线上可预订丽笙国内酒店 23 家，丽笙海外酒店 674 家。

（2）不断夯实云网安全基础。将国内企业的服务器全部迁移到华为云为主的公有云平台，依托公有云平台的计算、存储、网络、信息安全等方面的技术优势，统一集团的技术规范和标准，集中管理和运维 4700 多台服务器，基础架构的稳定性达到 99.95%，节约了近千万元的设备费用，2022 年度上海市网络安全专项检查中，在全市 38 家企业中排名第 6，国资委企业中排名第 2。

（3）建成人力资源管理、财务管理、资产管理应用系统。EHR 系统按照新的人事和薪资管理要求，锁定标准和流程，线上管理集团 2.7 万多员工的基本信息和薪资信息。建设业财中台系统，以标准化手册为基准，梳理 440 个业务流程，截至 2004 年 4 月底，财务共享中心 160 个员工服务 1240 多家直营店、2400 多家管理店、8900 多家加盟店，实现酒店收入核算自动化率 100%，总部直连开票自动化率 99%，银企直连支付率 98.8%。

（4）全球采购平台打造锦江酒店的“淘宝”商城。以用户服务为导向，全球 3 个服务中心，12 个区域办事处解决本地交付，提供线上一站式服务和最优成本提供筹建和改造服务，提升锦江酒店的核心竞争力。覆盖锦江酒店在营店 10000 家以上，筹开店 2000 家以上，其中丽笙海外酒店 472 家，覆盖 69 个国家。2023 年实现平台 GMV 国内 65 亿元，海外 40 亿元。

（5）推动面向客人的数字化产品创新。“智慧安防一体化管理平台”落地酒店 148 家，“AI 客服”落地酒店 188 家，“机器人服务”落地酒店逾 5000 家。锦江城市服务围绕服务全市重点区域建设，2024 年一季度入选上海市联合创新标准 1 项。锦江在线推进低温自动化冷库建设，实现低温冷库环境“货找人”的全过程自动化仓储、数字化分拣管理。（本案例由锦江酒店集团提供理论创新和实践支持。）

2. 用数字化重塑宾客体验

华住集团数字化转型的实践中，注重通过场景创新应对挑战，提升业务价值，实现高质量发展。华住把提升获客效率和管理运营效率当成酒店业务价值提升和持续发展的关键，努力实现“三低三多”的发展模式，即低成本、低能耗、低风险和多收益、多便利、多选择。

华住集团旗下的经济型酒店品牌海友 6.0，通过高效的数字化运营模式，进行了前瞻性的探索和实践。它通过简化流程、迭代商业模式，实现了极致性价比，为行业树立了新的标杆。在海友酒店上海江桥封浜地铁站店，办理入住、取客用品、洗衣、用餐、寄存行李、退房等传统服务流程已无需员工提供，都可通过自助服务实现，客人可享受高效无缝的服务体验。

华住海友 6.0 用数字技术构建“员工移动化、人机合一、任务中心”三大提效架构，实现了在保障客人体验的前提下尽量控制成本的目标。在海友酒店，若早餐库存不足，早餐柜会自动发出补货通知；若有数间房的客人同时发出送物请求，管理系统会同时触发送物机器人响应，无须员工干涉。这些都极大地减少了劳力投入。

图 17　华住集团海友 6.0 系统

华住集团 CTO 李杨东将此案例定义为“从全面的数字化向特定的小场景的智能化演进”。他在接受迈点网的一次采访中指出，“海友 6.0 是为规模化而研发的模型，要不断打磨，在每一家店里跑通跑稳，实现可复制”。海友在不影响客人住店体验的前提下，把酒店的人房比降到了 0.1。

在全季酒店 5.0 的场景中，华住别具匠心，大堂前台隐身设计，服务员移动为客人提供服务，客人置身大堂犹如进入自家客厅，气氛随意、温馨。全季 5.0 的大堂融合了浓郁的东方美学，茶空间、阅览桌、休憩席、艺术画作和大片的留白空间，给人轻松、自在的感觉。进入客房，依然简约大气，床边柜上方是智能控制面板，整合了一体式的插座，除了常用的两眼、三眼插口，还有 USB 接口。插座旁边配置了一款最新的墙面电话机，无需话筒，轻轻指压按钮，即可接通“智能前台”。这是一款智能语音电话，送物、咨询、投诉等能立刻全能处理。墙面电话旁边是一款智能控制面板，智控窗帘、空调、灯光。三款面板横向置放连成一体，给人友好、实用、科技的印象。全季 5.0 客房灯光大胆地舍去主灯，用 LED 灯的柔和与灯控的无极调控给客人多种自控的灯感，很受年轻客人的喜欢。

无论是经济型品牌海友 6.0，还是中高端商务品牌全季 5.0，华住均通过高效的数字化运营模式，进行了前瞻性的探索和实践。它用数字工具，通过永不停止的迭代，用心地为客人创新场景；它通过简化流程、转换传统商业模式，实现了极致性价比，为行业树立了新的标杆。（本案例由华住集团提供理论创新和实践支持。）

3. 站在人类店长背后的得力助手——“AI 数字店长”

许多酒店集团希望借助 LLM 大模型和企业私域数据，结合自身的管理实践，训练并培养人类店长的得力助手——“AI 数字店长”。目标是将酒店日常运营工作中 60% 重复、基础的工作交由“它”来完成，使门店管理者能有更多时间精力来处理剩下的 40% 的事务。这 40% 的事务涉及门店管理决策，处理难度高、利益纠缠深、情景复杂，须由经过培训的店长亲自处理。

首旅如家已经实现了这一目标，一款内嵌在首旅如家内部协同工具飞书内的酒店运营智能体“AI 数字店长”已正式交付门店管理者，成了一线店长的好帮手。

“AI 数字店长”集成了门店高频、重复的运营工作所需的门店经营数据、运营 SOP、市场行情数据、客诉点评等信息，以及对这些信息进行解析的各种智能工具。它像一位经验老到，又善于指导的“老法师”时刻跟随在一线店长身后，给予悉心的指导；很大程度上解决了由于“流动性大”“培训时间短”“对 SOP 熟悉度不够”造成的有限服务酒店普遍存在的一线店长“现场解决能力短缺”的软肋。

“AI 数字店长”主要通过以下模块将目标功能发挥出来：

（1）酒店经营日报，数据查询与交互：经营日报实时推送，提升门店管理层获取和分析实时经营数据的效率，及时发现和响应经营中的问题，提升决策质量。

（2）知识库查询及反馈：面向集团全员的智能问答系统，承载酒店日常运营公告及运营 SOP，通过对话形式向员工提供相关文档内容及出处，便于门店员工第一时间查询并自检；同时支持反向反馈，当无法查询到内容或内容出错时，将问题反馈至相关人员并及时补充或修正，深入提炼和萃取集团内部的显性和隐性知识，确保这些宝贵的知识资产得以有效保存和传承，为集团未来的智能化转型提供重要的数据资源。

（3）酒店智能文档辅助：该功能支持将冗长的文档或对话等信息进行总结，提高阅读效率；同时还可以运用大模型的基础文生文能力，通过对话生成门店管理层公告的内容，提高专业度、统一性，提升工作效率。

（4）客服语音质检：首旅如家客服团队平均单日处理 2000 通用户电话，人工抽检聊天记录需花费大量的时间且抽听案例有限，日常抽样量仅占总业务量的 0.5%~1%，且无法针对每通对话中的座席服务给出建议及应对话术。该功能可实现全量的服务抽检，并对每通聊天记录进行综合的服务评估并给出指导建议及应对话术，帮助座席提高服务技巧从而提高酒店用户满意度。

（5）AI 数据分析及预测：整合流量预测、调价预测能力，结合数据查询、处理和分析工具，如自然语言生成 SQL 查询、知识库搜索、代码生成与解析。以及复杂的思维链和反思机制，能够提供深入的洞察和预测，帮助优化决策过程，提高运营效率。

（6）运营 SOP-AI 考试宝典：“AI 数字店长”基于酒店运营 SOP 随机出题，定期推送给酒店员工完成答题，答题结果自动汇总并生成图表；员工利用碎片化时间完成对 SOP 的理解与掌握，提高门店日常运营管理一致性，同时也节约了总部人工抽检的人力成本，答题结果也为绩效评估提供依据。

（7）AI 点评拆分和自动回复：酒店员工每日需处理近万条宾客评论，消耗大量时间且回复内容同质化，难以体现酒店对宾客反馈的重视。“AI 数字店长”自动针对不同点评内容生成不同风格的回复建议，员工可直接复制回复或修改后回复；能极大提高员工工作效率，同时提高用户满意度。

“AI 数字店长”作为一个数字智能体，在首旅如家切切实实地承担起了管理的职责，成为酒旅集团数字化过程非常标志性的亮点。（本案例由首旅如家集团提供理论创新和实践支持。）

4. 数字“四重奏”演绎餐饮数字营销的美妙旋律

在山东济南，舜和酒店集团以“金钥匙”礼宾服务给客人和行业留下了深刻印象。它的特色餐饮也在数字化的加持下，在山东乃至全国享有盛誉。

舜和酒店拥有山东风味的各种美食，其中口碑极好的有“精品鲁菜”“舜和海鲜”“济南特色美食”等品牌。

舜和酒店在调和特色餐饮内在品质的同时，用数字化手段赋能其营销，通过“重构营销定位、重构产品定位、重构业务场景、重建数字平台”——“数字营销四重奏”，完成了舜和数字化全域营销矩阵的构建，快速有效地整合多平台信息和全渠道营销策略，精准掌握目标消费者的需求和偏好，实现了“舜和”品牌全域覆盖的市场推广，形成与其线下业务同样传神的数字营销“四重奏”。

“数字营销四重奏”其基本内涵是：

（1）传统营销重线下，舜和将其重构为“线上线下一体”的数字化营销。运用线上线下多样化的营销媒介，借助微信、小红书、抖音等，打通与客人之间的桥梁，突破时空束缚，为客人无缝提供线上线下服务体验，顺畅了舜和与客人间的良性互动。

（2）传统餐饮以产品为核心研发导向，舜和重构为“客人需求为导向”。运用大数据勾勒的客人画像，融合多渠道客人信息反馈，清晰掌握当下客人实在的需求，迭代升级舜和集团各酒店“房、餐、会、宴、新零售”等产品，以匹配数字原生代为主体的客人需求。

（3）重构业务新场景。开通“订客房、订餐饮、订会议、订婚宴、购商品”五大线上新业务，建立“公域增量拉新，私域存量复购，多重渠道获客，线上线下一体”的全新数字化业务场景。每周、每月搜索小红书、抖音、大众点评搜索热词，把热词转化为线下消费动能，用场景去做线上宣发，深耕16条新业务分销渠道，达到场景重构，场景吸客。

（4）重建“云”化新平台。舜和酒店通过升级数字系统，业务线上化趋势强劲。公域流量越来越贵，而餐饮业开展私域营销，将面临无法打通“数据孤岛”的困境。舜和将业务系统全面上云，同时，开放API接口连接各类直销、分销渠道，对内连接iPMS（客房运营系统）、iPOS（餐饮运营系统）、iProfile（客户档案系统）、iCRM（客户关系系统）、客必得餐饮营销系统等，形成完整的“舜和酒店集团全云软件体系架构”，保证了数据调取和应用的高效便捷。

“数字营销四重奏”催生了全新的“舜和CDP客户数据平台”，可实现全域数据的采集分析、明确清晰的客人画像、营销信息的精准触达、营销效果的系统评估。

CDP平台对接相关数据资源，采集自身数据（舜和官网、舜和微信公众号、小程序等）、第二方数据（企业内部数据、合作企业数据等），及第三方平台数据，帮助舜和获得全面丰富的客人数据。客人唯一ID被打上消费行为、喜好和特殊需求等多个维度标签，最终形成360全维度画像。根据营销活动策划，以客人标签为筛选条件，从数据资源池中过滤出目标人群，利用企业微信或其他触达方式，可有针对性地分层投放营销活动信息。

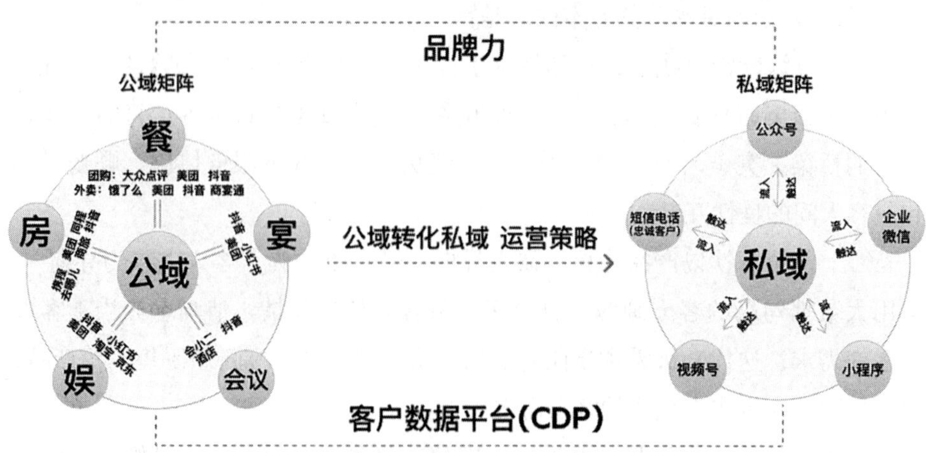

图18 舜和酒店数字化全域营销矩阵

2024 年 4 月，CDP 平台投入使用，针对舜和 70 万个具有唯一 ID 的客人，舜和酒店策划“老客户提频消费”活动，目的是填补“五一”过后餐饮小淡季，筛选 90~180 天没有消费的客户，从中筛选出企业微信直接触达客人 14244 位，带动 5—6 月 466 桌客户消费，带动实际交易额 48 万元。反之，ROI 达到 1∶24。舜和酒店集团以数字化营销形成特色，助推企业经营和效益及品牌价值的全面提升。（本案例由舜和酒店集团提供理论创新和实践支持。）

5. 多功能机器人的妙用及数字全服务方案

酒店数字化进入中场，OTA、PMS 等第一阶段的数字化实践，让酒店完成了对营销端、客流端、用户转化及黏性等信息流获取及信息化管理的基础设施建设。

下一阶段面临的挑战是酒店运营的数字化，其核心是解决运营管理中客户体验、服务反馈链路闭环问题，这要基于更全面的行动流展开。因此，解决用户需求和服务线上化的问题尤为重要。

由于酒店宾客本身就已经是一个数字化的行为体，酒店面临的服务需求不确定性、随机性更强，其从需求到响应、再到数字化的积累、挖掘，并对需求进行准确判断，需要数字化的智能体及时响应，并自动化、高标准地解决，以降低摩擦率、提升好感度。

让用户所有需求、服务 Allin 线上，将用户对服务请求的行为纳入数字化系统中，进行数字化的分析、执行、反馈处理同时实现宾客服务生命周期的闭环。

复合多功能机器人 UP 与数字化服务方案 HDOS（Hospitality Digital Opration System）一方面结合了 AI 大脑的算力，为需求提供智能决策支持以及处理复杂数据和逻辑；另一方面让具身智能通过与环境互动，执行物理任务。

C 端的服务需求可分为两类，一类是基于咨询为主的信息流，另一类是以服务为主的行动流。HDOS 通过感知（接触）、认知（判断）、决策、执行到反馈的每一个环节，让信息流可处理、行动流可执行，并转化为可分析、可处理的数据，进而优化决策并执行。

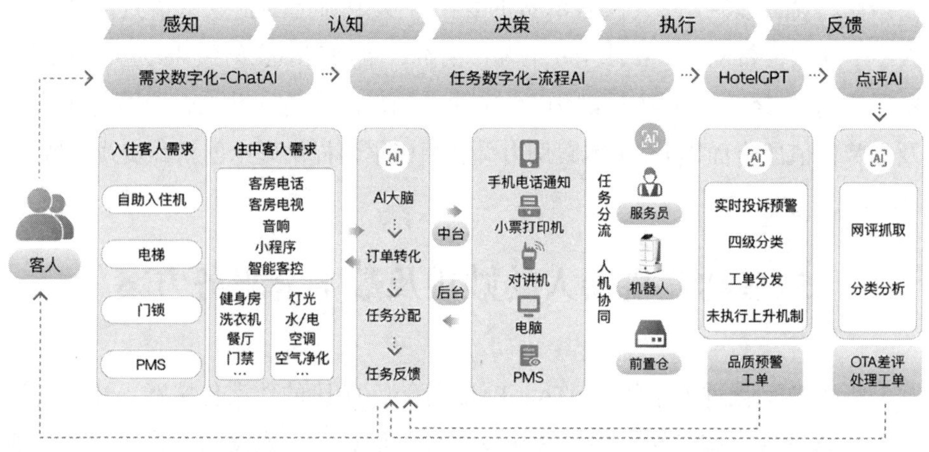

图 19　数字酒店运用 UP+HDOS 的流程链路

UP+HDOS 的流程链路环节和特点包括：

①让信息流需求直接调动系统本身的 AI 大脑，即 ChatAI 直接回答，无需人工参与。②让行动流需求直接调动复合多功能机器人 UP 使用工具（如送物舱、智能货柜、清洁舱等）自动化执行服务需求，无须人工参与。③当需要人工协调时，系统会明确转人工进行人机协同工作（如分单派单、客诉预警、HotelGPT）。

用户需求通过数字化分析后变得更精准，可大幅提高决策准确性和服务效率。执行数字化通过自动化执行任务，可以减少人为失误，降低摩擦系数，同时对反馈数字化提供有效的帮助。在这一过程中，AI+ 具身智能是数字化方案的最佳执行者，海量信息处理、实时反馈、多任务自动执行，提高效率，并通过 AI 学习和适应不断优化性能。

其中最重要的是保证信息流的畅通、行动流的线上化。

这需要酒店配合改变业务、服务流程，拥抱线上化的服务与运营。一方面，舍弃部分原有人参与的流程，相信机器人、相信系统可以独立完成；另一方面，增加原来没有人参与的流程，如响应工单的分配，培训员工用好 AI。

数字化不是最终目标，它是达成运营目标的手段。确立信息 + 营销一体的数据驱动的组织架构，有助于推行数字化经营，达成业绩目标。

酒店是数字化方案的最佳试验场。酒店数字化转型的核心驱动力是内生的需求，而“增收”“降本”“效率提升”和“满意度提升”是衡量酒店数字化成效的重要指标。

HDOS 系统在某酒店的服务数据显示，机器人月任务数超过 4000 次，其中有 800 条以上送物需求来自 AI 语音电话，占总电话需求的 80%。对酒店而言，HDOS 系统可以帮助酒店提供增值服务、增加非房收入；服务员运用机器人辅助工作，可减轻负担，提高工作质量、缩短服务响应时间。UP 机器人单日最高任务 180 次，平均节约 10~12 小时 / 天，相当于人效 1.25 人。对 C 端客户而言，获得及时准确的服务、潜在需求被满足的个性化服务，可提升满意度及好感度。机器人相关 OTA 评论带图率 35%，是平台带图评论率的 3.5 倍。

酒店性质正在发生改变，它不单纯是提供睡眠服务的空间。消费者需求的复杂多样、不确定性对酒店提出了更高挑战。

消费者自身具备数字化属性。尤其是以 Z 世代为代表的消费主力军，其需求多样复杂、对自身利益高度敏感，以及强烈的社交媒体的表达欲和批判精神，让酒店需要不断适应变化、优化服务。

硬件配套、区位条件形成的存量市场已不具备绝对的竞争优势，需回归“服务”本质，也就是管理服务精细化、差异化。数字化是解决传统酒店遗留问题的关键，也就是“用上帝之眼重新洞穿细节”，找到“盲区”，实现服务和管理的升级。

酒店数字化的深度发展趋势是“AI 化”，AI 技术已成为基本生产力。从初级的表层数字化到复杂的生成数字化，数字化正在向全面 AI 化进发，而大模型的加持让 AI 更显性了。科技的代差推动了时代的不可逆发展，任何一个行业掌握 AI 技术对于保持竞争力至关重要，酒店亦是如此。（本案例由云迹科技提供理论创新与实践支持。）

图 20　某酒店单月机器人服务任务数及 AI 智能语音客服承接情况

6. 多角色、多终端、多场景动态交互的前台数字化

数字化时代是消费者主权时代，消费者的需求要被“实时洞察，实时满足”，还要求“极致体验”。传统酒店服务业要做到消费者主权时代的要求，必须加速完成数字化转型，实现多角色、多终端、多场景动态交互的数字化服务。

传统酒店前台服务人员接待客人入住需要操作多套相互割裂的系统：①线上订单管理系统 E-booking；②酒店集团自己的渠道管理和中央预订系统

CRS；③酒店集团自己的会员管理系统 CRM；④酒店的物业管理系统 PMS；⑤公安的治安旅业管理系统 PSB；⑥酒店的收银系统 POS；⑦酒店的税务发票系统 BMS；⑧酒店管理门锁的 IoT 系统等。

前厅服务人员服务每一个客人，都需要依次手动去操作多套类似 Excel 表格界面的信息系统的多个字段，来完成信息登记和相关订单和服务内容，按 SOP 操作每一个动作，既不产生客户连接，也没有实质性的客户服务内容和体验。

酒店数字化场景应用设计可按以下原则进行：

（1）场景理解：找出具体场景中要达成的业务目标和解决的问题。

（2）场景设计：场景设计为实现场景目的服务，要解决用什么技术、产品和资源，打造什么产品和服务来实现场景目的的问题。

（3）场景适配：场景设计完成后，一定要深入真实场景应用中去适配应用环境，适配用户习惯，改善用户体验，让场景设计真正符合场景需求，支持场景目的实现。

采用先进的“SaaS+IoT”多终端多场景融合理念设计的数字化系统，升级改造之后的酒店前台体验：客人出示自己的证件或者预订信息，员工只需用一个手持或者桌面终端进行核验，就可以帮客人办好所有的入住及住中服务。这个过程中员工无需操作任何传统 ERP 类型的信息系统，服务过程可以自如地跟客人互动交流，介绍酒店的特色服务。交互过程中还可以引导客人用自己的手机了解和关注酒店的服务，无感地完成店与客的交互链接。

产品外在形态上的变化是“All in one”，内在的变化是按照业务目的解构又重构之后的业务流，业务流操作和交互方式发生了根本的变化。

SaaS+IoT（SaaS：Software as a Service），Software 是技术实现方式，Service 是业务流和服务，IOT 硬件是增强型交互工具。

酒店业“SaaS+IoT”承载的“多终端多场景”数字化应用产品如图 21 所示。

图 21 “SaaS+IoT”数字化应用产品示意

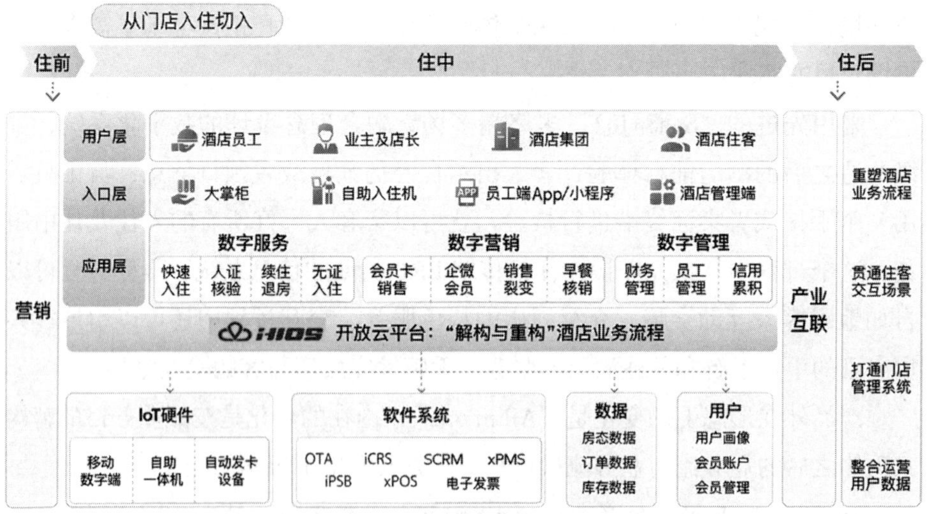

图 22 iHIOS 业务流程示意

iHIOS（Intelligent Hospitality Industry Operation System）是一个 SaaS 系统，目标是做一个智能的酒店产业操作系统，支持酒店行业的业务流重构，进而支持行业的数字化演进。该操作系统的主要特征：①承载业务流；②必须是全员应用；③必须有广泛的应用，规模大；④操作系统厂商必须有典型的应用 App；⑤操作系统必须有生态合作能力，开放性要好。

iHIOS 系统架构共有 5 层：适配层（Adapters）、连接效率管理层（Switch Managers）、核心业务层（Main Functions）、开放接口层（Open Api）、应用层（App layers）。

（1）适配层：iHIOS 的适配层主动连接了 TOP 酒店集团的 CRS、PMS、CRM、POS、BMS、门锁等支撑系统，连接了为散店和中小集团提供支撑系统的 TOP PMS 厂商，连接了主要 OTA 线上渠道，连接了 TOP 门锁厂商的制卡系统，连接了公安和出入境的身份证和护照识别系统，还广泛适配各种各样的 Android 终端。简而言之，iHIOS 的适配层广泛连接了业界各种需要主动去集成和连接的合作伙伴，以达成支撑业务流的目的，同时 iHIOS 还给出了自己推荐的最优组合供新建酒店选择。

（2）连接效率管理层：梳理了各种复杂连接，制定核心业务模块调用适配层接口的规则和交互质量要求，确保每个业务流都高效地运转。

（3）核心业务层：按照业务流目的，模块化设计和构建了数字服务、数字营销、数字管理三个大模块和多个微应用架构的功能模块。核心业务层把各功能模块化设计，并以微应用的方式部署，方便应用层灵活调用。

（4）开放接口层：灵活支持各种各样的应用调用核心业务层的功能模块来实现业务目标，无须穿透到适配层去跟酒店传统的 ERP 系统做交互。开放接口层承载了 iHIOS 的生态开放功能，使得关联行业和生态合作伙伴可以规范化、标准化地跟酒店行业产业互联，共创共赢。

（5）应用层 App：鹿马科技设计实现的大掌柜、快易住、自助机、员工端小程序和小掌柜 App、酒店管理端 App，都是面向不同角色，按照“多角色，多终端，多场景动态交互服务”的原则设计的主流应用，这些应用同样也是调用 Open Api 跟核心业务层交互。

多角色，多终端，多场景动态交互的数字化系统是标准化的工具。酒店从业人员通过应用工具就能完成数字化转型和数字化赋能。它以 AIOT 的形式出现，既“有形”——让客户容易形成明确的认知，有获得感，容易理解和接受，又“有型”——ID 外观和颜值也是客户选择工具的核心要素之一，好看又好用会对工具的普及起到很大帮助。任何一次技术革命都是以新工具的普及应用来达成的，产业数字化也一定会以这种方式实现。（本案例由鹿马科技提供理论创新与实践支持。）

7. AI 增强的 CMDB——管住管好酒店资产

在现代酒店业，连锁酒店集团面临着管理海量资产和提供高质量客户服务的双重压力。某知名连锁酒店集团，拥有 2900 多家酒店和超过 35 万台设备，包括网络设备、客控产品等等。这些设备的高效管理和维护，直接关系到酒店运营效率和顾客体验。传统的手动管理方式不仅效率低下，还容易导致设备维护不及时，影响正常运营。随着数字化在酒店行业的逐步推进，作为数据底座的庞大的物联网设备的正常运行，对酒店信息部门及相关服务伙伴构成了一个巨大的挑战。

AI 增强的配置管理数据库系统（Configuration Management Database，以下简称 CMDB）系统能够实时监控设备状态，根据设备的使用频率和运行效率自动调整维护周期和资源分配，确保资源在需要时得到最有效的利用。同时还可以允许运营人员与系统进行对话式交互。利用图谱增强的 RAG agent 提供的知识检索、数据支持和自动处理功能，还能简化运营人员的操作复杂度。

CMDB 是一种基于 ITIL（IT 基础架构库）框架下的关键组件。引入 CMDB，酒店集团可以实现资产信息的集中管理和实时更新，从而优化设备维护流程，提高运营效率，并为 AI 智能运营奠定了基础。通过与现有运营系统的整合，包括 AIOT 自动监控管理系统，自动化部署工具等，能够系统化地管理酒店集团的所有资产和配置项，做到设备的自识别、自管理、自审计。

CMDB 通过 AI 技术加持，可以自动识别和分类配置项（CIs），通过机器学习算法自动提取和更新资产信息，减少手动输入错误，确保数据的准确性和时效性；利用大量的历史运营运维数据和实时监控信息，AI 可以预测 IT 组件的故障趋势，提前发出预警，支持预防性维护策略，确保运营的稳定和持续；AI 可以自动发现和绘制 IT 组件间的复杂依赖关系，减少手动配置的负担，提高变更管理的效率和准确性；通过 AI 分析，快速识别故障或变更对业务服务的潜在影响，支持更快的故障定位和更精准的决策制定；用户可以通过自然语言与连接了 CMDB 的 RAG agent 进行交互，提出复杂查询，该 agent 能够理解用户意图并执行最为匹配的工作流。Agent 驱动的工作流可以根据事件触发自动执行配置更改、故障响应等任务，提高运维自动化水平。

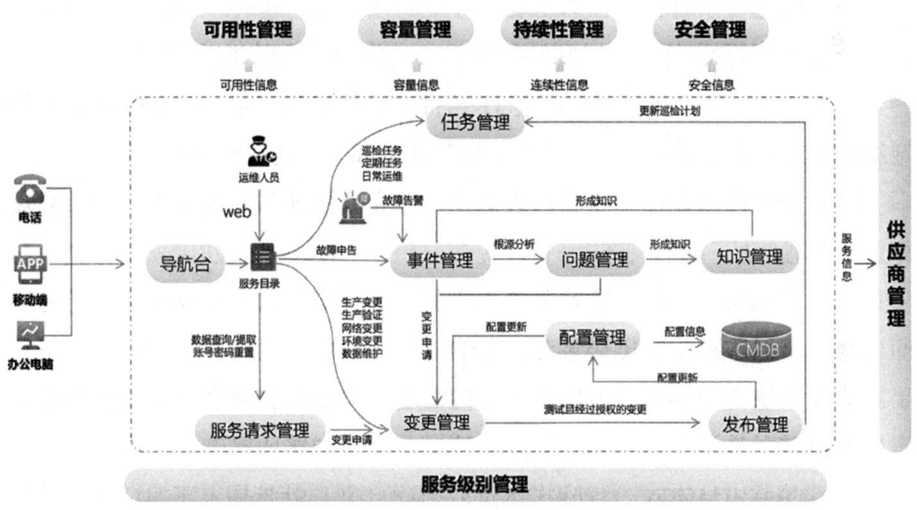

图 23　CMDB 系统在门店设备管理中的应用流程

实施过程中，酒店集团首先对现有设备进行全面的资产盘点，确保所有设备信息准确无误地录入 CMDB 系统。然后，系统对这些资产信息进行分类和标识，每个设备都拥有独特的二维码标签。运营服务人员通过扫描二维码，即可便捷查看设备的详细信息，包括型号、位置、维护历史等。

在 CMDB 系统的支持下，酒店集团还建立了自动计算和提醒功能。系统能够根据设备的服务合同和维护周期，自动计算并提醒相关人员设备的维保到期时间，确保设备维护及时，减少故障发生。通过这种方式，帮助酒店集团大幅提升了设备管理的效率和准确性。

CMDB 系统给酒店集团带来了显著的效益，主要表现在以下几点：

（1）资产跟踪与管理：连锁酒店通常拥有众多分店，每个分店都配备有

IT 设备。CMDB 能集中记录和追踪这些资产的详细信息，包括位置、型号、序列号、保修期、供应商信息等，有助于资产盘点和生命周期管理。

（2）环境一致性：确保所有酒店的 IT 环境（操作系统版本、软件配置、安全设置等）保持一致，减少因环境不统一导致的服务故障和客户体验问题。

（3）变更管理：支持酒店 IT 基础设施的变更管理流程，记录每一次变更的详情，包括谁发起、何时发生、影响范围等，便于回溯和审计。

（4）问题与事故管理：当出现服务中断或性能问题时，CMDB 能快速提供受影响资产的关联信息，帮助运营团队定位问题根源，加速恢复服务。

（5）服务影响分析：通过映射 IT 组件之间的依赖关系，CMDB 能预测特定组件故障对业务服务的影响，支持风险评估和业务连续性规划。

（6）合规性与审计：帮助酒店遵守行业安全标准和法规要求，记录合规相关的配置信息，便于定期审计。

基于 CMDB 的 AI 增强运维体系的上线，一线工程师对现场资源能有全面可视化了解，能提高故障定位及处理能力。同时，将事件工单与 AI 通过人工或监控系统自动绑定，为后续问题的发现及大面积突发事件的预警提供了有力帮助。

AI 引擎将 CMDB 作为知识图谱的一部分，可以将资源、工单、手册等融会贯通，精准快速地为运营人员提供帮助，甚至可以调用 RPA 做快速操作，保障运营的正常运转。现阶段在事件工单量稳定的情况下，工单平均处理时长能从 7.3 分钟降到 7.1 分钟，监控工单自动化处理率能从原先的 3% 增加到 7%。

随着数字化转型的深入，更多的企业将意识到资产管理系统的重要性。CMDB 系统作为一种成熟的解决方案，能够在不同规模和行业的企业中发挥重要作用。未来，结合物联网和人工智能技术的 CMDB 系统，将具备更强大的数据分析和预测能力，为企业提供更精准的设备管理和运营建议。（本案例由辉驿科技提供理论创新与实践支持。）

8.“酒店差评‘转’好评”的酒旅全流程客户体验管理体系

一位客人入住了香港的一家五星级酒店，恰逢降温，晚上回酒店时发现被子有点薄，于是把空调调到了 24℃、结果第二天早上客人被冻醒，一看房间温度还是 20℃，然后打电话问酒店是不是没暖气，酒店反馈需要员工到房间才能开启暖气。随后酒店员工操作后，客人还是向酒店要了一床厚被子，酒店也按需提供了。

几天后，酒店收到了来自这位客人的差评，了解后才发现，原来当时虽已满足了客人的需求，但客人却因冻了一晚上而感冒生病了。

差评原因分析

一是滞后性管理差评：直到产生了差评，酒店的中高层才知晓客人的住中需求，无法在住中为员工提供有效的服务指导。

二是被动式提供服务：降温及可能带来的需求，酒店应根据过往数据洞察，预判并提前安排服务预案和措施。

解决之道：全流程客户体验管理体系（CEM）

华客 CEM 提供的是全渠道、全旅程、全体验、全专家的客户体验服务管理矩阵，包括数据采集技术和问卷、旅程体验店分析模型、舆情管理、全面智能质检、工单服务等，用数据勾画客户体验，识别关键客户情绪，精准量化客户价值。

接入携程等渠道的点评数据，一站式高效管理点评；借助 AI 大模型提高点评回复效率和质量。

（1）服务管理前置化。将舆情管理前置到住中，对可能产生差评的客诉，实时预警给酒店应知人员，酒店抓住客人在店的黄金时间，及时行动，进行服务补救、情绪安抚，避免差评，收获好评。

（2）服务管理主动化。复盘住中和住后的客人反馈数据、内容，形成以“客人为中心”的动态“客户体验旅程地图”，从后服务进化到先服务。

（3）质检工作数字化。将原有的质检表格、评分方式、负责门店 / 部门导入质检系统，设置任务时间，到期自动派发任务，自动统计结果，自动汇总不合格项。住中和住后的客人反馈，也可用于优化质检任务。

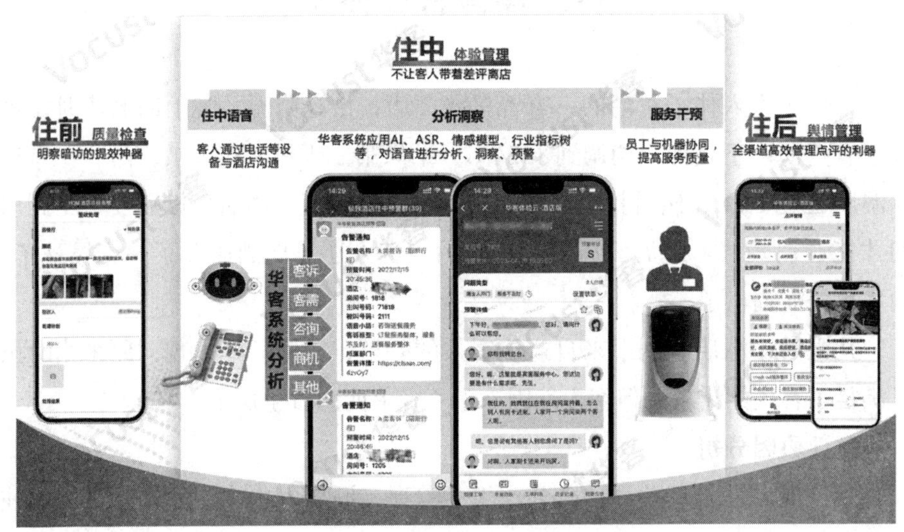

图 24　舆情管理系统示意

使用案例和效果

案例 1：广东某酒店集团开展“2023 服务品质专项提升活动”，在强化服务品质专项工作的同时，还引入了舆情管理系统。引入前，Q1—Q2 的好评率和回复率在各成员店正常管控下平缓提升；引入后，好评率和回复率在 Q2—Q3 陡然上升，差评回复率从开展专项活动前的 73.55% 提升至 90.27%，经过近 4 个月的线上舆情管理协同督导，20 多家成员店整体点评管理进入稳定期。

案例 2：四川某五星级酒店，客人到店无房，打电话到平台投诉，平台打电话给酒店核实，恰好接电话的前台是新员工，不熟悉处理流程和应对话术（酒店当时还有其他房型可更换），这通电话被本系统判定为 A 类预警（即高差评风险客诉），预警通知到运营总监，运营总监立即介入处理，回电平台，最终安抚好了客人，顺利入住，避免了被平台处罚的风险和损失。

案例 3：杭州某四星级酒店，在住后差评中经常被提及房间有异味，但酒店原来的解决办法也就是通通风，无法从根本上解决问题，差评依然存在。上线 CEM 体验云后，借助“设施投诉分布图”，酒店很快定位到了原来是房间马桶的密封圈有问题，工程部立即着手整改，此后 1 个月，未见类似差评发生（图 25）。

图 25　CEM 体验云系统示意

案例 4：上海某五星级酒店（客房 500 间以上），上线 CEM 体验云系统一个月后，通过系统数据洞察发现：客人需求矿泉水的电话一共 875 通，由于送水不及时等原因，其中 60 通升级为客诉。经过调整，酒店在每个房间多放了 2 瓶水。次月，矿泉水的需求减少到个位数，客诉为 0。这不仅提高了客人的满意度，还节约了酒店的人力、电力成本，降低了能耗，促进了可持续发展。

全流程客户体验管理体系运用效果

住后点评，是酒店和客人都看得到的服务质量结果数据，点评少 0.1 分，酒店营收每年损失 5%~10%。

住中反馈，是酒店很难全面看到且数量庞大的客户之声数据。事实上，70% 的差评，在住中都曾被客人反馈过。

CEM 体验云系统，全流程采集客户反馈声音，全场景应用数据洞察结果，赋能酒店将“人+系统”高效结合，不断优化SOP和人员培训，共同提升宾客体验和服务质量，共建酒店数字化生态圈，提升酒店价值。（本案例由华客信息科技提供理论创新与实践支持。）

9. 广受酒店青睐的数字智能光控

在酒店经营中，主要会产生两类消耗，一是日常消耗，二是设施设备运行中的能源消耗，后者占比更大。根据酒店历史能耗数据，通常能耗费用可达主要费用的8%~15%，行业里有成本“黑洞”的说法。显然，节能降耗是降低成本的有效途径。

河南熙畔丽呈酒店采用的奥莱维蓝牙Mesh直连方案，为酒店带来了全面的智能化升级。

智能音箱作为网关，客人能轻松地通过语音控制各种设备，还可以实现与其他智能设备的互联互通。客房内灯光、窗帘、空调、音箱全能按照客人需求无级调控，室内环境不再千篇一律。除了客房外，蓝牙Mesh直连方案还为大堂、走廊等公共区域提供了特别调光功能（图26）。通过智能调光系统，酒店可以根据不同时间段和场景需求，自动调节公共区域的灯光亮度和色温，有效节能，减少运营成本。

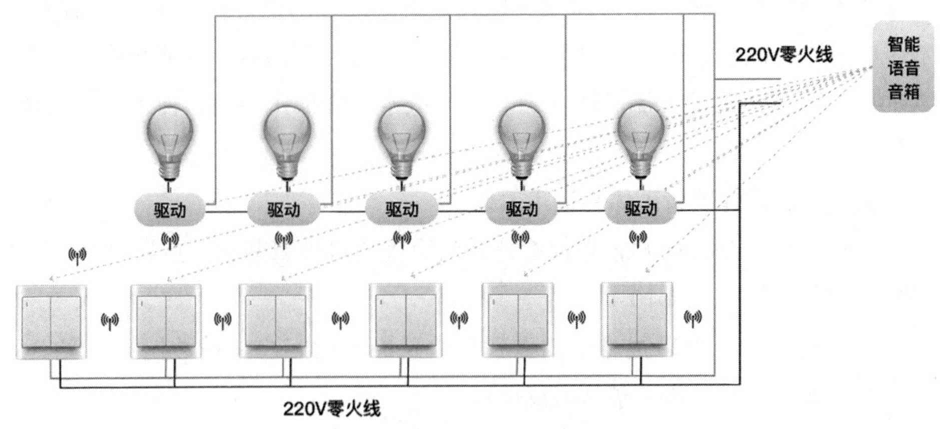

图26 蓝牙Mesh直连方案示意

在方案实施前，方案实施者会与酒店对接设计图纸并对酒店现有网络和常供电进行评估，确保能够支持方案稳定运行。

实施过程中，在每个需要实现智能联动的房间内安装智能设备，如智能音箱、智能窗帘、智能灯具等。为了满足智慧场景使用要求，一些设备需要常供电：例如小度语音音箱、路由器或交换机、窗帘电机；需要配置网络环境：Wi-Fi 不接受上网验证，而且必须保持常供电状态；所有智能设备连接到同一个网络中，实现信息的互相传递和共享；进行设备间的联动配置，如设置语音控制指令、定义设备间的交互规则等；对已安装的智能设备进行功能测试，确保每个设备都能正常工作并响应控制指令；最后还要对酒店员工进行培训，让他们了解如何使用和维护智能客控系统（图 27）。

方案实施者要建立完善的维护体系，包括定期检查设备状态、更新软件版本等，确保系统的稳定运行。

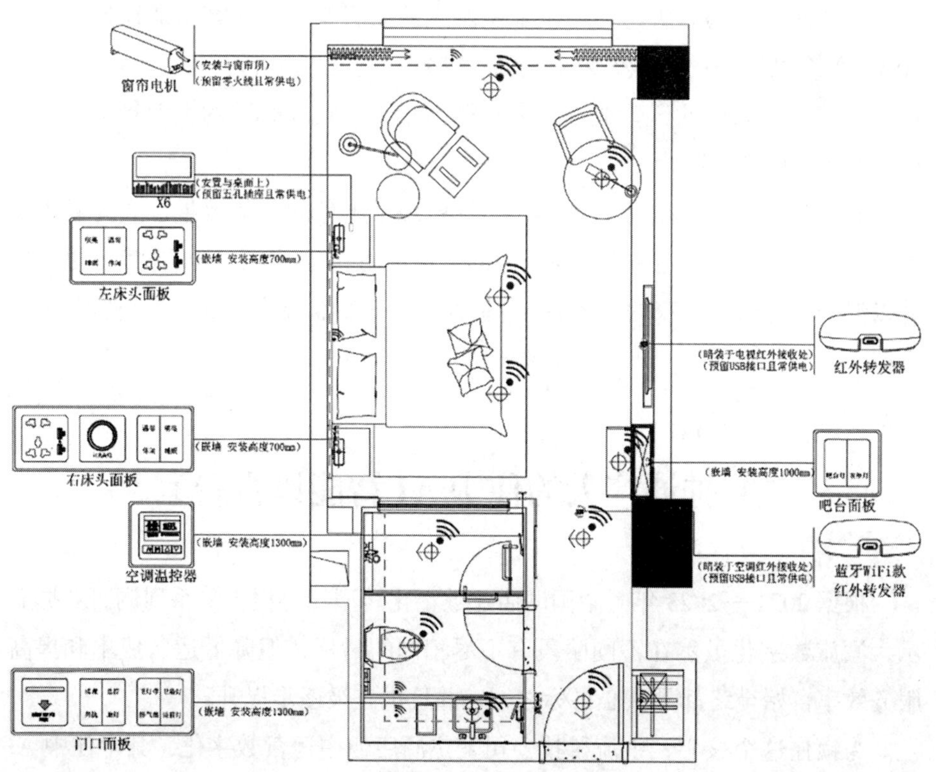

图 27　数字智能光控实施示意

案例实施效果：

（1）提升客户体验：智能调光系统可以根据客人的需求和环境变化自动调节灯光亮度和色温，提供舒适的照明环境。客人可以通过控制面板或手机App轻松调节灯光，享受个性化的照明体验。

（2）节能环保：可以根据实际需求调节灯光亮度，避免不必要的能源浪费。同时，采用高效节能的智能灯具，进一步降低能耗，节能减排。

（3）延长设备寿命：智能调光系统可以实现灯具的软启动和软关断，避免电流冲击对灯具造成的损害。低工作电压和低故障率降低了设备的维护成本也能延长设备的使用寿命。

该项目在初期投资上比未做调光的酒店稍高，但因为施工成本节省、智能灯的优势以及长期运营中的节能效果，项目综合成本与未做调光的酒店大致相同。随着使用时间的积累，智慧照明的优势越来越明显。

做智能调光的酒店与另一家未做调光的酒店相比，其客房能耗显著减少30%，而公共区域的节能效果更是高达70%，每年能为酒店节省电费数万元，极大地降低了酒店的运营成本。在贯彻国家“双碳战略”的大背景下，这无疑具有重要的意义。

通过智能化的精确照明控制，不仅展现了出色的节能效果，成为酒店节能降耗的有效手段，还体现了对资源的合理利用和对环境的友好态度，更给住客以温馨、舒适、如家的好体验。（本案例由奥莱维科技提供理论创新和实践支持。）

10. 神通广大的住中AI智能语音管家

根据2021—2023年《中国酒店业数字化转型趋势报告》系列调研数据显示，酒旅数字化虽然在不同阶段有不尽相同的目标，但降低运营成本和提高服务效率自始至终都是核心目标之一，并且优先级逐步提升。

为锁住这个核心，主流科技公司聚焦酒店住中运营数字化，其中住中AI智能语音管家解决方案的推出最引人注目，取得了显著的“提升人效，降低人员成本，助力酒店完善宾客服务质量管理工作”的效果。住中 AI 智能住语音管家目前已在全国 8000 余家酒店落地并实际应用。

在海口某大型机场型酒店，住中 AI 智能语音管家通过聚焦住宿全流程中接打电话的场景，提供“数字员工”，协助酒店员工进行电话业务的处理，使用 AI 完成在对客电话交流中从住前的沟通到住中响应再到住后关怀的全流程回应。住中 AI 智能语音管家在该酒店月通话次数达到 18000 以上，日均服务数达到 540 以上，AI 独立完成率达到 61%，AI 每天约为该酒店节省服务时长超 10.9 小时。

住中 AI 智能语音管家在其他类型酒店中的表现也同样优秀，上线北京某高端商务型酒店后，月通话次数达到 8000 以上，日均服务数 260+，AI 独立完成率达到 64%，AI 每天约为该酒店节省服务时长超过 6 小时。

将 AI 技术和酒店业务深度结合，把酒店电话业务中流程化、重复的对话业务交由 AI 机器人系统化处理，用人工智能去代替原始人力，从而提升业务效率，原来在这些工作上需要投入的人力就可以节省下来，酒店可以选择压缩编制，也可以选择把相对应的人力投入更多需要人文关怀的工作中去，做到人效的提升（图 28）。

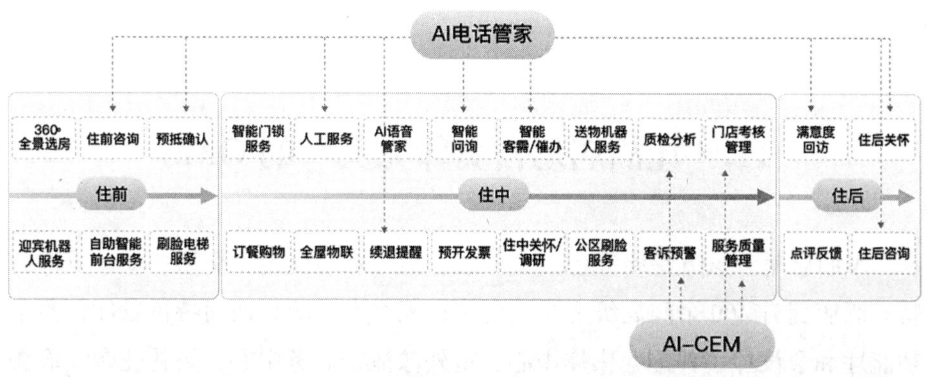

图 28　AI 语音管家在酒店业务全景图中的作用

住中 AI 智能语音管家另外一个应用方向是围绕助力酒店宾客服务质量管

理展开的。

在湖州某高端度假酒店，通过上线住中 AI 智能语音管家，精准掌握住中服务数据，对来电意图进行统计分析，根据需求时空分布、高频热点、人力安排，将资源分配倾斜到客人最在意的服务触点。该酒店 2024 年 5 月数据显示，住中语音管家日均预警 11 次，预计每月可避免 18 次实际客诉产生，挽回超 7200 元损失，预计每月挽救 18 条负面点评，挽回 0.09 分网评分；质检出设施类问题 215 条、服务 70 条、卫生 26 条、餐饮 1 条、价格 4 条。同时这些数据也为酒店服务质量改进、专项提升、工作考核等提供数据支持。

通过住中 AI 智能语音管家，进行住中实时客诉的预警。实时抓取客诉，分级预警，推送工单给到关键处理人，以此提高客诉的处理效果和成功率，直接在店期间解决客诉，直接挽回口碑和损失，提高了客人满意度。

2022 年年底，ChatGPT 发布并引爆全球，大模型迎来快速发展，酒旅业数字化发展也有了更多可能性：更自然的客户交互体验、增强现实和虚拟现实技术带来新互动、数字化技术实现环境可持续性、数据驱动的决策优化运营等。酒旅行业将向全面智能化、客户体验定制化和移动化服务迈进。

2023 年 5 月，科大讯飞正式发布“讯飞星火”认知大模型，开启了讯飞 AI 大模型赋能产业的道路。科大讯飞充分利用自身优势，助力新技术在酒旅行业数字化发展中发挥关键作用。（本案例由科大讯飞提供理论创新与实践支持。）

11.“让酒店运营更臻完美”的 OMS

A 酒店是一家五星级绿色商务酒店，地理环境优越，交通便捷，设计独特。酒店拥有 400 余间高级客房及套房；配有大堂吧、四间特色餐厅，多个功能厅和会议厅，并配套康体中心、室外泳池、商务中心、婚礼花园、瑜伽中心、SPA 中心等附属设施，为宾客提供全方位、高品质的服务。

2019 年，A 酒店作为集团试点酒店上线了蓝豆云“酒店运营 SOP 数智化系统”（OMS），在酒店的前厅服务、客房清洁、工程维修等场景中，将原来用对讲机、电话、微信群、纸质表单的管理方式在线化，用一套系统把客人、一线员工和管理人员连接起来。解决原来需要用人工做上传下达，还容易出错的沟通问题；解决服务过程无法实时管控，只能事后追责的问题；动态汇总运营数据，提升酒店人效和宾客体验，实现高质量运营。

截至 2023 年年底，酒店核心功能使用率达到 100%，人效显著提高，年均节约 425 人工天。

由于酒店的客群主要是团队客户，OTA 渠道的点评数量不多，且关于服务方面的评分及负面反馈信息较少，酒店很难从客人角度了解到对酒店的服务方面的评价。但 OMS 系统的使用为深度运营分析提供了更多可能，为了更好地了解酒店客人运营服务体验效果，借助 OMS 过程指标相关数据，进行了酒店服务专项评估。

将 OMS 产生相关数据与行业运营指标参考值对比发现，酒店的平均服务耗时比行业参考值高 0.1 分钟，但催服务率是行业参考值的 3 倍。

催服务是客人在等待服务的过程中，对效率不满意时催促酒店工作人员尽快提供服务的行为，是衡量客人对酒店服务效率满意度的参考指标。酒店很重视催服务率的异常表现，邀请 OMS 提供方一同研究该酒店客人对服务效率不满意的问题，并制定相应的优化方案（图 29）。

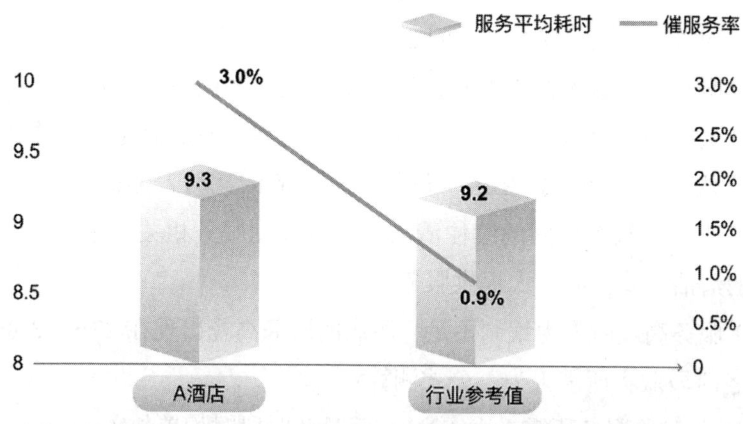

图 29 A 酒店 2023 年服务平均耗时及催服务率的表现

分析框架：按照 OMS 发布的运营指标体系为 A 酒店设计分析维度如

图 30。

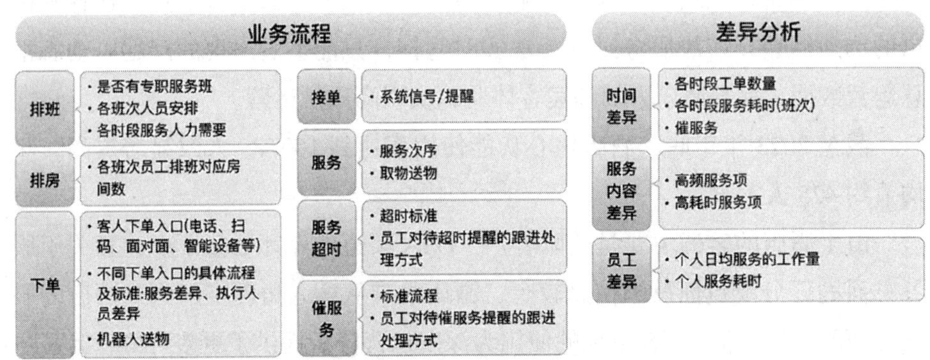

图 30　酒店服务效率的运营指标体系设计分析维度

解决方案：基于 OMS 多年对运营指标的研究经验，为该酒店制订以下方案，并和酒店共同推进优化：OMS 设计并提供分析维度；根据分析维度 OMS 设计并提供研究方式及研究内容；与酒店项目组成员共同进行现场调研；通过 OMS 收集酒店运营数据，完成数据的整理与分析；酒店制订优化方案；酒店推进优化方案的实施并 OMS 监测数据、验证实施效果。

根据现场调研收集的信息，结合分析维度，以及 OMS 系统产生的 2024 年 1 月 1 日至 5 月 5 日的服务相关运营指标数据，OMS 对现场调研信息做数据验证的同时，尝试发现更多的问题。最终分析得出以下结论：

（1）服务优先级不高。早班员工在上班期间，会有退房清洁、续住房间清洁、计划卫生、公区卫生这些常规的工作内容，酒店制定的工作优先级标准中，续住房间清洁是排在第一位的，平均清洁耗时普遍需要 10~15 分钟。如果员工正在做某个房间的续住清洁工作时收到服务相关工单，会在完成续住房间的清洁后才会向客人提供服务。

（2）服务高发时人力编制不足。酒店的服务高峰出现在 22—23 点，通过 OMS“各时段服务所需人力”公式测算：

$$各时段服务所需人力（N）= 每日各时段时均单数（o）\times 每日各时段平均服务耗时（h）/60 分钟$$

在高峰时段内，满足客人服务需求酒店需安排 1.6~1.9 个人力编制，且该时段服务需求还存在 64% 的并发率，即员工在提供一个服务的同时收到另外一个服务需求的比例达到 64%。而在 22—23 点，酒店只有 1 名员工在上班，这就导致无法满足较多的服务需求，以及同时发生的多个服务需求。

酒店根据 OMS 反馈的分析结论，制定以下优化方案：调整服务优先级，除有客人在房间内的续住清洁外，其他情况下收到服务工单都要第一时间完成；如果在进行续住房间清洁且客人也在房间内，收到服务工单员工需要第一时间通知楼层主管，由主管协调安排为客人提供服务；中班人力编制不调整，由前厅礼宾同事协助中班需求高发时段的服务工作。

通过 OMS 对优化方案实施结果的监测，优化方案执行期间，酒店“服务平均耗时”从 9.3 分钟下降至 8.2 分钟，下降 12%，催服务率从 3.0% 下降至 1.7%，下降 43%。催服务率仍有下降空间，酒店会和 OMS 提供方共同探索进一步优化的方案。

本案例在优化运营方面对酒店有直接的意义，服务效率的提升减少了客人等待的时间，降低了客人的不满。同时，随着酒店对“催服务率”关注度的提升，酒店将催服务工单纳入每日跟进事项中，对催服务房间的客人给予更多关注，降低客人离店后对酒店口碑带来负面影响的风险。

通过本次的实践，酒店开始养成关注运营数据的习惯，也逐步开始利用系统导出数据，分析数据，找出酒店可能存在的运营异常表现，为酒店运营的持续优化找到方法。（本案例由蓝豆科技提供理论创新和实践支持。）

12. 构筑 PMS 云链的丰富生态体验

早在 2021 年，就有酒旅主流科技公司提出了 PMS 云链的概念，指的是以云 PMS 为核心，融合 B 端与 C 端，最终实现万物互联的数字生态系统。PMS 云链，B 端以云 PMS 为基础，C 端以“智慧住”运营平台为入口，覆盖酒店 B 端及 C 端的各个场景，在提升客人和酒店员工的用户体验的同时，为酒店实现降本增效，从而达到酒旅企业数字化转型的目的。

酒店 B 端以酒店运营操作系统 PMS 为基础，通过云 PMS 的延伸，实现链接系统（PSB、发票、集团中台、POS2.0、支付及其他周边系统，数字营销平台，直连平台等）、链接场景（酒店全场景，住前、住中、住后全流程）、链接硬件（各种智能硬件：门锁、梯控、自助机、电视屏、机器人、停车、洗衣机、智能客控等）、链接生态（OTA、支付宝、微信、抖音、小红书、银行等），从而转化成为酒店的管理工具、服务工具、营销工具、运营工具。

C端“智慧住”运营平台，是C端客人的重要入口之一，包含营销、会员、客房、前台、餐饮等多功能、多模块的运营体系。通过“智慧住”运营平台，互联互通酒店内的各个场景，全面实现酒店住前、住中、住后全场景数智化。以客人C端的体验流程作为切入口，“智慧住”运营平台是整个场景链接的基础，是基于客人C端的服务平台。

“智慧住”的主要功能模块：

（1）智慧前台：并非一个简单的自助设备，而是集前台、营销、会员等多功能、多模块于一身的综合性产品。智慧前台可为用户提供便捷的预订、入住、续住、退房等一系列流程，同时具备强大的会员运营功能，可通过一系列策略，增加新入会用户及用户黏性，实现二销和多次销售，从而提高酒店收益。

（2）住中服务小程序：为酒店宾客打造的一体化住中服务入口，酒店在客房放置二维码，宾客可通过扫一扫发起所需要的客房服务，以及车牌录入享免费停车、发票预约、入住权益查看等行程相关的服务；通过该小程序帮助酒店与宾客实现万物互联，通过智能通行二维码乘梯、开房门，以及洗衣机预约、布草更换等。

（3）数智助手App：作为“智慧住”运营平台B端的切入点，数智助手App基于钉钉平台的BPaaS底座能力，将酒店前台、客房、餐饮、营销、会议等产品的移动应用端集成于一体，为酒店行业提供了一个高效协同数字化移动应用工作台。通过数智助手App，可帮助酒店实现人与业务流程关系构建，实现酒店业务线上化、数据一体化，从而达到高效的组织运营效能。

“智慧住”运营平台以智慧前台为起点，慢慢地从简单的自助入住机升级成为完整的运营平台，通过智慧前台、住中服务小程序、数智助手App及其包含的各个功能应用的联动，实现酒店全环节、全场景、全流程的数字化。

“智慧住”的实施效果是显著的，数据显示，使用“智慧住”的酒店，前台的办理速度提高了30%以上，客户的满意度提升了20%以上。通过数字化精准营销，酒店的复购率和二销率也有了明显的提升，为酒店带来了更多的收入。（本案例由绿云科技提供理论创新和实践支持。）

13. 数字技术赋能闹市酒店停车系统

在口海徐家汇核心商圈A.T.HOUSE，可以看到亚朵集团旗下的一家全新豪华酒店。该酒店由2栋建筑组合而成，其中23层主楼设有214间潮流设计客房，面积30~85平方米不等。除此之外，还有9个大小各异的活动场地，25~1000平方米不等，是婚礼、走秀、论坛、路演的理想选择。

酒店原先地面停车位仅20个，随着自驾入住客人越来越多，酒店停车难的问题日益突出，严重影响到了酒店入住率和到店体验，成为困扰酒店业主和经理人的一大“愁事”。

为解决停车难问题，必须找到一种有别于传统停车库模式的新方法，在有限的空间里扩展出更多的车位，成本要控制在合理范围内，而且还要好使唤，对客人来说最好有“新奇感”。

一种新的数字停车系统CoPARK因地制宜、恰到好处地满足了这些苛刻的要求。这一数智停车解决方案为酒店在极为有限的空间内，建设了一组12层的板式垂直升降立体车库，增加了48个停车位，有效缓解了停车难问题。

（1）存取方式多元化。可实现车主使用微信小程序扫码存取车，使用智慧屏刷脸存取车，手机号存取车，车牌号存取车，指纹存取车，刷卡存取车。

（2）存取更智能、便捷。除了以上6种存取方式，还增加预约存取车功能和远程一键取车功能，大大缩短了存车取车的耗时，从人等车变为车等人，随到随取。

（3）智能化引导。车主开车进库存放及取车时，多种状态页面提示+语音引导，帮助车主轻松存取车，即使是新手司机，也不用担心。

（4）高效运营管理。CoPARK-Edge（数智停车边缘系统）配合CoPARK-

Cloud（数智停车云平台），可实现远程调度车辆、收费配置、月租车管理、优惠券派发、广告管理、车场数据概览、运营数据分析、保养计划创建等功能，可以帮助停车运营商高效管理车场，省心、省时、省力（图31）。

图31　CoPARK智能自助存取车系统

图32　CoPARK数智停车云平台

（5）在线维保。CoPARK 数智停车解决方案结合物联网、移动互联网、大数据等技术，实现一库一码，实时采集车库运行数据，定期为车库运行提供体检报告。

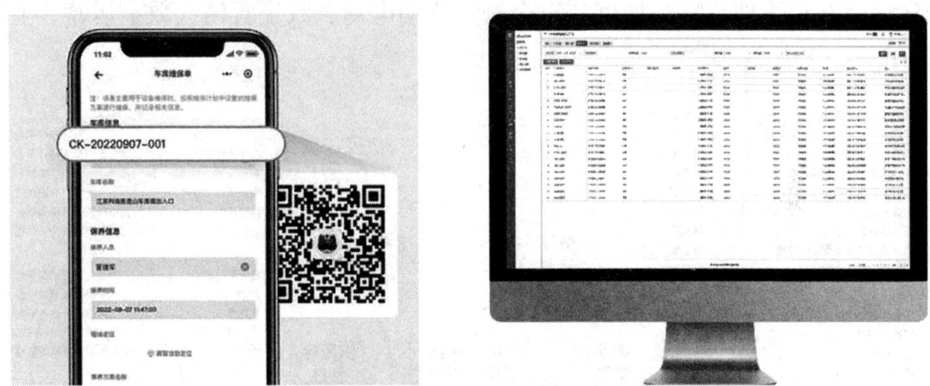

图 33 在线维保系统示例

智能停车系统利用数字化技术将传统停车库的纳车容量、停取车的效率、建库的成本、车主使用的体验等“更上一层楼”，增加了酒旅待客空间的又一数字化场景。（本案例由科瑞恩科技提供理论创新和实践支持。）

14. 打造中小型连锁酒店数字管理平台

中国酒店行业连锁化率不断提高，但单体存量市场仍面临诸多困境，如客源单一、获客成本高、无品牌知名度、经营成本管控难、难以转型升级、翻新改造无金融助力、抗风险能力差等。区域性中小品牌也面临着行业洗牌加剧、增长瓶颈、数字化转型困难、众多短板制约发展等问题。

竞争激烈的酒旅市场迫切需要一款适合中小型连锁品牌，又能适用于单体酒店的数字化管理平台，以满足众多“需求一点不少，但实力明显单薄”的酒旅企业，让他们也有可能借助去中心化互联网平台，获得品牌孪生溢价，成就品牌价值梦想。

打造这样一款中小型连锁酒店数字管理平台，首先需要平台建设者有身历其境的经历，又要有为中小型酒旅公司贡献数字化能力的情怀。在深圳，我见到了这样一家公司和这样一款产品。

其数字化管理平台包括六大核心产品体系，几乎是全场景覆盖连锁酒店日常运营和管理范畴，如供应链金融、移动电商、数字营销、数字运营、业财融合、组织管理等。

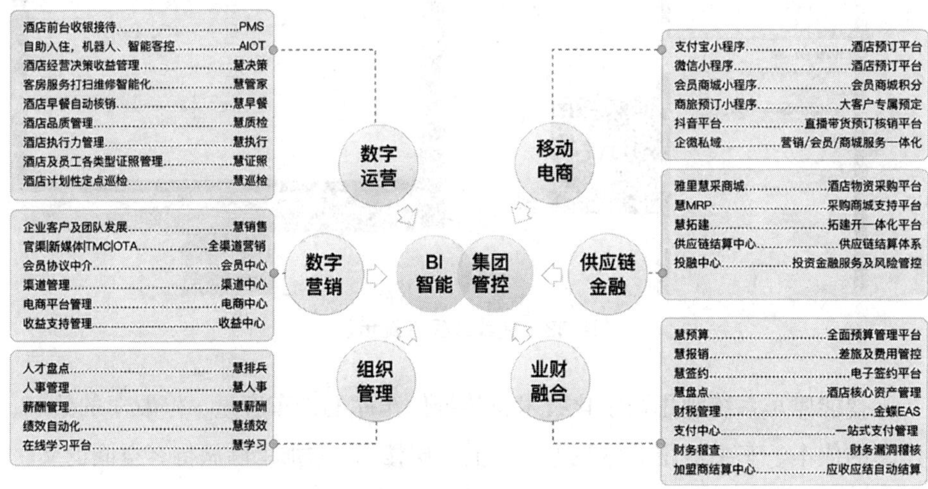

图 34　中小型连锁酒店数字管理平台六大核心产品体系

这套适合中小型连锁酒店的数字化管理平台，具体实施过程包括以下步骤：

①需求分析：深入了解酒店品牌的现状和需求，制定针对性的数字化转型方案。②系统搭建：根据方案，搭建数字化管理平台，包括前台 SaaS、中台全栈架构、后台管理等。③培训与支持：为酒店员工提供系统培训和技术支持，确保系统的顺利使用。④数据迁移：将酒店原有的数据迁移到新的数字化管理平台，确保数据的完整性和准确性。⑤持续优化陪跑：根据酒店的使用效果和反馈，不断优化业务流程、管理场景，提升管理效率和用户体验。

这套数字化管理平台在广州宜致酒店取得了显著的效果。具体表现为：

①获客效率提升：通过全渠道营销、会员体系建设、私域流量运营等手段，广州宜致酒店的线上获客效率得到了显著提升，会员复购率和央渠占比也有所提高，降低了获客成本的同时，也沉淀了自己的忠实会员。②运营效

率提升：通过数字化运营管理平台、智能化客房服务、精细化成本管控等手段，广州宜致酒店的运营效率得到了显著提升，人房比优化至 0.18，成本节约了 10%~30%。③管理效率提升：通过数字化管理平台、智能化决策支持系统、精细化绩效考核等手段，广州宜致酒店的管理效率得到了显著提升，总部员工数减少至 20 人以内，管理效率提升了 80%。

通过这个中小型连锁数字化平台，可以获得从品牌建设、组织架构优化、获客策略、日常运营到供应链管理的全方位支持，助力酒店实现全链路数字化升级。同时，无需大量投资即可快速实现全面的数字化管理，提升运营效率，包括预订系统、客房管理、财务管理等多个方面，构成在线运营和管理的核心竞争力。

依靠这套精悍的数字化管理平台，中小型连锁酒店品牌可以轻松地将数字化要求得以实现，并且具有较强的衍生能力，适合在数字化技术和管理形式出现新的发展模式时，将平台外延或扩充。

这套数字化管理平台还在深圳雅里数科集团连锁酒店的数字化转型中得到实际的应用，其 SaaS 模式使用体验促进了雅里数科集团的酒店，快速地从一家新企业发展到在华南地区有着较高知名度和品牌效益的企业。（本案例由深圳雅里数科集团提供理论创新和实践支持。）

15. 面向 60 万家物业的“全智能无人酒店”创新

听说过吗，“MAXACCOM 未来酒店”，建立了一款“真正没有前台的无人酒店体系”。

历时 5 年，这一体系的探索者在第一代“数字化酒店”基础上大跨步迭代到“无人酒店”的境界，用“模式的迭代”去尝试消除国内小型连锁酒店“不体面、难管理、赚钱少”的痛点。

在数字化酒店浪潮中，他们勇敢地迈出了这一步：实现“中国 60 万家小规模酒店无人化整合”的大目标。

图 35　MAXACCOM 未来酒店

MAXACCOM 未来酒店有何“金刚钻”敢揽这“瓷器活”？

科技降本，是 MAXACCOM 未来酒店的核心建设目标。门店人力成本、区域管理成本、总部支持系统成本，都在这一新款酒店门类的数字化核心范畴。其特色与优势包括：

（1）极致的 SOP 流程设计，人房比降至 6%（60 间以下小规模酒店的模型）。理论上 80 间客房以上的酒店，在保证服务品质的基础上，可以降低 30% 以上人力成本。

（2）变革传统运营模式，迭代至数字酒店运营模式，区域管理更加精准和高效。用户行为线上化、数据路径标准化、报表结果指向化、管理模式规范化；通过模式的迭代（技术工具的支撑），让区域管理效率真正精准与高效。

（3）技术服务与极致简约的管理模式，用有效简单的管理理念来认知数字化。数字营销的便捷与有效性、数据结果的反馈机制、账务系统的数字化效率、中央集中式业务数据处理，大幅度降低总部支持系统成本。

在 MAXACCOM 未来酒店，大门（一道门禁）刷脸进入，大厅没有接待前台（变成用户手机端自助前台），一部手机自助办理入住（虚拟房卡解决制卡、多人多卡和补卡问题，虚拟房卡还支持一键续住、退房、连接 Wi-Fi、验证身份、修改房间门锁密码等便捷功能）。

在手机端自助领取洗漱用品（一些城市不允许客房内摆放洗漱用品）、自助储存行李、自助完成商品购买、自助领取外卖 / 快递。楼层入口（二道门禁）完成治安管理登记，陌生人管理系统管控未登记进店的客人，手机一键开门（多种线上模式开门），无卡取电（实现能耗节能管理），电视系统与入住信息无缝同频（品宣、节目、信息互动），数字化贯彻酒店全场景。从工作流看，过去依赖人工手动处理的预订、入住、制卡、退房、结账、发票等一系列流程，在这类酒店已经行云流水般地完成了全自助闭环。

酒店业务流程中，有预订与未预订入住，访客管理、续住、换房、会员发展、流量管理与不同客源结构的处理，管理方都完成了数字化运营的 SOP 规范。

系统一键直连全球 200 家以上优质渠道，数据自动交互让经营者可更专注于酒店服务本身。此外，酒店强大的 CRM 系统也是酒店运营的重要工具，它不仅记录了每一位客人的基本信息及需求，也为不同客户群体提供相应营销策略及活动，以增加用户忠诚度并在服务上不断探索。

从经营角度上来说，数字化转型也带来了巨大的管理革新。例如，过去酒店与 OTA 平台之间的对账工作繁琐且耗时。现在通过数字化系统可以实现订单、支付等信息的实时同步并且自动完成对账工作，不仅提高了准确性，也节省了大量人力成本。再如，酒店总部提供了“易管家”数据小程序，不仅提供传统经营指标，还渗透到渠道流量、客户细分、会员留存等多维度数据洞察，让管理层能够全面了解市场动态与消费者行为。

在数据呈现方面，它将复杂的数据通过直观的图形展现出来，帮助管理者轻松归纳出数据波动的规律。经营复盘变得简单高效，管理方可以组织团队对前一天的数据进行复盘，快速做出决策。通过分析，制定更优的价格策略及保持价格刚性。

通过“数字化酒店”的实践与探索，MAXACCOM 未来酒店——无人酒店模式，树立了“专、精、特、新”的住宿业形象。酒店经营成本，无论是门店层面、区域层面、总部层面，均实现了良好的经济效益。（本案例由住哪酒店集团提供理论创新与实践支持。）

16.“没有达人胜过达人”的酒旅 AI 直播

直播在信息传递上具备以下两个明显优势：

一是内容更丰富：通过视频、语音、文字、画面等多模态信息，更为生动和详细地传递产品及服务的细节和价值。二是互动更直接：直播过程中，观众和主播可以实时互动，个性化高效率地解决观众的问题，同时影响其他观众产生从众心理，最终产生消费愿望。

虽然直播形式在电商界取得了巨大成功，但是在酒旅业场景中，直播商业模式却一直未能跑通。“想做而做不了、做不爽”一直困扰着酒旅业。主要原因是酒旅业产品存在以下特征：①佣金率低：低毛利行业，无法承担高额佣金。②订单核销率低：非即时消费产品，订单需经过核销环节才能完成交易。③库存有限：商家的产品库存受限于场地原因，无法复制、无法储存。④产品复杂：客人消费酒店产品需要了解的内容相对其他产品更为复杂。

基于这些原因，电商界流行甚广的达人直播模式，对于酒旅业来说成本高、效率低，简单复制无法取得成功。相对达人直播，商家自播拥有运营成本低、内容可控、消费者信任度高等优势，在抖音、视频号等平台的推动下，逐渐成为酒旅业直播的主要形式。

然而，商家自播也存在以下两大门槛，大幅度限制了参与酒店的规模。一是主播难寻。对酒店而言，无论是培养员工还是使用外部主播，都很难找到长期稳定且符合一定质量标准的主播人选。二是运营能力有限。不管是创作素材、设计产品、选择自播场景、匹配平台规则、多平台直播管理等，都需要较高的运营能力。

酒旅业亟须找到普惠整个行业的企业自播解决方案。

“无人化酒旅自播解决方案”——AI 直播，利用 AI 技术，完美解决了迫在眉睫的困难。

首先，在通用大模型基础上，结合场景数据和直播特性，打造的直播 AI Agent，能够完全替代主播、场控等人工角色，实现主播人选的无限复制，让所有酒旅企业操作自播的门槛大幅度降低。其次，AI Agent 替代直播所需的各种真人角色，实现了直播过程的全面数字化，极大提高了酒店集团的直播管理效率，包括：①标准化：通过系统控制，可以帮助酒旅集团实现在每一个门店的每一场直播中，做到品宣话术标准、品牌形象标准、产品价格标准。②集中化：通过数据归集，可以帮助酒旅集团实现对所有门店所有直播的集中管理，包括开播时间、开播场次，用户分析、统一定价、集中投流等。③规模化：通过 AI 赋能，可以帮助酒旅集团以最快的速度实现旗下全门店直播，大规模拥抱新媒体直播。

对酒店而言，通过“酒旅 AI 直播”开启门店直播，仅需准备一台手机，挑选好酒店内外适合展示给观众的实景，即可启动直播。

“酒旅 AI 直播”会自动采集品牌、商家、产品的相关信息，自动抽取酒旅企业的特色和卖点，自动生成酒旅私有的直播话术，并合成为酒旅企业指定的真人语音，进行直播讲解。在直播过程中，“酒旅 AI 直播”内嵌的 AI Agent 还会实时监控和回答直播间内的观众提问，并与观众进行互动，促进成单转化。

直播效果：以北京某中端商务酒店采用 AI Agent 进行自播为例，仅仅投入一台直播手机，每天使用 AI Agent 进行 6~10 小时无人直播，自播订单数及 GMV 数据表现如下，收益远大于其自播投入。

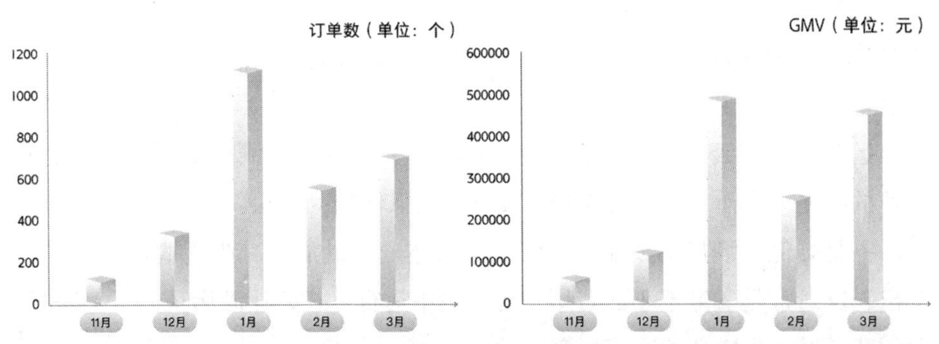

图 36　某中端商务酒店的 AI 直播表现

根据直播需求和 AI 直播的效果，可以预测：“酒旅 AI 直播”让商家自播的门槛大幅度降低，使任一酒旅企业都有能力开启商家自播，这将普惠整个酒旅业数十万家酒店，提升住宿业整体在新媒体时代的营销能力。（本案例由赛彼思智能科技提供理论创新与实践支持。）

17. 酒店运营与通信融合的无边界云平台

在数字化酒店得到广泛认可的今天，OneBox 以其前瞻性的“无边界”理念和云计算技术，打破传统的界限，将智能化与高效性无缝融合，打造了一款全新的运营与通信云平台。

运营与通信云平台的核心优势是：无边界酒店运营方案通过酒店云中间件技术，将酒店房务、工程、客人服务流程多平台高度融合，集成物联网技术、大数据分析以及人工智能算法，实现了对酒店设施和服务的全面数字化管理，包括房务管理、工程维护，宾客通信需求都能实时响应，并提供个性化服务。这种智能化运营方式显著提升了酒店的运营效率，同时也提升了客户满意度。

在运营与通信云平台上，无论前台接待、客房服务，还是会议预订等，都可以通过统一的云平台进行，节省了沟通成本 ，提高了响应速度。此外，运营与通信云平台还支持多语言和跨境通信，进一步打破了地域限制，酒店能够更好地服务全球化的旅客群体。运营与通信云平台采用高级别的数据加密技术，以确保客户隐私和商业信息的安全，让酒店经营者可以放心地拥抱数字化转型（图 37）。

运营与通信云平台得到了香格里拉集团、华为安朴酒店集团等知名酒旅企业的关注与合作，经实践检验，其具有以下优势：

一是降低了酒店的初始投资和运营成本。帮助酒店减少了通信设备采购支出，这通常是一笔不小的费用；云端集中运行方式，让酒店精简了 IT 和工程团队，进一步提高了运营效率。

二是体现了绿色环保的理念。它支持云端部署，意味着酒店无须在门店内放置大量设备。这种部署方式不仅减少了设备量，而且降低了能源消耗和碳排放，符合当前全球推动的可持续发展趋势。对于那些注重环保和社会责任的酒店品牌和客户来说，这是一个重要的考量因素。

三是具有开放性和灵活性。它能够与任何第三方酒店管理系统和客户控制设备进行无缝对接和整合；酒店可以在不更换整个系统的情况下采纳本方案，从而保护了其原有的投资。它支持任意第三方 SIP App 进行电话接入，增强了适应性和可扩展性，满足了酒店业不断变化的需求。（本案例由 OneBox 提供理论创新和实践支持。）

图 37 酒店运营与通信云平台

18. 破解度假型酒店痛点的神器——“XTMP 电子票券系统”

在传统模式下，高端度假酒店大多数依靠纸质票券进行客户优惠及服务的提供，这种方式虽然简单直观，但存在易丢失、携带不便、核销流程繁琐等诸多问题，客户体验不好、运营效率不高，在数字化不断浸润的今天早已被众多的新一代消费者所不屑。因此许多度假型酒店一直热切追寻一种更加安全、高效、便捷的票券管理方式。

风景如画的海南三亚天域度假酒店，就是这样一家非常希望以数字化提升其品牌和经营能力的高档商旅人士下榻之地。酒店拥有各种类型的客房近千间，装饰现代且具有热带风情，大多数房间拥有私人阳台，可以俯瞰壮观海景和酒店繁茂的私家热带植物园，多样化的娱乐和休闲设施星罗棋布，室外游泳池、健身中心、SPA 服务、儿童娱乐区以及多个餐厅能满足不同客人的饮食需求，是一个集休闲、娱乐、商务功能于一身的高端度假目的地。

这样一个极富市场魅力的豪华酒店，在日常经营中却由于缺乏数字化工具，在传统管理的窠臼里日复一日重复着低效的工作方式。

为了燃起客人的消费激情，“天域”通常会在客人入住时通过前台发放“优惠票券”，样式是纸质的，客人在各消费区域使用时由酒店员工回收进行核销。这种积极诚意待客的初衷受到了客人的欢迎，赢得了市场好评。但是“优惠票券”发放过程繁琐，客人游乐时携带不便极易丢失，体验效果时好时差。

“天域”亟须改变这种状况，一度引进流行的“包价方案”，由前台系统在客人入住时自动关联系统包价功能，同时考虑客人在使用过程中如游泳、沙滩活动等项目，门卡改用手环方式发放。客人在各个消费场所，可以利用手环识别身份及包价，系统自动进行核销。

应该说这种“包价方案”一定程度上改善了酒店和客人的痛点，具有显著的积极意义。然而美中不足的是面对“天域”丰富的娱乐场景和比较广阔的空间分布，一些处于海边、露天的娱乐项目，无法配置电脑，导致核销受阻。

同样的困境在海南诸多的度假型酒店普遍存在，期盼数字化技术赋能，改变现状的呼声和需求构成了国内目的地度假酒店的共同期盼，能否有一种“更加安全、高效、便捷的数字化票券管理系统”破解度假型酒店共同的难点？

杭州西软“XTMP 电子票券系统”（以下简称 XTMP 系统）应运而生，满足了“天域”的要求。XTMP 系统打通了前台、餐饮、营销等部门业务及相关硬件设施，实现了票券分发及核销全流程的数字化。

XTMP 系统支持代金券、礼品券、折扣券等多种形式，通过数字化方式发送给客户，代替传统的纸质票券。客人运用手机即可接收和使用，极大地提升了便携性和用户体验，XTMP 系统的应用也使票券的管理和核销变得更加高效和准确。

XTMP 系统的电子票券包括房券、餐饮券、礼品券、体验券、折扣券、景点券、演出券、停车券，理论上度假村需要的券种都可满足。

“天域”欣然采用西软 XTMP 系统，顺利地利用电子票券实现了酒店各种消费项目的打包、发放及核销。结合酒店营销和微信小程序，将电子票券用客人的移动设备进行扫码核销，客人使用便捷灵活，体验感“倍爽”；酒店对消费券的发放总量、券种内容、使用情况即时了解且相当直观；营销部门根据各券种的核销动态，实时把握各种娱乐点的“热度”，掌握了旺季促销的重点项目和节奏，一切变得主动而从容。

表 1　XTMP 系统应用效果

	对内管理	对客服务
便捷高效	电子票券一键分发、扫码核销	电子票券绑定手机 / 微信，随取随用
可追踪	电子票券分发情况、核销比例、消费人次后台可查，记录保留数年	电子票券类目、数量、有效时间、核销时间在移动端随时可以查看，用户体验好
灵活多变	可配合营销内容，独立或组合多样化、个性化，可创意营销券种	多样化、个性化体验增加
低碳环保	每年节省大量纸质票券的制作成本，响应国家双碳战略	无纸质垃圾
安全防伪	无须担心伪造券、重复使用券等情况	无遗漏、无破损

XTMP 系统的应用显著提高了票券的使用率和客人满意度。据统计，2024 年三亚天域度假酒店月均电子券使用量显著提高，酒店月均抵扣券使用量达 20000 多张，其中春节假期所在月使用量近 40000 张，礼品券的月均使用量也达到 2000 张以上。（本案例由西软科技提供理论创新和实践支持。）

19. 打造大型高端酒店“一站式全场景智能”数字体验

云冈石窟蜚声中外，矗立在千年古城之中引人侧目的还有以“数字酒店”扬名的一家五星级酒店——大同云冈酒店。

云冈酒店是山西金龙集团全资倾心打造的第三家高品质国际化酒店。酒店将卓越设计与尖端科技无缝融合，缔造出兼具文化内涵与艺术气息的高雅空间。其美轮美奂的“双子星”建筑外观在御东迎宾桥畔形成豪华地标，傲立于CBD繁华商圈，总建筑面积高达11万平方米，拥有1000余间数字化客房，其规模在山西省内独树一帜。

云冈酒店期待在这波数字化浪潮中，打造一款给客人极佳体验、给管理极高效率、给酒店品牌带来极好声誉的“数字酒店”。云冈酒店联手酒旅科技领域擅长“数字酒店”的携住科技，将先进的数智化管理与领先的语音技术深度融合，致力于通过数据驱动的数字化管理，实现客房服务的个性化、精准化和高效化，确保每一位宾客都能享受到细致入微的关怀与贴心服务，重新定义了现代旅居的服务标准。

酒店开业后，客人被上品的设施、温馨的服务所感动，对酒店数字化环境和服务好评如潮。

云冈酒店采用基于XMesh无线技术的全场景数智酒店解决方案，运用携住U Data酒店数智化运营平台，将AloT产品与SaaS软件服务深度融合，实现了科技与服务的融合。

进入酒店，宾客可高效自助办理入住，体验流畅便捷。自助入住机界面简洁直观，若已提前手机预订，只需身份证，30秒即可完成入住、续住、退房等手续。

客房门口的UCam刷脸门铃，运用人脸识别技术，实现无卡开门，同时集成门显功能，房态信息一目了然。

进入客房，温馨如家的“欢迎语”飘然相迎，定制款背光智能面板简洁直观，只需通过触控方式，可轻松实现对灯光、窗帘、电视、空调等设备的独立控制。客房内预设多样化的情景模式，包括“阅读模式”“睡眠模式”“观影模式”“明亮模式”等基础选项，以及“茶道模式”“冥想模式”等专为特定主题房打造的定制模式。无论是渴望沉浸在书海之中，还是准备安然入眠，宾客只需轻轻一触智能面板或向AI语音管家发出简单指令，系统便会迅速响应，自动调整灯光、窗帘、空调和扬声器等设备至最理想的状态，为宾客提供了极致的舒适体验。

入住期间，AI语音管家更是宾客的贴心助手。无论是需要送水、送物还是打扫房间，只需一句话，AI语音管家便会立即响应，并通过平台进行在线客房需求分发，送物机器人将快速配送。这一创新设计彻底改变了传统客房电话呼叫的繁琐方式，为宾客带来了全天候、私人管家般的细致服务体验。

客房内还配备了感应地脚灯，这种灯光系统通过内置的感应器自动检测宾客的行为，当宾客靠近或离开床铺、浴室或走廊等区域时，灯光会自动亮起或熄灭。智能化照明不仅方便，还节省能源，同时营造出温馨舒适的氛围。

离店时，宾客可以享受到便捷的“一键退房”服务。无须前台排队等待，只需在手机上轻松操作，即可完成退房手续，轻松结束愉快的旅程。

数字化不仅改善客人体验，还使酒店运营管理搭上了“数字驱动”快车。云岗酒店诸多的运管系统，高效地保障了酒店管理的品质。例如：

（1）飞房预警系统：通过智能门锁开启状态及客房取电情况的精准监测，酒店能够迅速判断空房内是否有人，实现灵活及时报警，并远程断电，有效杜绝飞房情况。

（2）数字房态管理：平台实时显示各房间的设备状态、门锁电量及入住情况，与PMS系统无缝对接，有效预防前台开出“坏房”的现象，确保每位宾客都能享受到高品质的住宿体验。

云冈酒店数字化给自身带来哪些直接效益？一组数据很能说明问题：

（1）酒店通过引进7×24小时自助入住机，替代了1个前台人力。1台送物机器人高效运作，又节省了1个劳动力。

（2）酒店通过数字房态管理和飞房预警系统，实现0飞房0跑单，堵住了财务漏洞，每年为酒店节省约4万元。

（3）平台通过设备在线监管和AI节能，每年节约电费6.5万元。

（4）酒店回头客增多、客人重复入住率提升 40.05%，入住率提升 13.05%。宾客对智能入住、高效服务、舒适环境等方面给予高度评价，OTA 平台上的好评数量持续攀升，4282 人打出值得推荐的标签，客房单价上升 51 元。

（5）AI 语音管家能够回答宾客 80% 左右的基础问题，减少了前台工作人员的重复答疑时间，话务量相比刚上线时至少降低了 36%。

（6）平台自动生成能耗数据分析表格、在线查房记录等，手工报表统计量减少了 95%，运营工作更加清晰、量化，提高了整体运营效率。

（7）数字保洁和数字查房，实现做房、查房全流程在线化，流程可溯、成果可溯、人效可溯：客房清洁和出房速度提升 30%，客房物品输送速度飙升 80%。

（8）设备状态检测、一键巡检、在线报修等功能让平均维修完成率在 3 个月内提升了 10% 以上，售后流程可追溯，维修工作更高效。（本案例由携住科技提供理论创新与实践支持。）

20.“数字酒店”背后的砥柱——“初光芯片模组”

中国酒店数字化越来越快，一大批具有智慧特征的数字酒店不断涌现，成为一种被市场追捧的潮流。数字酒店的智慧和带给行业的数字化管理模式其实是建立在两个基础之上的，一个就是酒旅行业对传统消费场景的创新和对管理流程转型的实践，另一个就是承载这些转型和创新所必需的数字系统及支撑在系统背后的“芯片模组”。

芯片模组作为现代电子设备的核心，其重要性不言而喻。在酒旅行业数字化系统中，芯片的稳定性和安全性直接关系到客户体验和企业的运营效率。从底层架构到芯片应用进行全面自主研发，这不仅是支撑轰轰烈烈的中国“数字酒店”建设的技术需要，更是对国家自主创新能力的有力支持，也有效避免了国外芯片供应商的限制和不确定的供应链形成的国内酒旅科技企业时常面临的“卡脖子”困境。

比特科技作为国内头部酒旅数字产品大厂，看到了行业需求和痛点，决定将自己多年来在酒店行业积累的技术和经验，通过模组的形式对外输出，帮助众多的酒旅科技公司适应数字产品快速更新迭代，满足酒旅场景创新对技术和设备的兼容性、可扩展性不断升级的要求，避免售后产品服务不足的巨大挑战，受到主要酒店集团和科技公司的一致认可。

这些模组不仅集成了最新的485和蓝牙技术，还融入了对行业场景和各种业务流程的深刻理解，满足了酒旅行业的特殊需求，如设备的互联互通、易于替换和维护等；解决了酒旅集团担心的产品升级换代时因技术更新而带来的兼容性难题，确保了酒店运营的稳定性和持续性。

比特科技“初光芯片模组”的实力，来自几十年在酒旅智能产品专业制造领域积累的深厚基础：拥有占地6万平方米的工业4.0黑灯工厂，配备了7条高速贴片线和两条全自动组装线，具备年生产模组上亿片的能力。在生产规模和技术实力背后，100多位具有数字化高段位知识结构和技能的工程师研发团队保证了芯片模组的高品质和大批量生产。

通过自动化产线，实现了模组生产过程的精确控制，确保每一个模组都符合严格的质量标准。高度自动化的生产方式也大大降低了生产成本，使得芯片模组在价格上具有更强的竞争力，有效降低了酒旅企业实现数字化的成本，提高了中国酒旅行业在国际上的核心竞争力。

更重要的是“初光芯片模组”的产生，得到了具有行业先进理念和技术的“酒旅数智双向全模型”的理论支持和系统支撑。

“酒旅数智双向全模型”打破各个客控厂家产品协议无法互联互通的“老大难”问题，用开放、共享的数据平台和芯片模组，消除“信息孤岛”，拆除普遍存在的“技术壁垒”，以实现产商间、酒店和旅游企业各系统之间的数据互通与共享。实践证明“酒旅数智双向全模型”成就了“初光芯片模组”，而后者则成为前者价值的最好注解。

“初光芯片模组”通过自主研发和生产，对外输出，形成了一种独特的商业模式。除了提供标准芯片模组，按照酒旅集团和科技公司数字化方案及对自身产品个性化设计和专利设计，定制化“芯片模组”解决方案是更受市场欢迎的一种形式。这种模组为大多数有意图建立与众不同的数字化环境和数字化场景创新的酒旅企业，提供了一种产品的“唯一性”，同时又免除了新品品质的安全和稳定性的担忧，客户满意度很高。

“初光芯片模组”除了提供优质的产品外，还提供全面的技术支持和售后服务。这包括帮助客户解决在使用过程中遇到的问题、提供产品升级和替换服务等。通过全方位的服务体系，赢得了客户的信任。

随着物联网、智能家居等领域的快速发展，“初光芯片模组”的功能将越来越完善和丰富，领先的技术实力和创新的商业思维、不断加强的自主研发能力、加强中的海内外合作交流促进比特科技在中国酒旅数字化开拓中占据重要地位，有望成为全球芯片模组领域的领军企业。（本案例由比特科技提供理论创新和实践支持。）

21.“绿色全光园区”成就绿色极简酒店网络环境

从毗邻故宫东华门的北京院落式格局，到地处深圳繁华商业地带的现代时尚调性，一家主打“个性化服务和温馨人文环境”主题，着重演绎时尚商务新定义的连锁酒店，相继在北京、深圳、无锡、广州、保定等城市落地，这就是华润集团旗下的“木棉花”酒店。

木棉花酒店集团对数字科技有着强烈的自觉意识，期望借助物联网、人工智能、大数据等新兴技术，通过推出丰富的数字化产品与服务，为传统酒店服务注入新动能，以此提供更优质的入住体验、提高酒店的经营管理效率。

“绿色”是“木棉花”实现此轮数字化转型的切入点。酒店需要“绿色”可持续的网络建设标准，在架构、性能、容量、可靠性及技术运用等方面满足未来10~15年的可持续发展需求，以此把木棉花系列打造成为符合国家低碳建设标准，环境友好的新型绿色酒店。

“绿色全光园区”方案以无可争议的优势进入酒店决策者的眼帘：无源分光器替换有源交换机，“0”弱电机房，相比传统方案降低碳排放60%，实现绿色低碳；采用光纤为介质覆盖酒店网络，生命周期可达30年，是传统网线的四倍，实现一次建网三十年无忧，支撑酒店长期可持续发展。

“绿色全光园区”方案基于华为 F5G 技术，铺就绿色极简的全光酒店网络，将光纤延伸到客房、会议室，甚至是酒店任意角落的业务点，实现传输介质和网络架构创新，打造真正的千兆全光酒店网络。

酒店客房和会议网络普遍存在明显的潮汐现象，客房上网流量高峰时段主要为 18 点到 23 点。“绿色全光园区”方案将光纤延伸到房间，每个房间部署一台千兆光终端 ONU，即使在客人集中上网的高峰时期，高质量的千兆接入也可以保证住客上网冲浪的畅快体验。

随着酒店智能化物联网应用的发展，智慧终端数量和带宽需求会持续增长，光纤无带宽和距离限制，无须重新改动布线，短期可按需灵活扩容，长期支持千兆到万兆高带宽网络升级，在保护现有投资的同时又可有效支撑智慧酒店的长足发展。

在“数字酒店”1.0 到 2.0 进程中，以光纤为介质的全光解决方案，一个房间一根光纤可以承载无线上网、有线上网、有线电视等多种业务，替换传统方案中至少 6 根铜线，能满足星级和高端酒店布线整洁美观的要求，对比传统网络可节省 90% 工程材料和布线成本。一网融合承载办公、语音、安防等多种业务，ONU 光终端部署即插即用、故障后即换即通，无源光网络免维护，实现一人可运维一个园区，降低人力成本 70%。木棉花酒店的绿色标准，对中国酒旅业中同样目标的企业提供了一个领先又实用的选择。

“绿色全光园区”方案凭借绿色极简创新价值，在带宽、部署范围、运维成本、使用周期上建立了显著的优势，高度契合酒店物联网、超清视频等业务发展诉求，成为华润旗下酒店的技术标准，随着木棉花的发展陆续在其他城市开花，成为中国酒旅行业数字化转型和创新中的一个亮点。（本案例由华为科技提供理论创新和实践支持。）

22. 整合多种应用与数据集成的“智能 HUB”

酒旅行业为了实现更加高效的运营管理，引入了大量数字化应用，在带来显著效益的同时，也面临着应用集成与数据集成的双重挑战。众多应用具有不同的技术架构和数据格式，这些系统间的对接增加了技术难度以及沟通成本。

“数据集成”的难点在于如何将分散在各个系统中的数据整合起来，形成一个统一的数据仓库。要解决数据标准不一致、数据质量参差不齐等问题，还涉及数据安全和隐私保护，因此，在保证数据安全的前提下实现数据的自由流动，是酒旅行业需要面对的难题。

酒旅行业头部企业在数字化建设方面能力较强，通常采取以下措施解决这些问题：

一是组建自有研发团队：建立一个具备软件开发能力的团队，快速响应业务需求。二是打造自有产品线：建立统一的技术平台为所有应用和服务的集成基础。利用 API 管理和云服务，实现服务的标准化接入和系统的高效运行；或根据业务需求研发酒旅数字化配套软件应用。三是制定数据标准：制定统一的数据标准和格式，确保不同自研业务系统之间的数据能够无缝对接。

然而，超过 70% 的非连锁经济型酒店、民宿和公寓在数字化方面依然存在显著短板。这些酒店面临着多供应商应用孤立、数字化建设和使用困惑，以及数字化人才和技术能力不足等问题。尤其是在投资预算有限的情况下，对集成、交付、运维的“一站式”服务有强烈的需求。对此，数字化服务商可以采用“平台 + 应用”的模式来赋能这类客户。

一个称作 OneCOM 的平台，通过“上承应用、下接云网、集成交付、一体运维”的创新模式，为酒旅行业提供了全新的解决方案。平台聚焦成为酒旅行业客户的“购物基地”、数字化转型的“智慧基地”和完整供应链的“产业聚焦基地”。其核心在于实现酒旅领域应用的标准化融合，提供生态能力的“插件化”上架与管理，以及分领域的统一入口，为酒旅客户提供小型化、快速化、轻量化、精准化的产品和解决方案。

OneCOM 平台具备以下能力：

（1）行业数据连接器：连接器是可复用的，高度可配置的，对各种技术、协议、应用的连接组件提供数据连接。真实业务场景中，各个业务应用都可能需要不同的技术接口、不同的数据协议，因此一个丰富的适配器库是保证接口普适性连接能力的重要因素。

（2）数据转换引擎：用于对数据 / 消息模型进行转换，这也是集成平台对数据建模和数据转换的能力支撑。

（3）消息引擎：用于建立消息路由规则，通过消息引擎在应用之间可靠地传递消息。具有同步发送、异步发送、重发、编辑后重发等能力。具备消息发送以及消息持久化的能力。

位于四川省旺苍县的白云堡国际酒店拥有 156 间客房，以其卓越的服务品质成为当地星级酒店的代表。面对数字化转型的挑战，白云堡国际酒店选择了 OneCOM 平台，通过“一站式服务”实现了各类独立应用的整合。打通各类独立的 App、小程序和网页，实现客房控制、公播音乐、扫码点餐、定制 EPG、信息发布和数字营销等一系列能力集成，大幅提升了酒店管理能力。

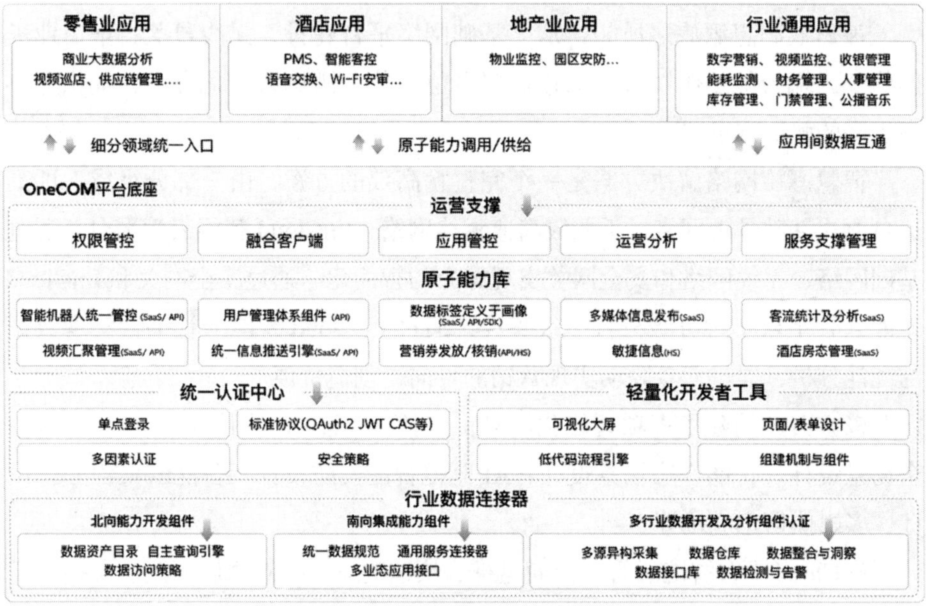

图 38　OneCOM 平台架构

在具体应用中，从客人进入酒店到完成入住登记仅需 30 秒，其间空调自动调节至最佳温度，灯光自动开启，窗帘缓缓打开，电视显示专属问候，小度音箱提供无触式语音操作，入住体验极佳。酒店管理方表示，通过 OneCOM 平台，不仅解决了信息化选择、集成和维护的难题，还降低了一次性投资，减轻了决策压力，降低了运营成本。（本案例由中国移动提供理论创新和实践支持。）

23. 共赢酒店智慧新未来　打造酒店网络新价值

随着数字技术的普及，酒旅业越来越智能化、自动化。通过人工智能、物联网、自动化系统等方式，酒旅运营管理效率和服务质量不断提高。

移动设备的渗透和用户需求的变化，使酒旅业开始向移动化和无感化的方向发展。通过智能手机等移动设备，客人可以在线预订房间、在线点餐、机器人配送，实现全流程无感化体验。

神州数码想酒旅之所想，从“基础网络平台建设、无线覆盖、增值业务网络、云端智能运维”等方面推出“多位一体”酒旅数字化方案，提供业界高水平的解决方案。

智慧酒旅网络解决方案是一个完整且高效的方案，由三部分组成，即高速自愈式基础骨干网络、千兆级高速无线网络、ImCloud 智能云管平台。通过基础网络、无线网络和安全网关实现媒介的智能化，通过安全网关和 ImCloud 智能云管平台实现分级分权多级管控，通过 ImCloud 智能云管平台实现数据的统计分析，通过三者联动实现营销的导向，创造价值。

该方案还构建了多项智能化场景，包括：智能弱电网络设计、智能可控全场景设计、智能客服场景设计、AI 监控智能安防设计、智能云桌面办公设计、多媒体信息应用等。

ImCloud 平台智能云管、极简运维、快速响应，针对酒店网关、交换、无线、设备，实现全网设备管理上云，网络节点全面触达，配置集中下发及智能告警；实现拓扑自动生成、全面可视管理、故障自动报警，降低酒店 IT 运维管理成本，实现高效便捷运维。

弱电网络设计提供两种途径，一种是传统的以太网，一种是全光网。全光网基于 PON 技术组网，网络结构更加扁平简洁，具有大带宽、高可靠性、扁平化、易部署、易管理等优点。相比传统组网能够实现一房一纤，一机多用，一网多能。

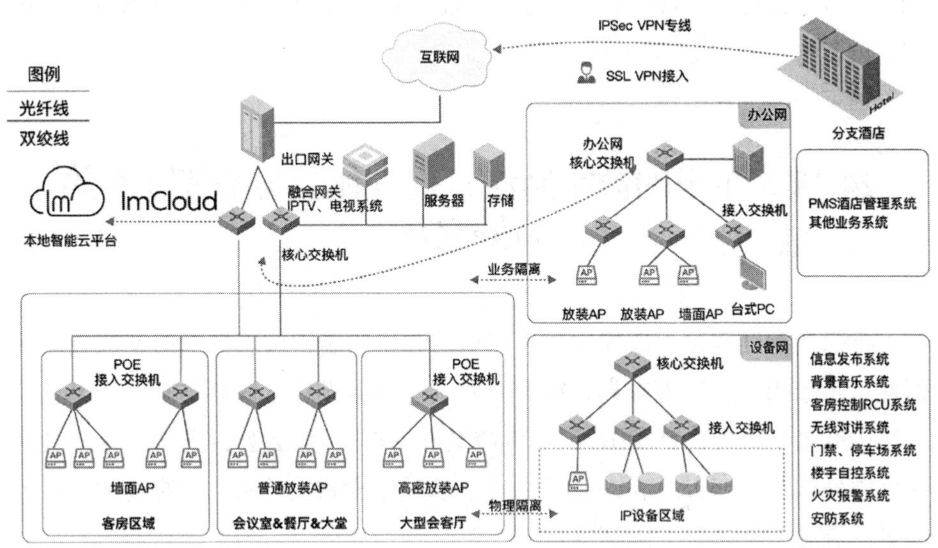

图 39　ImCloud 智能云管平台

基础网络平台分为三个部分：客房网、办公网、设备网。客房网、办公网两个网络平台均需通过出口模块与 internet 连接。设备网则无须连接互联网，只需保障内部通信稳定可靠，并与客房、办公网络进行物理隔离。在网络中心部署一台神州数码智能云平台 ImCloud，构建本地私有云，实现对酒店信息化的统一运维管理。

在智能客控场景中，通过主控网关集成了各种设备，通过手机控制、智能语音控制、智能屏控制等多种方式，实现灯光场景控制、电动窗帘、背景音乐、智能互动电视等，为客户提供了更便捷和个性化的服务。

AI 语音技术为酒店提供从住前营销孵化，按需部署酒店智能入住系统、迎宾 AI 机器人、服务 AI 机器人、AI 语音客服，保障住中服务协同、住后满意度回访的全场景的智能语音一体化解决方案，提升酒店获客、待客、留客效率。

AI 安防机电场景主要面向酒店管理人员，对暖通、电梯、配电给排水等设施通过智能化手段和监管和故障监控，对环境、停车、照明、安防等设施，通过人脸识别 / 视频识别 / 定位技术，提升酒店主动管理能力。AI 监控及智能安防场景设计——视频分析引领酒管能力新突破。（本案例由神州数码提供理论创新与实践支持。）

24. 国宾馆里的数字魔法：提升体验与节能降本的奇妙之旅

杭州西湖国宾馆，世界文化遗产里的奢华酒店，位于杭州西湖核心景区西侧、丁家山麓，三面临湖，宛若“西湖里的西湖”。西湖国宾馆的前身距今已 100 多年历史，是 2016 年 G20 峰会和 2023 年亚运会指定酒店接待过众多国内外首脑。酒店占地 36 万平方米，庭院蕴含古典韵味，曲廊通幽、移步换景，冠居“西湖第一名园”！

西湖国宾馆数字化项目中，按照政务型酒店对于智能化的高标准及其客群的特殊性，实施了高度定制化的方案，专注于在本地局域网络环境下打造前沿的智能管理生态。该项目采用了船舶及航空工业中久经考验的 CAN BUS 总线技术作为系统内部核心通信架构，并融合 RS-485 优化传输机制，极大地增强了系统的抗干扰能力，确保了数据传输的准确无误与安全可靠，为政务活动提供了坚实的技术保障。

西湖国宾馆采用了希思腾科自研的综合管理平台 iHMS，无缝集成边缘计算与 SaaS 服务，加速了数据处理速度。iHMS 平台深度重构酒店业务流程、优化服务细节、提升客户体验，将传统管理模式转变为智能、高效、可视化的新时代管理模式。

客人完成入住手续后，PMS 即时与 iHMS 自动传输详尽的入住信息，确保服务从第一步开始便精准无误。客控系统依据当地气候的季节性变化，预先将房间内的空调温度调节至最舒适的预设值，让客人一踏入房间便能感受到恰到好处的温暖或凉爽。廊灯与卫生间灯柔和亮起，窗帘缓缓拉开，自然光线与室内灯光交织出温馨的氛围（特别注意，纱帘保持闭合，以保护隐私）。空调低速运行，维持恰到好处的温度与空气流通。电视自动开启并播放温馨的欢迎词，让客人瞬间感受到家的温馨与酒店的热情。

通过墙装面板或基于设备状态与环境条件的智能逻辑判断，客人可以轻松驾驭灯光、窗帘、空调等关键设备的控制，随心切换至睡眠、阅读、总控、夜灯等多种精心设计的情景模式。

当客人选择睡眠模式时，房内的主要灯光与电器（电视、音响等）会采用渐进式关闭方式，营造出一个宁静、无干扰的睡眠氛围。与此同时，系统自动将房间状态设置为“请勿打扰”，确保客人免受外界的干扰。空调调节至最适宜的睡眠温度，助力每一位宾客更快进入深度睡眠状态。

在住宿安全与应急响应方面，设计了床头与卫生间双区域的 SOS 一键紧急呼叫系统，只需轻轻按下 SOS 按钮，求救信号即刻触发，iHMS 平台将自动触发紧急响应流程，迅速调度距离最近的管护人员前往现场，提供必要的援助与支持。

西湖国宾馆有一款集便捷与高效于一身的小程序。小程序实现了客房预订，住中客人“智控”房间各项设施与服务，支持在线消费结算，提升入住体验。小程序还巧妙地将周边商圈信息和品牌宣传进行了联动，附近的特色餐厅、休闲娱乐场所，宾馆优惠与活动，一键搞定。

iHMS 平台设备管控系统赋予管理者远程管控能力，允许其在线实时查看每一台设备的精细状态，风机风速的微妙变化，电磁阀的开关状态，房间温度的精准调控，都能尽在掌握，并可即时执行设备状态的调整指令，实现精细化管理与个性化服务的完美融合。

能耗管理系统是数字化建设中，针对节能减排目标的精准施策。该系统与 PMS 系统无缝对接，房间空调模式的远程智控，避免了能源浪费。该系统还提供了强大的能源消耗数据分析功能，支持集中多条件查询，帮助酒店管理者深入挖掘能源使用规律，识别节能潜力，为制定科学合理的能源管理策略提供数据支撑。在确保宾客使用便捷性与居住舒适度的同时，成功实现了高达 24.1% 的能耗节约。房间设备具备自我诊断与预警功能，大幅降低了人工巡检的频率与强度，工作效率提升幅度高达 35%，为环境保护与酒店运营成本优化贡献了显著力量。（本案例由希思腾科提供理论创新和实践支持。）

25. 闪烁在上海天文馆上空的元宇宙

飞机在东海之滨盘旋，冲向浦东机场的跑道之前，如果你从机舱的窗口看去，珍珠般的滴水湖畔有一座深空宇宙般的建筑一定会吸引你的眼球，那样的科幻，那样的深邃神秘，令你立刻想飞赴此地做一探究之旅。

这座位于上海临港的神秘建筑就是全球最大的天文主题馆，一个以天文“元宇宙”扬名于世的数字化新场景。

上海联通承担了上海天文馆的“元宇宙”策划和创新。从数字化转型全局出发，做好最初一公里顶层规划，提出以“一体两翼三端”的数字化蓝图，通过云网底座和能力中台，利用数字孪生技术打造“时光机”，航向天文馆的元宇宙星辰大海，既有数字孪生通常面向 M 端管理的应用，又创新地探索了数字孪生面向 C 端游客的场景，向上赋能科普教育、游客服务、场馆治理三端建设，打造了全国首个天文科普类场馆元宇宙示范案例。

图 40　上海天文馆

（1）数字资产，孪生建模形成高可复用的数字资产库。围绕天文馆周边、副建筑、主建筑外部以及内部公共区域和家园展区、航向火星展区等空间，利用数字孪生技术进行了高精度 1∶1 复刻，形成大量高精度三维模型资产。

这些资产一方面为基于模型的增值设计提供了强有力支持，同时也为后续的延伸提供了更多可能。

（2）展示赋能，增强展陈乐趣降低科普门槛．打开“时光穿梭”之门，感受天文馆建筑之美。通过数字孪生模拟，实现了时间＋季节＋天气变化，游客能够在一个时间原点，看到春天的樱花盛开，冬雪中的天文馆，感受日出日落，阅尽天文馆的建筑之美。

通过“时光之旅”自动漫游和特色展项自主体验相结合，基于孪生又通过叠加特效辅助展示从而高于孪生，覆盖航向火星、家园、夏至光环等热点展区展项，为游客提供了多种沉浸式的、线下看不到的新视角。

（3）服务赋能，增强游客体验便利游逛服务。坚持在服务游客上下功夫，充分展现了天文馆的人文之美。注重信息触达，服务台梯形屏上线游客看板，在最显眼的位置增加触点，面向游客提供数字信息服务。升级推荐导览，基于高精度孪生模型初步打造了“场馆自助”板块，面向游客提供经典路线推荐＋沉浸式导航导览等服务。关注分享留言，线下留言墙数字化升级，将纸质留言数字化，让每一份分享都能被更好展示，并持久留存。

（4）管理赋能，增强态势感知助力治理数字化。发挥数字系统永远在线、永不疲劳的优势，第一时间发现、第一时间提示、第一时间处置。态势全面感知，将天文馆12个具备数字信息性能的系统融合到数字孪生中，形成对人、事、物的态势全面感知和趋势智能预判。

上海联通数字孪生天文馆项目的元宇宙标杆案例，助推了天文馆的数字化、网络化、智能化转型，为文博场馆数字化创新提供了有益的经验和参考。

元宇宙及数字孪生技术应用，以元宇宙时光机为入口，尝试建立沉浸式体验、交互式探索、观景式学习的观展氛围，带领游客实现了一段星际之旅，让游客有更多的获得感。通过各种服务外延方式，让更多的人可以享受到天文馆的科普教育，提升科普的传播力及穿透力。（本案例由中国联通提供理论创新与实践支持。）

圆桌对话

数字化峰会论坛上，“圆桌对话”是最精彩的亮点。数人围坐，目光交汇，思想碰撞。围绕主题，这里有尖锐的观点交锋，有智慧的方法磋商，还有友善的意见建议。一张张面容专注而投入，话语或舒缓，或湍急。睿智的思想如火花绽放，每一个声音都被倾听，每一种见解都被尊重。

这里收纳三次“圆桌对话”：第一次是在线下，围绕“AI是酒旅真命题还是伪命题?”话题展开，观点交锋、言语对垒，精彩纷呈，得到现场百多位酒店集团CIO和众多听讲者的热烈反响；第二次是在疫情期间，元宇宙突然爆红，酒旅界人士高度关注。我在线上邀集几位主流酒旅集团和科技企业的CXO，以理性的思考和积极的姿态，探索元宇宙对酒旅业当前及未来的影响；第三次是我与ChatGPT之间开展的一次“私聊”，形式私密但内容值得公之于众，而且参加圆桌聊天的一方是AI，一个“碳基头脑”“面试”一个“硅基头脑”，实在别开生面。

1. 激荡在云溪小镇的酒店 AI“视界观”

2023 年金秋的杭州云溪小镇，一年一度的阿里云溪大会正在举行。人工智能和 AI 着实火爆，几乎成了大会唯一主题。放眼望去整个展会上展示的应用和设施、产品、案例无一不与“大模型”“AI”相关联。无论是论坛的主题发言还是圆桌讨论，也无论是正式场合演讲还是随意交流的沟通都聚焦在人工智能这个点上。整个云溪大会成了中国人工智能切入各个垂直行业的练兵场。

一百多位来自酒旅行业主流酒店集团的 CIO 和科技公司的老总们，正在天猫精灵的论坛，聆听由张兴国理事长与其他几位专家之间进行的一场“AI 视界观”的圆桌对话。以下为对话实录。

主题：酒店业 AI 应用到底是真体验还是伪命题?

主持人：中国饭店协会酒店数字化专委会理事长　张兴国

对话嘉宾：

首旅如家集团智慧酒店负责人　马欢

雅高集团信息技术酒店开业及管理总监　王浩旻

君亭酒店集团数字信息总监　沈波

支付宝数字化酒店负责人　巴录

云迹科技合伙人 & 高级副总裁　赵永波

一

张兴国：今天很高兴一起到阿里的场子来探讨酒店行业智能化的场景和 AI 的生态建设，讨论的题目是“AI 在酒店智能化建设过程当中到底是一种真实的体验，还是一个伪命题？”

所谓伪命题，就是说听上去有道理，其实在真实的生活场景当中并不是一种刚性的需求。所谓真体验，就是客人或管理人员、业主等能够切切实实从中得到好的感受和结果。

今天把这个问题先抛给大家，请大家畅叙直言：

王浩旻：这个问题说实话挺尖锐的，首先我认为AI智能化是真实的存在，一定有这个需求。但从现状讲，我认为有点像伪命题一样，原因是AI还不够智能。就像大家都看到的，智能酒店在客房里面经常会放一些智能小音箱。它（音箱）处于一种客人说一句话，它答一句，或者做一个动作（如关灯、开个电视）。这种智能音箱到底还能干什么？最多呼唤送个物，做个简单对话，仅此而已。

张兴国：王总的提法比较特别，既肯定了AI产品在我们酒店行业里面存在，又认为它是一个伪命题，理由是不够聪明。但因为不够聪明，就可以把它定位为伪命题吗？

马欢：我觉得不应该用“伪命题”来界定它，整个智慧酒店的发展阶段现在处于一个刚刚起步的1.0时代。从0到1，解决了从无到有的问题。优良的体验，是所有酒店数字工作者所追求的，不管是AIoT的硬件产品，还是做系统层，还是机器人或PMS，都是从1.0走向2.0，走向更加成熟、更好地为客户的住前、住中、住后服务。

张兴国：马欢否定了伪命题的说法，但并没有提出真体验的概念。认为之所以AI在酒店里面还不十分出彩，没有得到足够的重视，是因为它还处在一个暂时的1.0向2.0发展的过程。

巴录：AI在各个行业渗透的速度和深度已经超出我们的想象，它一定不是个伪命题。

我们有一个Intelligence OS for Hotel，就是面向酒店的一套智能化的操作系统。它能够帮助酒店经营人员、管理人员、运营人员方便地管好酒店，预测酒店经营的各项数据的走势。

我认为未来这个行业在AI的驱动下获得变革和发展，机遇是巨大的，所以这一定不是伪命题，而是酒店行业未来可期的新机会！

赵永波：目前AI确实还不能完全满足我们酒店业务的需求，很多人认为它是伪命题，但我希望它变成一个真命题。像机器人，几年前，酒店也认为是伪命题，但疫情之后，已经有近3万家酒店选用了我们的机器人，每天服务人次超过百万，成了真命题的典型。

最近我们公司深刻地感受到 AI 和大数据对于生产效率的提升是超乎想象的。以前财务结账需要 3~4 人用 7~10 天完成月度结账。采用大模型，90% 的标准工作交给机器人去做，一个机器人一个小时可以完成之前 3~4 人 7~10 天的工作量，并且准确度超过人。

这个案例说明人工智能进入酒店业和科技公司是一个真命题。

张兴国：这一轮讨论，得出一个观点，就是 AI 在整个酒店智能化的过程中，有非常宽阔的用武之地。王总的伪命题说法也有一些依据：目前酒店行业智能化程度确实不高，有时候低到甚至“愚蠢”，但在未来，我们相信它一定会有非常大的改善。

二

张兴国：既然 AI 在酒店应用场景是真命题，有丰富的使用空间，那请大家从各自的“视界”来描述一下智能设备在酒店业的场景，让我们打开一下思路。

沈波：AI 可以做什么？我觉得可以从三个层面看：一是酒店的营销；二是酒店的运营；三是酒店的管理。

以洗衣服为例，传统的酒店需要客人或员工跑到洗衣房去查看洗衣机的运行状态，做数字化建设后，把洗衣机、烘干机的状态搬到我们的 IPTV、搬到了我们的住中服务 App 上，客人可以通过电视机等移动端很直观地看到我们的洗衣机、烘干机的状态，然后进行预约。

当然，可以用 AI 智能语音机器人，主动地问询客人，然后提供相应的服务。AI 赋予酒店许多能力，由被动式服务转换成主动式的服务，进而为客人提供更加精准的服务。

安全方面，有了 AI，可以集成我们所有的设施设备，可以在大数据模型的监控下，监测到设备风险，提前介入，减少风险的发生，从而从被动防范转换为主动防范。

张兴国：两个场景：一个是洗衣房，一个是安全场景，非常好。

马欢：我发表一下首旅如家的观点。

第一，国内至少 85% 的酒店目前存在基础网络设施设备不够完善的问题。酒店网络交换机、带宽，目前都是不足的，不足以支撑智能化的飞跃。

第二，我们 AIoT 设备以及对应的系统，彼此是孤立的，数据没有共享。技术上没有壁垒，但数据形成了孤岛，就造成它的价值无法体现。

第三，今天都在谈智慧酒店，这个建设的成本谁出？我们单家酒店的单一硬件投入占到酒店总投资的 3%~7%，一家店百间房按照一千万元总投资来算，就是 30 万 ~70 万元的投入。对于业主来讲，他会怎样选择？即使集团定了数字化标准，业主是否愿意按照标准去执行？

第四，酒店智能化引起房价成本增加，能否在支付能力和消费意愿间得到平衡？如果没有消费端买单，可能是一个好产品，但未必会变成一个好的商品。

张兴国：“叫好不叫座”是数字化发展进程中不断会遇到的问题，有的人看到效果，希望投入、希望扩展，更多的人还在观望当中。

巴录：今天 AI 在酒店行业领域的落地成本极高。深入地做一套 AI 系统可能需要 3~5 年甚至 5~10 年的时间，训练一个可用的商业模型，让一部分业主先用起来是极其不容易的，不确定性太大了。

站在平台的视角看酒店业，我要在有 70 间房的酒店人员里砍掉 3 个人，怎么砍？用 AI 机器人替代，业主很容易地判断出三个人力一年的成本是多少，购买机器人可能只花了它 1/3 的钱，综合的用户体验会不会降？入住率会不会下降？这是一套完整的预测。

赵永波：补充一下，我们也是 AI 的服务商。AI 现在对酒店集团或者对其他客户群体，无论部署成本、实施成本还是使用成本都非常高。早期我们做单纯的机器人，能清晰地计算出酒店的 ROI。

因为有了它，可以满足用户的需求提升。携程 OTA 好评里，机器人的好评率都是 5.0 分。6 月我们拉了携程酒店评价的全量，结果 27% 的人给出差评，仔细分析，是用户提到在酒店里没有提供机器人服务，所以给了差评，这就是一个时代用户习惯的改变。

三

张兴国：在酒店数字化过程中，一个观念已经成熟，那就是数字化对酒店来说是一种必然的趋势，不用怀疑。那么如何实现酒店数字化？

酒店数字化的过程有各种各样的东西，比如说物联网、区块链、元宇宙，我们今天又讨论AI智能化。现在有一种情绪在蔓延：时代在前进，我们酒店人的未来是不是还要面临着一次又一次所谓的“技术贡献”，也就是说酒店人本本分分做酒店，是不是需要那么多的奇异点？我把这个问题抛给大家，如何看待酒店经营中的新科技，主要是AI，真的需要吗？

马欢：历史的车轮滚滚向前，任何个人都无法螳臂当车，我是非常积极拥抱新鲜事物。无论是AI，还是区块链、元宇宙之类，它的核心，就是如何满足客人的需求和需要，精准识别用户到底需要什么。

王浩旻：兴国老师讲酒店行业是不是需要一个奇异点，或者说突破？我认为是的，我们正迎来一个转折点。兴国老师发表的一篇文章叫《酒店AI大模型》，拜读了好几次。

刚才讲到区块链、元宇宙之类，我个人认为它并不是新奇点，而是昙花一现。但ChatGPT为代表的生成式大模型的出现，我觉得转折点出现了。尤其是结合酒店行业的生成式大模型，它一定会给我们这个行业带来很大的变化，一定是这样的。

天猫发布过一个数据，新开业的酒店智能音箱装备数量已经到了30%~40%。现在一些奢华品牌的酒店或时尚的酒店，这种智能音箱的配备比还是比较低。为什么？因为这些酒店讲究人性化的服务，追求一种奢华。智能音箱不够聪明，不够人性化，让客人觉得这就是一个机器，无法一直跟它交流。如果有生成式大模型的数据、算力的加入，我个人觉得这会是一个突破点、一个增长点。

谁来买单？比如雅高，使用我们UP Skill或者mini Skill的酒店占比80%，我们的Life Skill也在20%，这说明好的技术，奢华酒店业主其实愿意买单。

张兴国：非常高兴听到王总的分享：第一，高端酒店愿意为数字化、为

AI 买单；第二，他讲到数字化过程，高端酒店应该是一个主力军。

我希望与各位一起呼吁：“高端酒店也要拥抱数字化，数字化不是一个冷冰冰的技术。”

赵永波：涉及 OTA 差评，分数最密集的是高星级酒店。今天王总释放了一个很友好的信号。因为高星级酒店对标准化服务流程要求更高，改变它的成本也更高。

马欢总提到用户需求已经发生变化，Z 世代用户已经不再是以前的“70 后”“80 后”，但许多酒店提供的标准服务还停留在“70 后”和“80 后”的服务。

我们需要找到一些积极拥抱 AI 数字化的企业集团和大的星级酒店，一起探索住中需求或者客户需求。

沈波：关于营销，一个好的产品，客人是不是愿意去买单？技术如果有用，就不是“精神骚扰”而是雪中送炭。酒店数字技术的发展和及时采用是对业主、对管理方负责，对客人负责，对员工负责。

张兴国：通过讨论我们达成一个共识，酒店业处在向现代服务业转型的进程中，需要有数字化技术陪伴，需要一定的“奇异点”来刺激我们的服务，提高服务质量。

四

张兴国：刚才主题演讲中听到天猫精灵“快速渗透的智能交换终端网络”已经形成：4000 万家庭智能对话体验，4.6 亿个生态可连接设备，屏端平均 2 小时的交互时长，高达 80 亿的终端用户月交互次数。这组数据显示了天猫精灵在人工智能、智能音箱上面的探索和在酒店 B 端客户应用上的普及程度。

作为消费者、推广者、生态者，各位对天猫精灵在我们酒店构建生态场景、提供高智能的音箱服务有哪些要求？

马欢：我来提一下我们的诉求。最重要的一点，未来数字酒店 2.0 的重构应该体现在 2C，两者的连接其实是丝滑的。客人入住酒店，仅需授权，把信息同步给 AI，酒店提供基础服务，如洗衣、电视、送物，用户的需求、用户画像，天猫精灵要丝滑地把它带进来。

王浩旻：我对天猫精灵及其他智能音响和 AI 设备的建议：第一，更人性化、更聪明、更智能。现在天猫精灵是放在酒店客房，跟客人打交道是住中阶段。能否在客人到来之前，就让他授权，以便酒店提供服务。第二，客人离开后，还能做什么？比如去跟踪一下客人的入住体验，让酒店下一次更好地为客人服务等。因为中文的复杂性，就像兴国老师在他的文章里举例“酒店的服务太热情了”，这句话到底怎么理解？是不是字面意思？如果我们的人工智能足够聪明，能理解这个客人的真正意思，是不是更有意义。

沈波：既然已经有这么大体量的渗透，可以在酒店里面设计更多主动式服务场景。目前智能音箱是被动式服务，是在我们客户提出诉求的情况下，做出一些回应。如果能通过大数据模型，能够提前预知客人的需求，提供一些主动的服务，能让酒店服务更有温度。

巴录：今天的议题特别好，大的主题是说未来酒店是什么样子。天猫精灵在里面到底扮演什么角色？如果只是一个功能机的话，和别的产品同质，一定是没有特殊价值的，最后的厮杀就是比价格。天猫精灵要破局，有几个很核心的点：第一，比别人服务得更有温度，提供的服务边界，超过别人的服务边界。第二，真正做到从酒店角度来设计服务，一个既帮助酒店节省人力成本，还能赚钱的终端。面向未来，天猫精灵应该往这个方向打出差异化。

赵永波：我希望天猫精灵更懂酒店，功能更丰富。就这么一个动作，涉及很多对接，是很复杂的事情。要更容易实现，就要联合更多的生态客户一起，让客人享受及时的、舒适的、个性化的服务，这个挑战非常大。

张兴国：感谢大家对 AI 进入酒店的命题进行了全方位和多层次的探讨。各位的观点既体现了各自丰富的数字化经验，又体现了彼此观点的融合和希望融合成更广生态的愿望。

人工智能和酒店 AI 像一股细细的泉流，刚刚流出青翠的山岗，我们以现状来推断它的未来的时候，一定要延长时间维度。相信它进入社会、生活环境和酒店，无论在广度和深度上都是不可限量的。酒店数字化转型过程有 AI 的加持，如虎添双翼，势如破竹将是可期可待的趋势。

2. 国内酒店业专家聚谈潮物——元宇宙之究竟

一个名叫“元宇宙”的幻影正向我们走来，走得风生水起，又有点虚幻缥缈。有人给予点赞谓之未来科技，有人鄙视斥之“垃圾物种”。

然而不管褒贬如何，它的喧嚣还是惊动了我们，并认真地思考它究竟会给我们行业带来怎样的影响？

近日，我邀集了几位国内酒店业数字化专家，对元宇宙可能给行业的影响和困惑进行了一场畅所欲言的探讨。以下是对话实录。

主持人：张兴国

对话嘉宾：

首旅如家酒店集团副总裁兼 CIO　王波

碧桂园凤悦集团副总裁兼 CIO　杨永彪

江国际创新中心高级副总裁　陈飞锦

温德姆酒店集团大中华区 IT 负责人　李政

鹿马科技 CPO　徐元区

一

张兴国：大家好，诸位在酒店业都是数字化转型和创新方面有影响力的专家，今天请大家就元宇宙的话题交流一下彼此的观点。

第一个话题是：面对元宇宙的新潮，你是否认可或部分认可以下的判断：“元宇宙代表下一代互联网最重要的发展方向，是对移动互联网数字产业和应用生态的全面创新，并将在部分领域引发颠覆性的革命”。

王波：先谈谈自己的判断：一个新的产业的发展，需要与人类社会的发展方向一致，即要么解决基本的刚需问题，如吃、穿、住、行；要么能让人们的生活更美好，如旅行、社交、创新与自我实现。元宇宙作为与现实相伴而生的虚拟世界，需要找到大的落地场景，并和社会协调发展，才可能成为一个新的产业。

陈飞：元宇宙确实是下一代互联网发展的重要趋势和方向，值得去深入探究，有机会在某些应用领域带来颠覆性的变革。但是一个重大前提就是，一系列前端无线通信有关的软硬件设施的配套同步优化和实现，包括强化其普适和功用属性、弱化其投资和游戏属性。否则元宇宙的概念将只是美好概念。

杨永彪：元宇宙是随着科技不断迭代发展，在现实世界与虚拟世界的沉浸式体验中进行深度融合的产物。元宇宙被冠以“互联网 3.0”或下一代互联网的方向，这其实是企业特别是咨询公司为发展需求而创造的词汇，说多了就成为代名词，概念与现实还是有差异的，这需要时间和技术的积累，与消费行为的变化发生共振，这个时间不会短。但技术与需求的变化肯定会带来酒店业领域颠覆性的革命。

李政：首先，我认可元宇宙将是新的互联网产业的一个风口，并将在部分领域引发颠覆性的革命。纵观当下的移动互联网，无论是使用人数还是应用创新，都遇到了瓶颈，该如何通过元宇宙这个概念，来进行互联网的第三次定义（第一次桌面 / 第二次移动 / 第三次虚拟实录），是值得 IT 从业人员思考的。尤其是如何通过元宇宙和 NFT 的结合，来实现对于部分领域的预先布局，抢占先机，并对后发者产生垄断优势，或者提高其加入门槛，需要提前做好战略性考量。

徐元区：一般认为，移动互联网真正发端于 2007 年 3G 网络形成标准与以 iPhone 为代表的智能终端上市，到 2022 年走过了 15 个年头，在社会、科技、智能设施等方面都取得了革命性的进展，从发展的角度看，需要一套理论与技术框架来定义并引领这个浪潮的继续前进，我认为元宇宙正在扛起这杆大旗，所以我基本认同这个判断。

二

张兴国：请大家预测一下：元宇宙对酒店业未来的影响将表现在哪些方面？具体的应用场景可能是怎样的？

李政：目前不管是国内还是国外的元宇宙产品，本质上还是一个基于VR、AR等技术的网络游戏。在这样的场景下，酒店入驻更多的是一种品牌传播的价值。

杨永彪：酒店元宇宙，是对酒店应用场景的升级。酒店主要以满足人们短期居住为目的，但在未来特别是元宇宙中，酒店不再是以短期住宿为目的，将以为人们提供可定制化的临时私密空间为主要服务。

未来酒店，一定是多元化、综合性、个性化按需服务的行业，利用虚拟时间的高度自由，将现实世界中无法全部拥有的元素尽收其中。

想要情侣约会时，酒店为你营造浪漫的氛围；想要商务洽谈时，酒店为你提供无压力轻松的商务场景；想要学术交流时，酒店为你提供资料齐全的实时数据库；甚至想要独自一人享受孤独时，酒店也可以为你提供绝对不被打扰的私人空间……

实现以上这些，可以随时一键切换。而所有的这一切，都不再需要繁琐的登记入住交付押金，在你开门进入酒店房间的那一刻，系统将识别每个人独特的身份，而在你离开时，系统便将自动依据服务享受时长，从你的元宇宙账户中进行资金的扣除。

徐元区：我理解酒店行业是人文与科技结合得很紧密的行业，元宇宙将在三个方面对酒店业产生影响：一是元宇宙将推动第二波的全球化浪潮，产生更多的跨境需求，酒店从业者如何抓住这个机会，值得探讨；二是元宇宙将进一步改变酒店客人的行为习惯与体验要求，酒店的产品与服务需要重新定义；三是元宇宙带来的技术进步，也将重新定义酒店形态，酒店的管理过程；可能卖酒店IP比卖“床”更有价值。

陈飞：短期内，元宇宙在酒店里的应用主要体现在更为逼真的在线虚拟选房；更为务实的虚拟在线客房设计；更为真切的虚拟会议场所；部分主题鲜明的酒店虚拟形象的创造、设计和营销。中长期方面，酒店可以通过定制化的元宇宙为酒店客人提供更多的在房虚拟娱乐、社交、购物场景，打破空间限制，从而提升坪效、体验与收益。

王波：元宇宙，在酒店可以先做体验馆，或者私人定制，让酒店成为元宇宙的一个入口，或者接入点；要区别于个人场景或家庭场景，如定期举办元宇宙 Party、拍卖、聚会演说等。

李政：我觉得，它会对酒店新产品的虚拟沉浸式体验有颠覆性的促进，具体应用场景可能从二维的图片、三维的视频，从而发展到四维的沉浸式体验，使用户可以足不出户，就能领略到相关的场景，使其对于所去的目的地，提前有全方位的感知体验。

三

张兴国：假如元宇宙在向“虚”和向“实”两个方向发展，你们认为哪个对酒店行业的影响会更大些？（虚：比如沉浸式游戏、数字社区、虚拟场景创新等；实：比如增强现实、数字孪生等。）

王波：酒店是提供流量和场景的地方，不是产生技术的地方，所以酒店可以成为元宇宙现实和虚拟实践的场景，也成为结合点，将虚和实结合起来，才能成为入口。

李政：虚中有实的增强现实，通过更加强大的虚拟场景搭建，让用户有身临其境的体验感。在后疫情时代，从虚向实的预告式体验，会让酒店用户选择产品时更具针对性。

杨永彪：我们酒店业最大的优势就是场景提供，用这个优势和场景创新去参与这场元宇宙也许是一个可行的方向。在元宇宙的探索过程中，“向实”会使许多虚拟技术在酒店产品和运行中得到应用，如演艺成像、全息投影、裸眼 3D 等，一旦与酒店消费场景结合，效果会受到市场追捧；“向虚”则展示了酒店、旅游等现实体验的另外一个实现途径，若与资本结合，则会使酒店业玩法更加多样。

王波：回归到酒店最核心的需求——睡觉，如果人的意识不能上传到虚拟世界，那元宇宙的任何一种技术都不会让睡觉这个事情产生革命性的变化。但增强现实技术对行业能有影响，之前携程已经上线了 VR 选房，如果技术进一步提升，让客人在预订的时候就可以提前感受一下自己要住的房间的格局和景观，能让客人更好地做预订决策。

徐元区：我理解这两个方向都重要，只是在不同的阶段侧重点不一样。初始阶段，局限于技术与理念的共识，“虚”的多一些，让更多的人可以相对完整地体验。发展阶段，技术进步以及成本的下降，“实”的方向会多起来，产生更多有趣的场景应用。成熟阶段，应该是“虚”“实”不分了，人们习惯于在数字世界与现实世界自由切换。

陈飞：没有什么特别清晰的偏向，关键看供应商对酒店行业的理解和技术成熟度。对于大文旅板块来说，虚拟场景和目的地实景的“虚实结合”应该会有很大的吸引力和潜力，对于商旅，元宇宙对传统的休闲度假游或许会产生更为深远的影响。通过虚实结合的旅游方式，部分目的地体验在酒店内即可完成，这对于行动不便的旅行者、需要长时间排队或者座位有限的体验、交通不便的新景点，都有切实的应用意义与价值。

四

张兴国：以你们的判断，元宇宙所定义的虚拟世界和技术，对酒店、餐饮业的影响还有相当长的时间还是已经指日可待？是亟须抓紧布局予以推进？还是需要谨慎观察，等形势进一步明朗后决定进退？

陈飞：新技术的使用要得以推广，无非能够带来营收增长或成本优化。目前无法想象后者的实现前景，前者可以在提升客户体验方面带来亮点，有机会增加营收。但是无论如何虚拟，都无法取代正式住宿、旅游和餐饮的线下体验的。

杨永彪：我认为，谈到实现路径，对绝大多数酒店来说，倒并不急于这个时间点马上布局。大多数酒店在现阶段的重点，应该基于成熟技术完成酒店业务数字化及数字业务化，特别是对用户的需求挖掘，不要被市场带偏，静等元宇宙所需技术及市场法规成熟。对资金及技术雄厚的公司可以进行尝试性的探索，我们酒店集团已在基于酒店空间服务方向开展试点。

李政：还有相当长的时间需要磨合，但不妨碍酒店行业对其展开充分的讨论和研究，概念可以先行。

徐元区：在帮助实体产业进行数字化运营变革时，我秉持的一个理论是“复杂演化论”（圣塔菲研究所，1984），各种进步就像一颗颗的珍珠，到了一定程度，突然就有人把这些准备好的“珍珠”串成“项链”，乔布斯如此，马斯克也是如此。所以我们现在必须开始参与，因为它是方向，是使命，应该以"功成不必在我，而功力必不唐捐”（胡适，1932）的态度对待它。

王波：行业的创新，要专注于行业的本质，酒店经营的本质在于体验、流量和经营效率，满足人们出行的各类入住需求。基于这些本质，进行结合式的创新是合理的。所以，需要积极探索元宇宙与酒店本质的结合创新，酒店有元宇宙需要的五要素之一的人流量，但需要融合发展。

徐元区：如果人的意识不能上传到虚拟世界，那吃饭睡觉这两件事情一定还是要在现实世界里完成。但在点餐环节，就餐环境、酒店预订环节会有一些微创新，比如点餐的时候，可以通过裸眼3D技术实现菜单的可视化，可以打造沉浸式就餐环境，国内已经有这样的餐厅。因此在酒店和餐饮行业上，未来可期，人有一天真的可能完全生活在虚拟世界里，但是现在我们能做的还是很少，元宇宙里开酒店和餐厅带来的只是品牌的宣传。

五

张兴国：请大家研判一下，一旦在酒旅（餐饮）业中开展元宇宙的产业布局或应用实践，可能面临的最大困难是什么？破解的途径在哪里？

徐元区：我认为最大的困难可能来自三个方面：一是产业环境；二是算力的提升；三是信念的坚守。关于产业环境可能涉及现实法律的制约、全球化的暂时逆转、政策的不明朗。对于算力的提升，涉及芯片制造与算法进步，目前在该方面还存在较大的缺口，需要一些基础理论层面的突破；对于信念的坚守只能来自企业家精神、全球化视野、长期价值的信奉。只要方方面面，共襄盛举，达成共识，就能尽快地促成产业的成熟。

王波：面临的困难一是投资模型是否成立，二是技术的成熟度和稳定性，三是复制的门槛。建议先试点，试验，得到确认的反馈，再往前走。我们有试一试的动能。

李政：最大的困难是和其他元宇宙产品的接口、协议的统一性。能够想到的破解途径之一，是行业协会等相关部门多多邀集头部集团IT，就具体运用场景，以及需要的技术进行探讨，形成共识。

陈飞：任何颠覆式的创新产品都需要对应真实的C端需求，而不是从技术端倒推应用场景，否则免不了走入“游戏炫酷”的困局。

六

张兴国：你们认为，在元宇宙的实践过程中有哪些消极的因素和危险需要提前预判和防范的？（包括社会、行业、企业、消费者、业态等维度和方面）

王波：酒店餐饮业目前还是非常传统的行业，从业者对元宇宙的认知和接受度、参与度还很低，企业对元宇宙的看法参差不齐，投入的积极性不高。启动行业元宇宙的进程需要有成功案例引导，避免在区块链、智慧化转型出现的案例匮乏的问题。预计元宇宙更容易在从业人员素质较高、技术含量较高的人群和行业中优先落地，这会促进资本与劳动的价值更加平衡地分配。

李政：在实践过程中，个人隐私的泄露、数据安全的威胁、产品的专利性保护等涉及网络安全、数据安全、个人隐私的部分，是需要提前注意的。

徐元区：对于元宇宙实践最大的威胁来自参与者自身，如果参与的资本、企业家不能秉持正确的价值观、商业伦理观，就会将元宇宙带偏，带向“虚拟游戏沉溺”“灰色产业”“金融骗局”等，最后导致被全面取缔、禁止发展。从业者最好将关注点聚焦在科技进步、经营效率提升等方面。

陈飞：避免“噱头大于实质”的短期燥热现象。关注虚拟形象后面的真实意图，避免欺诈、个人隐私暴露、网络暴力等现象。

张兴国：好，感谢各位的精彩观点。

听后很感叹！我一直在思索：元宇宙究竟是什么？璀璨新科技还是韭菜苦担当？应当抢先布局为好还是小心探道为妙？也许在每个人的眼里有不同的答案……

今天的讨论似可用两句古诗来形容：“小荷才露尖尖角，早有蜻蜓立上头”和“风起于青萍之末”。前句显示了各位对新技术敏感的思考和判断，后句些许透露出元宇宙发展波诡云谲的未来。

期待今天的讨论能给酒旅行业数字化的发展带来一些启迪。

3. ChatGPT，你能为酒旅业做什么？

对话嘉宾：ChatGPT3.0，点评：张兴国

2023 年 3 月，美国科技初创公司 OpenAI 旗下智能聊天工具 ChatGPT 在全球范围内掀起了一阵人工智能热潮，紧接着国内的百度文心一言等也逐渐落地应用，随着科学技术的发展，这些人机 AI 产品正在改变人的思维观念和行为方式。

ChatGPT 对酒旅行业的认知到底有多少，其能够在哪些方面助力酒旅产业的发展呢？恰逢浙江特勤局邀请我为其所属的西湖国宾馆等企业做一次讲课，我就以此为背景从酒店运营、酒店宣传文案、酒店管理等多个角度对 ChatGPT 提出了 11 个问题，并针对其回答做了点评。

同时，我以"ChatGPT 的现状和发展趋势"为题，让 ChatGPT 撰写了一篇演讲稿，直观地展现了 ChatGPT 对自我技术的认知。

以下是我与嘉宾 ChatGPT 对话的实况及我做的即时点评，大致可以反映 ChatGPT3.0 的能力和特点。

一问：酒店 PMS 软件最终的发展方向是什么？

答：PMS 软件最终的发展方向是：实现智能化的运营管理，助力酒店业务的数字化转型，进而提升客户体验、提升企业效能，实现智能化的营销管理，以及实现多渠道业务数据的统一管理等。

点评：回答得中规中矩，对 PMS 在数字化时代发展的新趋向没有给出具有探索价值的建议。

二问：给杭州西湖国宾馆写一篇推广的软文

答：杭州西湖国宾馆，致力于打造一流的国际级酒店，位于杭州西湖风景区内，拥有宏伟的外观，坐拥美丽的西湖景观，是杭州的一颗璀璨的明珠。

西湖国宾馆拥有宽敞的客房，设施齐全，客房内拥有最新型的家电设备，还设有豪华的按摩浴缸，可以让您在旅途中放松身心。国宾馆还提供各种餐

饮服务，中西美食、烤肉、海鲜，精致美味，可以让您在这里尽情享受。

西湖国宾馆还拥有多种娱乐项目，健身房、桌球、游泳、网球、羽毛球、网络电脑等等，可以让您在这里尽情放松，体验杭州美好的生活。西湖国宾馆的服务团队，专业的管家、技师人员素质优秀，服务热情，可让您在这里度过一段难忘的旅程。

西湖国宾馆，是一个集休闲、娱乐、度假和商务于一体的综合性酒店，以舒适的环境，热情的服务，给您带来一份宾至如归的感受，打造一个美好的休闲旅游体验。

点评：文字很规范也通顺，只是内容好像没有点出西湖国宾馆的特色，看来它对刘庄并不熟悉。作为一般的酒店介绍，可以以此为模板，增减内容。

三问：请就“打破景点门票经济”话题，给出一个评论提纲

答：提纲：

I. 引出话题

II. 分析景点门票经济

A. 景点门票经济的利与弊

B. 景点门票价格与游客收入的关系

III. 打破景点门票经济的可行性

A. 合理定价

B. 制定有效的补贴政策

IV. 结论

点评：这个提纲结构是合理的。可以给思考这个话题或撰写这个专题评论的人一个思路，有利于提高“秀才”效率。

四问：酒店经营中碰到“碰瓷”的客人如何处理？

答：“碰瓷”是指一些客人故意制造事故，企图从酒店获得经济赔偿。这种情况对于酒店经营来说是一种非常不利的影响，因为这将影响酒店的声誉和经营状况。下面提供一些应对“碰瓷”的建议：

一是增强员工意识：酒店员工应该时刻保持警惕，特别是在客人提出一些过分的要求时，应多加留意。如果发现客人故意进行“碰瓷”行为，应该及时报告上级领导。

二是保留证据：如果客人提出赔偿要求，酒店应该保留相关证据，例如照片、监控录像等，以便证明客人的行为是故意制造的。

三是冷静应对：当客人提出赔偿要求时，酒店应该冷静应对，不要慌张或情绪化，以免让客人占到便宜。同时，酒店应该了解相关法律法规，不要轻易答应客人的要求。

四是寻求法律帮助：如果客人的行为已经涉及法律问题，酒店应该及时寻求法律帮助，寻求专业人士的意见和建议。

总之，酒店经营中碰到"碰瓷"的客人需要谨慎应对，保留证据，冷静应对，寻求法律帮助，以维护酒店的声誉和经营状况。

点评："碰瓷"是日常经营中会碰到的现象之一，解决这类问题一般都有成熟的 SOP。GPT 对这个问题的回答有一定的参考意义，表明它的数据库中这类问题的关联文档比较丰富，可以为我们起草新的或完善 SOP 这类操作规范性文档发挥参考作用。

五问：对杭州汪庄、刘庄这类高端迎宾型酒店数字化转型的最佳建议是什么？

答：1）把酒店客房管理系统数字化，建立客房管理信息系统，实现客房的现代化管理。2）引入智能化客房管理系统，提高客房服务水平，实现客房的智能化管理。3）实施网络技术，实现客房的实时管理，提升客房服务水平。4）建立网络营销系统，提高客房销售效率，提升客房销售水平。5）采用客房管理软件，实现客房信息的及时录入，提高客房管理效率。6）采用高科技技术，实现客人入住体验的提升，提高客人的回头率和房价。

点评：所提建议符合逻辑，但专业度不深，所以参考价值一般。但因为逻辑正确，对酒店专业人员酝酿工作思路、起草有关工作计划还是有帮助。

六问：咨询一下，国际连锁品牌酒店，按五星级的要求，400 个房间的弱电系统（包含无线网络、电话系统、电视、卫星电视、安全视频监控、综合布线，公共区域面积适中）预算要多少万元比较合适？

答：这个预算难以给出一个准确的数字，因为涉及很多具体的细节和环节，包括地理位置、品牌选择、设备配置、工程难度、人工成本等。但是可以给出一个大致的参考范围，2000 万 ~4000 万元。具体的预算需要根据实际情况进行详细测算。

点评：这个题目确实难为 GPT 了。它提出预算大小涉及很多具体的细节和环节，包括地理位置、品牌选择、设备配置、工程难度、人工成本等等，所言不差，说明 GPT 对此有一定的专业度。我考虑如果把这些因素都作为参数输送给 GPT，并给它一个可执行的算法模型，那么 GPT 利用它背后的算力是可能为我们提交一份可信的答卷的。这就是说，今后利用 GPT 可以开发出许多专业的核算工具和系统，很大程度上可以改变酒店业在许多方面“拍脑袋”行事的现象，大大提高工作效率。

七问：春秋航空酒店管理公司的陆 ×× 总经理对中国咖啡市场有什么突出贡献？

答：陆 ×× 总经理在任职于春秋航空酒店管理公司期间，为中国咖啡市场做出了突出的贡献。他领导公司研发出了中国首个国际标准咖啡机，它以其高质量、高性能和低成本赢得了消费者的信赖。此外，他还建立了一个合作伙伴网络，为客户提供优质的咖啡服务。他的工作也有助于中国咖啡市场的发展，使得更多的消费者受益于咖啡的香气和美味。

点评：陆总在酒店行业知名度很高，最近几年又成为咖啡业的网红品牌“一尺花园”的联合创始人。让 GPT 写一下陆总是想看看它的内容和互联网的关联度如何？这里的 GPT 把陆总写得头头是道，但其实关于陆总的信息知道得很少。

八问：酒店一个客人患流感，喉咙红肿，流清涕，体感乏力，请帮他开一方中药汤剂。

答：根据客人的症状，可以考虑开一方清热解毒的中药汤剂。以下是一方可能的配方：

【配方】金银花 10 克，连翘 10 克，薄荷 6 克，桔梗 10 克，甘草 6 克，生姜 3 片，大枣 3 枚。

【制法】将金银花、连翘、薄荷、桔梗、甘草洗净，加入适量清水，煮沸后改成文火煎煮 20 分钟，加入生姜、大枣再煮 10 分钟，滤去药渣即可。

【用法】每日 1 剂，分 2 次服用，连续服用 5~7 天。

这方药物具有清热解毒、解表散寒的功效，适用于流行性感冒、咽喉炎等上呼吸道感染的治疗。但请注意，每个人的体质不同，药物的剂量和组合也应该因人而异，因此建议在医生的指导下使用中药汤剂。

点评：GPT 有点无所不能，它居然连中医的方子也能开，不过这样的方子我还真不敢用。但如果事实证明它确有这样的功能，叫本硕连读 8 年的小中医们情何以堪？

九问：小张，语文 85，数学 76，英语 63；小六，语文 84，数学 64，英语 99；小王，语文 56，数学 96，英语 79。根据以上信息替我做个表格，并且加一列总分合计，且按照总分由高到低排列。

答：

姓名	语文	数学	英语	总分
小六	84	64	99	247
小张	85	76	63	224
小王	56	96	79	231

根据表格中的信息，小六的总分最高，其次是小王，最后是小张。

点评：ChatGPT 按照我的指令，驱动了一个类似 Excel 的表格系统，快速地完成了表格，非常快捷，这个很有使用价值，极大地提高了工作效率。

十问：能不能以“杭州的春天”写一首七律古诗？

答：东南风兮杭州春，莺啼燕语入人心。

桃花红艳满城中，柳絮飘飞神仙境。

游人载歌游西湖，桥边赏花忘归路。

山水相辉映夜明，烟雨蒙蒙静无声。

城隍庙里香火绕，六和塔前钟声响。

江南水乡乐无边，春日杭州福地藏。

点评：有点像，但不地道。韵辙、格律、平仄都有问题，内容也有不着边的地方，如杭州写香火不写灵隐寺不写香积寺，却扯上城隍庙。不过水平已经超出一般的人了。

十一问：给我一篇500字的关于《春江花月夜》的介绍

答:《春江花月夜》是著名的宋代词人苏轼的一首著名诗歌，写于晚宋中叶，是宋代唯美诗歌的典范。整首诗歌充满了对春天的热爱，以及对自然景观的惊叹，反映出宋人崇尚自然、探索宇宙规律的精神。

诗歌以一种唯美的语言来描述春江夜景，描绘出春江灿烂的景色，河水湛蓝，荷叶间绿意盎然，芦苇摇曳，森林笼罩在月光的明亮里。诗中还提到夜晚的蝉鸣声、鸟啼声，让人流连忘返，令人神往。诗歌的结尾，苏轼用一句意象优美的话，将此景描绘得淋漓尽致:“行船轻轻别满楼，玉簪暗换霓裳”。这句话形象地描述了船只离满楼，玉簪换上霓裳的情景，令人惊叹不已。

《春江花月夜》的主题是人与自然的和谐，让人感受到自然的美妙，仿佛自己就站在江边，一览灿烂的春江夜景。诗歌集中体现了宋人崇尚自然、探索宇宙规律的精神，感受到自然美妙，心旷神怡，也具有深远的文化意义。

点评：乍一看，挺不错：文字优美、通畅、引经据典，但就是这篇东西让我对GPT产生了严重的不信任感:《春江花月夜》是早唐诗人张若虚的名篇，具有唐诗中的皇冠之舆，在互联网上一查便知。但这篇介绍通篇胡诌，错误百出。如此张冠李戴，自然下面的引文、评论、感想自然全都错了，关键错得煞有其事。GPT居然对互联网上的名篇都会犯如此严重的错误，那当它提供给我比较陌生的内容时，我该不该相信他呢?

当然，我相信ChatGPT有机器学习能力，会随着数据库的中文文本增加和年份增加，逐渐变得更有知识、更博学、更可靠。

后记：ChatGPT已经发展到4.0版本，并且可以在回答问题时连接互联网实时查询新的资讯，答案的准确性大幅提高。国内的同类自然语言大模型发展得也非常迅速，如百度的文心一言、阿里的通义千问、科大讯飞的星火等，在对话的质量和范围上甚至有更胜一筹的地方。我个人使用国内大模型的频率已经超出了ChatGPT，因为前者更符合国内的情况和语境，更高效。

附 录

附录 1　对《ARIMAX 模型对酒店住客送物需求总量的预测算法》的评估与建议

张兴国

盈兴科技在建设“酒店智能总控系统”时采用了数字模型方法对酒店经营中的一些行为进行了抽象、归纳，力图总结出管理行为的规律性，以便用系统进行控制。这是一种非常值得鼓励的方法。

在对结论进行评估之前，我首先肯定这种方法论的正确以及在研究开发酒店智能系统中的作用。如果我们广泛对酒店经营中的各种现象进行研究并据此找出其内在的规律，我们就可以开发出有实践价值的“数字店长”，我们的数字总控系统也有望统筹其他的智能系统从数字酒店 1.0 向 2.0 的方向发展。

为了叙述方便，下文对《ARIMAX 模型对酒店住客送物需求总量的预测算法》一律以“本次实践”来指代。

以下对本次实践中涉及的统计方法进行评估和一些建议：

（1）数据准备和预处理：

- 本次实践提供了酒店送物需求相关的历史数据，这是进行预测的基础。
- 本次实践中提到进行了数据预处理，处理缺失值是非常重要的步骤，可以确保模型建立在完整的数据基础上。

（2）ARIMAX 模型检验：

- 在进行 ARIMAX 模型之前，对数据进行了时间序列数据平稳性检验和自相关检验等，这是确保模型合理性的重要步骤。
- 通过检验，确认了使用 ARIMAX 模型的可行性，这意味着模型可以在数据中捕捉到一定的模式和趋势。

（3）建立 ARIMAX 模型和模型训练：

- 本次实践中使用了 R 中的 autoarima 函数来自动优化 ARIMAX 模型的参数，确保了模型的适应性和准确性。
- 采用随机选择训练集和测试集，并使用测试集进行模型预测和评估，这是一个合理的方法来评估模型的性能。

（4）模型评估：

• 本次实践中使用了残差检验、RMSE 等指标对模型和测试集结果进行准确性分析，这是常用的评估模型预测性能的方法。

• 使用预测准确率来衡量模型的成功程度，可以帮助了解模型在实际应用中的表现。概括说，本次实践中的算法流程基本符合常规的数据预处理、建模和评估步骤。然而，对于实际应用中的预测准确性，除了使用测试集评估外，还需要进行实际业务环境的测试，以验证模型在真实场景中的性能。此外，在未来优化方向中，本次实践提到了考虑增加外生变量和使用入住人数等来提高模型的准确性。这些是合理的优化方向，但确实需要收集更多相关数据并进行合适的数据变换和处理。

需要注意的是，统计建模虽然可以提供一定程度的预测能力，但在实际应用中还需结合业务经验和专业知识，进行综合决策和处理。对于预测结果，还需注意对不确定性的评估和风险的考虑，以便更好地应对实际情况。

本次实践，虽然整体上的算法流程和评估方法是合理的，但仍然存在一些可以继续提升和改善的建议：

（1）外生变量的选择：本次实践中使用了一些外生变量，如出租房数、上证指数涨跌幅、体感温度的平均值和标准差，以及下雨百分比。然而，对于预测住客送物需求总量来说，是否值得使用这些外生变量是值得思考的，似有牵强意味。可能还有其他一些影响住客送物需求的因素，如节假日、活动、促销等，可以考虑将更多相关因素纳入模型，以提高预测的准确性。

（2）模型优化：虽然本次实践中提到了对外生变量进行数值变换来提高模型准确度，但并没有详细说明采用了哪些具体的数值变换方法。在模型优化过程中，可以尝试不同的数据变换方式，如对数变换、平方根变换、标准化等，以找到对模型性能最有利的变换方式。

（3）数据窗口的选择：本次实践中提到采用最近的历史数据（如最近 120 天的数据）来训练模型可能会得到更好的结果。但对于不同的业务场景，调整数据窗口的大小可能会影响模型的预测能力。可以尝试不同的数据窗口大小来找到最适合当前问题的数据窗口。

（4）多模型对比：本次实践中似乎只采用了 ARIMAX 模型进行预测，但在实际应用中，可以考虑尝试多种不同的预测模型，并进行比较。例如，可以尝试其他时间序列模型（如 Prophet、SARIMA 等）或者机器学习模型（如回归模型、神经网络等），以找到最适合问题的预测模型。

（5）预测结果解释：本次实践中提到使用预测准确率来衡量模型的成功程度。然而，仅仅使用 RMSE 等指标来评估模型可能无法完全解释模型的预测结果。建议结合业务背景和预测结果，对预测结果进行更细致的解释和分析，以便更好地理解预测的含义和意义。

（6）最后我想指出的是，选择研究对象一定要选择酒店业务中具有重要经营或业务指导价值的现象。本次实践中讨论的话题就其重要性而言不算太高（我估计是受到研究对象数据收集困难的限制）。

总体而言，本次实践中的算法流程和方法是一个良好的起点，但在实际应用中可能需要进一步的优化和改进。在实际运用中不断进行实验和验证，逐步完善和提升预测模型的准确性和效果。同时，结合领域专业知识和业务经验，可以更好地解读和利用预测结果，以支持决策和业务优化。

原文作者回复：

非常感谢张总对我们的工作成果提出了如此详细和有益的建议。我们仔细阅读了您的反馈，深感其中的每一点都对我们项目的改进至关重要。

我们特别赞同您关于使用多模型对比的看法，经过初步的研究，发现 Prophet 算法同样支持外生变量。

针对您提出的每一项建议，我们已经着手进行改进，并尽快完成主要的调整工作。

再次感谢您的宝贵时间和精心指导。

附　ARIMAX 模型对酒店住客送物需求总量的预测算法

李军，胡俊杰，潘哲凯

1. 简介

ARIMAX（Autoregressive Integrated Moving Average with Exogenous

Variables）模型，是 ARIMA 模型的扩展，能够在模型中加入外生变量，从而提高模型预测的准确性。在本项目中，我们将利用 ARIMAX 模型预测酒店住客的送物需求总量，预测模型的外生变量包括：出租房数，上证指数涨跌幅，经过温湿度计算的体感温度的平均值与标准差，这一天下雨的百分比。

2. 业务背景

某知名大型品牌酒店为提高客户满意度，对存在的客户送物需求度进行预测以减少酒店送物不及时的问题。

3. 业务目标

通过预测出未来每日送物需求总量，加上统计出的 24 小时的送物时段分布，以及计算得出的机器人每小时送物数量上限，以发现未来哪些时段存在送物机器人饱和的情况，并推荐酒店运营提前做出人员排班的处理来降低送物不及时的出现频率以提高住客满意度。

4. 算法流程

（1）数据准备：获取历史送物需求数据，包括历史需求量，以及对应日期的上证指数涨跌幅，计算一天内体感温度的均值与标准差，和下雨百分比。

date	rented_rooms	涨跌幅	is_weekends	u_HI	sd_HI	Has_rain	客需需求	客需需求_log
2022/8/28	210	-0.31	1	28.18	2.00	0	177	5.17
2022/8/29	241	0.14	0	33.94	5.22	0	186	5.22
2022/8/30	241	-0.42	0	34.70	4.28	0	183	5.20
2022/8/31	260	-0.78	0	25.65	1.60	0.1875	177	5.176

（2）数据预处理：对获取的数据进行清洗，处理缺失值

（3）ARIMAX 模型检验（选择的数据通过了以下检验，具有进行 ARIMAX 模型的可行性）

a. 时间序列数据平稳性检验：

Augmented Dickey-Fuller Test

data：客需需求

Dickey-Fuller = −4.7455，Lag order = 6，p-value = 0.01

alternative hypothesis：stationary

b. 自相关检验

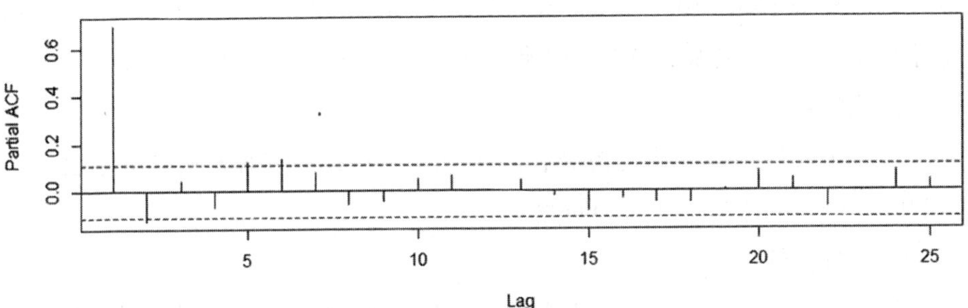

c. 季节性检验

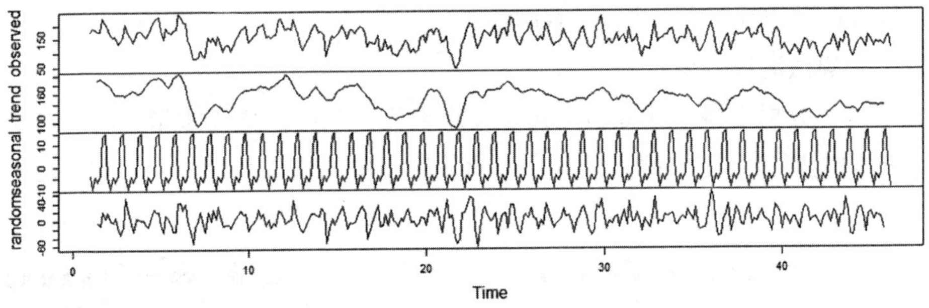

d. 多重共线性检验

rented_rooms_logged	上证涨跌幅	u_HI_cuberoot	sd_HI	hasrain_sqrt
1.104434	1.030227	1.228247	1.312670	1.237965

值小于 5 认为不存在多重共线性问题

（4）建立 ARIMAX 模型：利用 R 中的 autoarima，根据每次输入的时间范围以 minimizeconditionalsum-of-squares 为目标，自动优化（p，d，q）等参数。

（5）模型训练：2022-08-28 至 2023-07-10 的时序数据中，随机选择 100 个，将这一时间点的前 120 天作为训练集，后 7 天作为测试集。以模拟正式使用场景。

（6）模型预测：将测试集的外生变量输入至对应训练数据生成的模型以得到对应测试集日期的客需需求预测结果。

（7）模型评估：使用残差检验、RMSE 等对模型以及测试集的结果进行准确性分析。

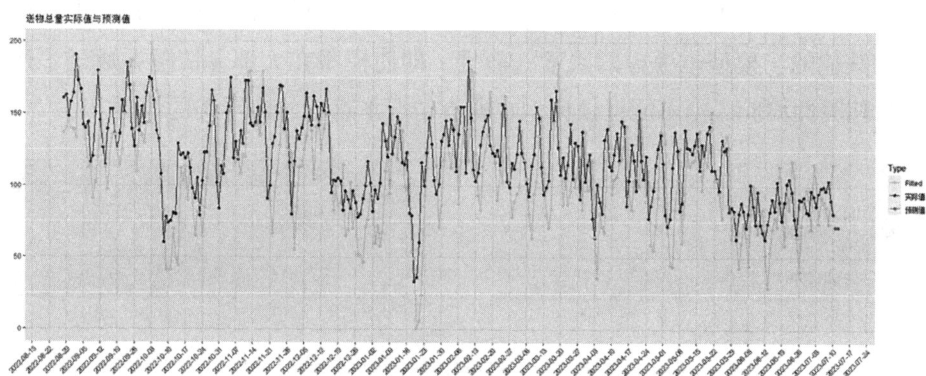

以所有数据进行预测的示例，时间模型采用过去 120 天的历史数据可以得到更高的准确度。

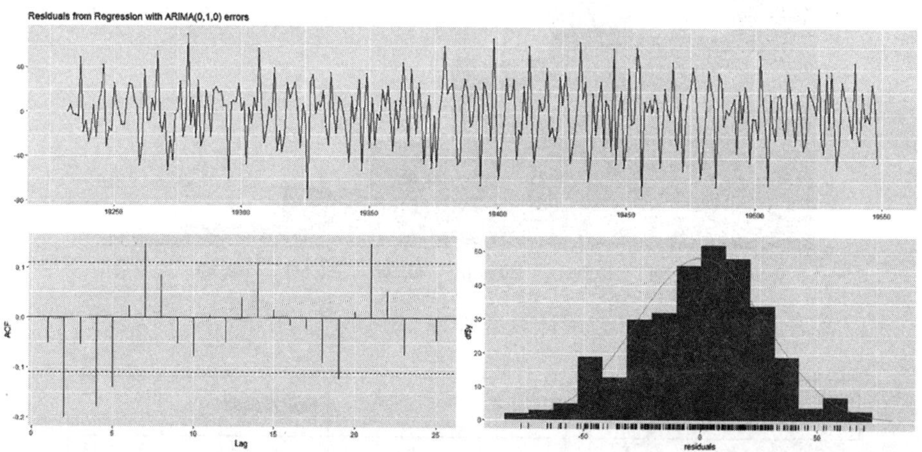

发现以所有历史数据建立的模型的残值自相关在 95% 的置信水平下检验未通过，但以历史 120 天建立的模型该检验通过的概率为 66%（残值自相关检验未通过仅代表是否明显具有因素未被模型所包括）。这意味着，对于 66% 的使用场景，模型能在 95% 的置信水平下充分捕捉到数据中的模式，使

得预测误差在不同时间点之间不再存在显著的相关性。

这表明数据可能存在一些时间上的变化（如季节性、趋势性或者结构性改变），使得过去较远的历史数据对于当前的预测不再那么有用。因此，使用最近的历史数据（如最近 120 天的数据）来训练模型可能会得到更好的结果。

注意，这并不一定意味着模型已经考虑了所有可能的影响因素，可能还存在其他的、模型未考虑的因素；而且，即使模型在大部分情况下通过了残差自相关性检验，也不能保证模型在所有情况下都能给出准确的预测。

100 个训练集的均值							100 个测试集的均值	
ME	RMSE	MAE	MPE	MAPE	MASE	ACF1	七日预测 RMSE	首日预测 RMSE
-0.0777	24.7861	20.0013	-3.853	15.1832	0.88686	0.01917	30.71418575	23.64

100 次预测的首日 RMSE 分布图

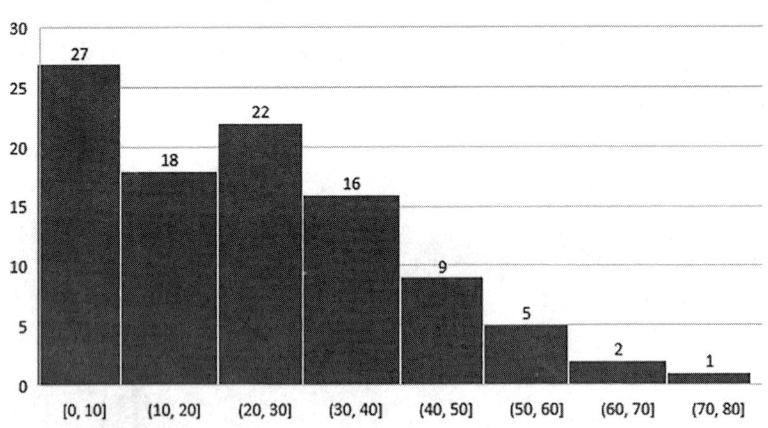

以客需需求平均值 =147.9 计算准确率。

成功的定义	预测成功率	预测准确率
首日 RMSE<10	27%	93.2%
首日 RMSE<20	45%	86.5%
首日 RMSE<30	67%	79.7%
首日 RMSE<40	83%	73.0%

注：a. 该门店出现部分客需需求数据未回传的问题，实际的均值会更高，实际准确率也会更高；b. 测试集采用的是实际出租房数以及各外生变量，在实际预测过程中，虽然对未来出租房数的预测精度同样也会影响该模型的精度，但是影响程度有限：因为 ARMIA 本身也会捕捉到由出租房数造成的客需需求的趋势或模式。

（8）模型优化：重复上述过程对外生变量进行数值变换以提高模型准确度。

（9）未来优化方向：考虑将历史每日主要客需标签人数占比纳入外生变量，存在的问题是酒店在进行估计时无法准确获得即将入住客人的身份信息，获取未来的标签占比存在难度。采用入住人数而不是出租房数以达到更高的精确度，需要平台开始记录每日的入住人数并保持历时半年的数据。

24 小时预测：

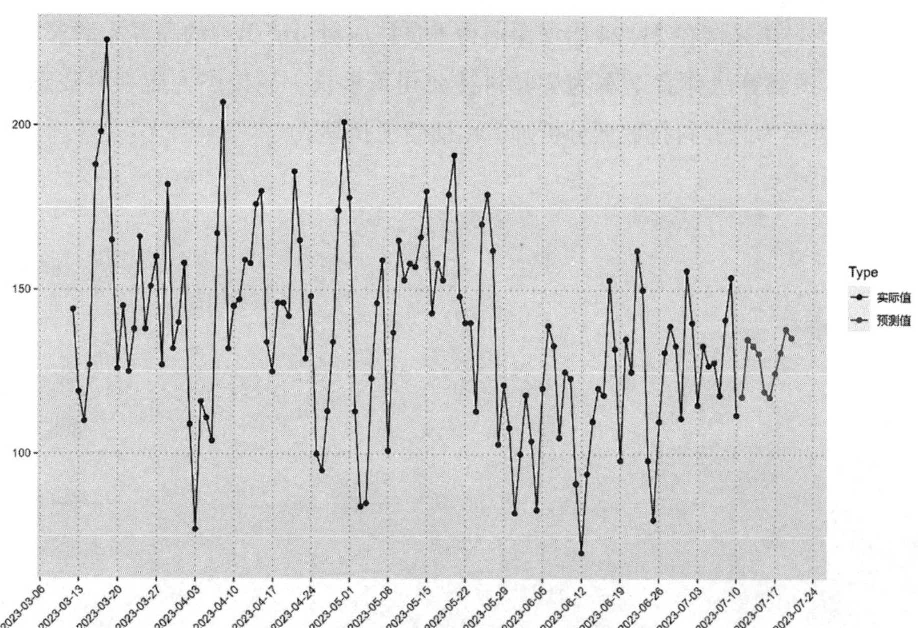

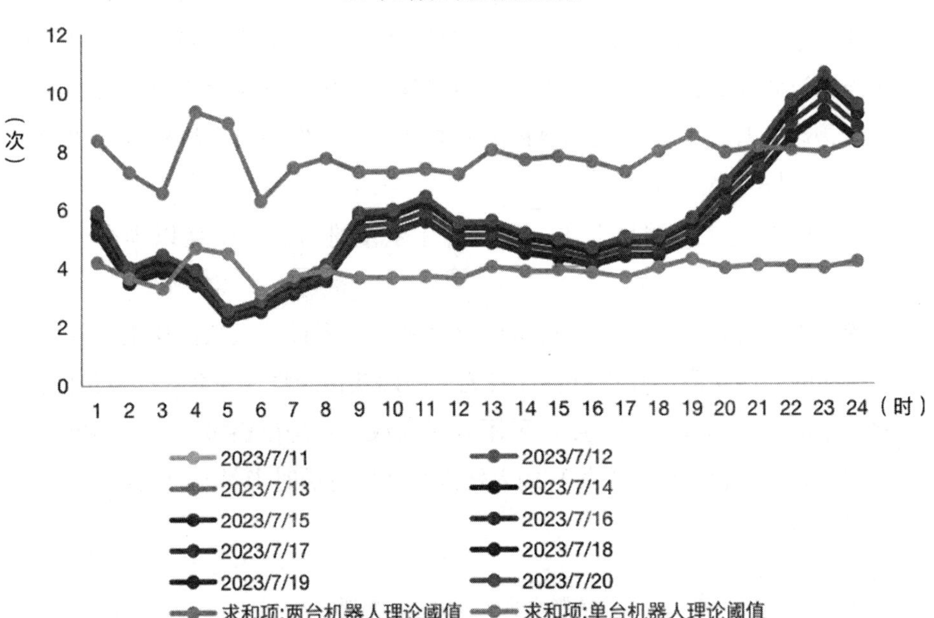

结论：未来请在 21~24 店增派前台人员以应对可能出现的高客需请求。

（本预测算法作者李军为辉驿科技公司董事长、胡俊杰为盈兴科技总经理、潘哲凯为辉驿科技数据分析师，由潘哲凯执笔。）

附录 2 ChatGPT 现状和发展趋势

ChatGPT

1. 什么是 ChatGPT

1.1 ChatGPT 的定义

ChatGPT 是一种基于生成式预训练语言模型 GPT 的聊天机器人技术。它利用了深度学习和自然语言处理技术，能够根据用户的输入自动生成合适的回复，实现了智能对话的能力。

1.2 ChatGPT 与其他自然语言处理技术的区别

ChatGPT 与传统的自然语言处理技术相比，能够更加准确地理解用户的意图和语境，生成更加自然流畅的回复。与基于规则或模板的聊天机器人相比，ChatGPT 具有更高的可扩展性和可定制化能力，能够根据不同场景和用户需求进行自适应调整。与基于检索的对话系统相比，ChatGPT 不需要事先准备大量的知识库，能够自主学习和适应新的语境和知识。

2. ChatGPT 的原理

2.1 ChatGPT 模型简介

GPT 是一种基于 Transformer 结构的预训练语言模型，由 OpenAI 团队开发。它是一种无监督学习的模型，能够通过大量的文本数据进行预训练，然后在各种自然语言处理任务中进行微调，如文本分类、机器翻译和文本生成等。GPT 模型的主要特点是使用了 Transformer 结构来捕捉输入文本的上下文信息，从而生成连贯自然的文本。

2.2 ChatGPT 的训练数据

ChatGPT 的训练数据通常包括大量的对话文本，包括聊天记录、论坛帖子、新闻报道等。这些文本数据需要经过预处理，如分词、去除停止词、词性标注等，然后可以用于训练 ChatGPT 模型。

2.3 ChatGPT 的训练过程

训练 ChatGPT 模型的过程主要包括以下几个步骤：

输入数据处理：将输入对话文本进行分词、词性标注等预处理操作，然后将其转换成模型可接受的向量形式。

模型训练：使用训练数据对模型进行训练，其中包括前向传播和反向传播两个过程。前向传播将输入数据送入模型，然后模型根据当前的参数生成对话文本；反向传播根据生成的对话文本与真实对话文本之间的误差，更新模型参数以提高模型的准确性。

模型微调：将训练好的 ChatGPT 模型应用于具体的对话任务中，并在该任务的数据集上进行微调，以进一步提高模型的性能。

模型评估：使用测试数据对模型进行评估，评估指标包括准确率、召回率、F1 值等，以评估模型的性能和稳定性。

3. ChatGPT 的应用场景

3.1 聊天机器人

ChatGPT 可以用于开发智能聊天机器人，根据用户的输入自动生成合适的回复。它能够根据上下文和语境进行理解和推理，并生成自然流畅的回复，实现智能对话的能力。ChatGPT 在社交媒体、智能客服等领域有广泛的应用。

3.2 客服自动回复

ChatGPT 可以应用于客服自动回复系统中，通过学习历史聊天记录和客户反馈信息，自动回复客户的问题，提高客户满意度和服务效率。ChatGPT 可以通过微调模型，使其更加适应特定行业和客户需求，提供更加精准的服务。

3.3 个性化推荐

ChatGPT 可以通过学习用户的兴趣和偏好，提供个性化推荐服务。例如，在电商平台中，ChatGPT 可以根据用户的历史购买记录和浏览行为，推荐相应的商品和服务。这种个性化推荐服务可以提高用户的购物体验和满意度，促进销售增长。

总之，ChatGPT 在自然语言处理领域有广泛的应用前景，可以应用于各种智能对话、自动回复、推荐等场景，为用户带来更加便捷、智能的服务体验。

4. ChatGPT 的优缺点

4.1 优点

自然度高：ChatGPT 能够生成自然流畅的文本，与人类的语言表达更加贴近。

可扩展性强：ChatGPT 可以根据不同场景和用户需求进行自适应调整，具有较高的可扩展性。

可定制化：ChatGPT 可以通过微调模型，使其更加适应特定行业和客户需求，提供更加精准的服务。

4.2 缺点

需要大量的训练数据：ChatGPT 需要大量的训练数据才能达到较高的准确性，这对于数据收集和处理提出了更高的要求。

容易受到噪音干扰：ChatGPT 在处理噪音数据时容易出现问题，需要对数据进行清洗和过滤。

存在一定的误差：ChatGPT 在生成文本时存在一定的误差，需要进行评估和调整以提高准确性。

综上所述，ChatGPT 具有高度的可定制性和自然度，但是需要大量的训练数据，并且在处理噪音数据时需要注意。

5. ChatGPT 的未来发展趋势

5.1 增加对多语言的支持

随着全球化的发展，多语言的支持已经成为聊天机器人技术的重要需求。未来，ChatGPT 可能会增加对多语言的支持，使得它能够在不同语言环境下更加准确地理解用户的意图和语境，提供更加自然流畅的回复。

5.2 提高模型的精度和效率

ChatGPT 的模型训练和推理需要大量的计算资源和时间，这限制了它的应用范围。未来，ChatGPT 可能会探索更加高效的模型训练和推理方法，以提高模型的精度和效率，并扩大其应用范围。

5.3 探索更广泛的应用场景

ChatGPT 目前已经被应用于智能客服、社交媒体、电商推荐等领域，未来还有可能在更广泛的应用场景中发挥作用。例如，在医疗、金融、教育等领域，ChatGPT 可以帮助用户解决更加复杂和专业的问题，提高服务质量和效率。

综上所述，ChatGPT 在未来有着广阔的发展前景，可能会在多语言支持、模型精度和效率、应用场景等方面不断取得进展。

6. 结论

ChatGPT 在自然语言处理领域具有广阔的应用前景，未来将逐步成为人们日常生活中不可或缺的一部分。

（说明：本文由 ChatGPT 根据演讲者本人的题目和简单提示词，自动撰写而成。生成的内容未做任何改动、修饰，以显示 ChatGPT 在当下的能力现状。）

附录 3　酒旅数字化专业术语和缩写

1. 专业术语

AI 大模型：一个超级聪明的电脑程序，能回答问题、创作文字，甚至模仿人类思考。

AI 电话：智能语音助手，用于自动处理客房服务请求或提供信息查询。

比特币：一种数字货币，属于非主权货币，由中本聪发明，它是区块链技术的最早应用。

乘数效应：指一种经济现象或技术的连锁反应。

出租率：酒店客房在特定时间段内被出售或租用的比例。

传感器：酒店物联网设施中，用于感知环境、收集数据的仪器。

大数据：通过收集和分析大量客户行为数据来优化服务和营销的系统和方法。

单体酒店：独立经营的酒店，未加入连锁集团。

低碳战略：也称“双碳战略”，是中国政府提出的一项重大国策，全称为“碳达峰”和“碳中和”战略。

电子钱包：客户用于在线支付的虚拟钱包。

多模态大模型：能处理多种输入（如文本、图像、语音）的高级 AI 模型。

二次元：与酒店无关的专业术语，通常指动漫、游戏等。

仿真技术：利用计算机模型和算法来模拟真实世界或虚拟环境中物理、化学、生物等现象的技术。

非房收益：酒店除了住宿收入外的其他收入来源，如餐饮、会议等。

分布式：将一个复杂的计算任务分解成多个子任务，然后分配给多台计算机或者多个节点执行的一种设计方法。

服务机器人：自动化服务设备，如送物机器人、清洁机器人等。

服务器：专门用于为用户提供共享资源和服务的高性能计算机。

公共账本：区块链上的所有交易记录形成的账本，由网络上的各个节点共同维护和管理，具有不可更改性。

公钥和私钥：是一对密钥，用于加密和解密信息，主要应用于网络安全中的加密通信，如SSL/TLS协议和数字签名，这是现代密码学中的基础概念。

共识机制：在分布式系统中确保所有节点就数据更新达成一致的方式。

共享中心：酒店内部资源的共享平台，如财务、IT、供应链共享中心。

骨干通信网：国家建立的高速通信网络，如5G网络。

光储直柔：在建筑领域应用太阳能光伏（Photovoltaic）、储能（Energy storage）、直流配电（Direct current）和柔性交互（Flexibility）四项技术的简称。

哈希值：用保密学中的哈希函数计算的一个数值，证明数据的完整性和一致性及可追溯性。

回归模型：一种统计模型，用于描述两个变量之间的关系，常预测酒店业务变化等。

机器爬虫：网络抓取工具，用于收集信息。

机器学习：计算机通过算法从数据自我中学习，不需要人工干预的学习法。

建模：建立数学模型，如预测模型或客户行为模型。

具身智能：智能行为和认知过程与身体感知和体验紧密相连的一种智能观。

均方差：衡量预测值与实际值之间误差的统计指标，用来判断预测结果的稳定性和可靠性。

客人满意度：客户对酒店服务的满意程度。

快速离店：快速退房流程，提升客户体验。

矿池：区块链“挖矿”的集中平台。

矿机：与区块链挖矿相关的硬件设备。

连锁酒店：由多个单体酒店组成的酒店集团，共享品牌和服务标准。

六小件：酒店房间常见的个人洗漱用品套装。

密码机制：用于保护信息安全的技术和规则，用来加密、解密、认证和验证信息，通常包括加密算法、哈希函数、数字签名、密钥管理等。

内网：酒店内部信息网络，是无纸化办公的平台。

拟合优度：描述模型与实际数据吻合程度的统计量。

区块链：一种分布式数据库技术，由中本聪发明，具有去中心化、公开透明、不可更改性。

趋势外推：根据历史数据预测未来市场趋势或消费者行为的统计方法。

去中心化机制：区块链中的分散决策机制。

人房比：指每名员工对应酒店房间的数量，衡量效率。

人工智能：一门研究、开发、实现和应用智能的科学技术，使计算机和机器具备一定程度的人类智能。

日活量：指每日活跃用户数量，用于衡量线上平台的活跃度。

融媒体：传统媒体与互联网融合的多媒体，如博客、公众号等。

上云：酒店业务迁移到云平台的过程。

市场渗透率：指某产品或服务在特定市场中的销售量与该市场总体潜在需求之间的比率。

数据底座：企业数字化基础，通常涉及大量的数据采集、存储、处理、传输、共享等操作。

数据孤岛：各系统间数据孤立的问题，影响整体运营效率。

数据湖：大规模、未结构化的数据存储平台。

数据架构：酒店数据组织和管理体系。

数据交易所：国家和地方政府设立的数据交易的平台，促进数据所有权转移。

数据治理：一种管理数据资产的机制和保护数据质量、合规性的策略。

数据中台：中心化的数据管理和业务交换平台。

数据资产入表：将数据价值体现在财务报表中的过程。

数据资源：酒店收集的数据，被视为有价值的商业资源。

数据字典：数据库中定义字段和其含义的参考文档。

数商：专业从事、提供数据交易、数据处理和数据服务的企业，也是一种新的行业资质。

数字原生代：出生并成长在数字化环境中的一代人，对数字化环境熟悉并依赖。

数字经济：以数据为基础的新型经济增长模式。

数字思维：利用数据和数字信息来进行分析、解决问题和做出决策的思考方式。

私有部署：将软件应用定制部署在企业内部私有云上，而非公有云。

私有云：为企业或特定组织提供的云服务，建立在公司自己的数据中心上，由企业自己管理和维护。

弹性系数：酒店在面对需求变化时的适应能力指标。

通道费：酒店支付给集团总部或 OTA 获取客源和网络传输产生的费用。

通用大模型：可应用于不同领域的大型 AI 模型。

统计假设检验：验证假设正确与否的统计方法。

挖矿：指通过计算完成争夺区块链“记账权”和添加区块的权利过程，挖矿的收益也是激励节点积极工作的重要因素之一。

物联网：通过互联网连接各种物理设备，实现远程管理、监控和数据收集。

新质生产力：一种新型的生产力，代表了科技创新发挥主导作用的生产力，摆脱了传统增长路径、符合高质量发展要求的生产力，是数字时代更具融合性、更体现新内涵的生产力。

夜审：酒店财务一项重要工作，通常在夜间进行。包括日终结算、账目核对、报表生成、系统更新、确认入住与退房记录等工作。

佣金：销售代理或合作伙伴从酒店销售中获得的提成。

云计算：基于互联网，通过共享软硬件资源和信息，能够快速部署和按需获得资源的方法。大致分为公共云、私有云和混合云三种类型，具有弹性可扩展、按需付费、安全可靠、数据中心分布广泛等特点。

在线预订：客户通过互联网提前预订酒店房间和服务。

智能 HUB：一种化解“数字孤岛”的理念和整合各种智能系统、设备的工具。

智能家居：酒店房间的智能化家居、配置。

智能客控：使用智能化技术控制客房设备。

智能香氛：利用科技创造特定氛围的香气系统。

智能影音：酒店房间的多媒体娱乐系统。

忠诚度系统：酒店奖励常客的会员制度，也称积分系统。

助眠和催醒：酒店提供促进睡眠和叫醒的智能设备或程序。

2. 英文缩写及释义

ADR（Average Daily Rate）平均每日房价：酒店每天平均房价。

AGI（Artificial General Intelligence）通用人工智能：能够理解、学习和应用不同领域知识的智能。

AI Agent 人工智能代理：利用人工智能技术来执行和优化数据交易流程的智能代理。

API（Application Programming Interface）应用程序编程接口：软件之间进行交互的标准。

App（Application）应用程序：为用户提供特定功能的软件。

AR–VR（Augmented Reality – Virtual Reality）增强现实与虚拟现实：用于提升用户体验的沉浸式技术。

AWS（Amazon Web Services）亚马逊网络服务：提供云计算服务的平台。

BYOD（Bring Your Own Device）自带设备：员工、客人使用个人设备访问企业系统的政策。

B 端（Business End）企业端：面向企业客户的业务或服务。

Call Center 呼叫中心：管理客户来电的服务中心。

CEM（Customer Experience Management）：客户体验管理系统

CEO、CFO、CIO、CTO、CXO 首席执行官、首席财务官、首席信息官、首席技术官、首席官统称：都是企业管理高层职务。

CES（Consumer Electronics Show）消费电子展：北美展示最新电子产品和技术的展会，每年在拉斯维加斯举办。

ChatGPT：基于 GPT 模型的智能对话系统。

CLS（Centralized Logging Service）集中日志服务：用于收集和分析日志

信息的系统。

CRM（Customer Relationship Management）客户关系管理：用于管理客户数据和互动的软件系统。

CS（Customer Service）：一种基于客户端的技术架构，软件安装在客户端。

C 端（Consumer End）消费端：面向个人消费者的业务或服务。

EECO（Enterprise Ecosystem）企业生态系统：企业之间合作和竞争的网络。

ESP（Enterprise Resource Platform）：石基公司开发的一种新型酒店互联网管理平台。

Fedelio：一种广泛使用的有历史感的酒店管理系统。

FSD（Full Self Drive）：全自动驾驶车

FSS（Full Self Service）：全自助服务酒店。

GAP：差距，隔阂。

GDPR（General Data Protection Regulation）通用数据保护条例：欧盟关于数据保护和隐私的法规。

GM（General Manager）总经理：负责酒店日常运营的高级管理人员。

GMV（Gross Merchandise Value）商品交易总额：一个时间段内销售的商品和服务的总价值。

GOP（Gross Operating Profit）运营毛利润：酒店在扣除所有运营成本之后的毛利润。

HIS（Hotel Information System）一种酒店信息系统。

HR（Human Resources）人力资源：管理员工相关事务的部门。

HTML（HyperText Markup Language）超文本标记语言：用于创建网页的标准语言。

IDC（Internet Data Center）互联网数据中心：提供数据存储和管理的设施。

IP（Intellectual Property）知识产权：如商标权、著作权、专利权等。

IPTV（Internet Protocol Television）网络电视：酒店通过互联网传输电视

内容的服务。

IoT（Internet of Things）物联网：设备通过互联网进行互联和数据交换的网络。

ITValue：中国境内一个著名的 CIO 社团组织。

KPI（Key Performance Indicator）关键绩效指标：用于衡量企业或员工绩效的指标。

LBS（Location Based Services）基于位置的服务：通过移动设备或其他定位技术获取用户的地理位置信息，并提供与该位置相关的服务，如导航、周边搜索等。

Licence：通常指的是一种法律文件或授权，赋予持有者在特定条件下使用某个产品、服务、知识产权或进行特定活动的权利，如软件许可证。

LPS（loyalty Program System）会员忠诚度管理系统：相当于现在的酒旅积分管理系统。

MDM（Mobile Device Management）移动设备管理：管理和保护企业移动设备的系统。

Metaverse 元宇宙：融合虚拟和现实，提供沉浸式体验的数字世界。

MIS（Management Information System）管理信息系统：用于企业管理和决策的信息系统。

MR（Mixed Reality）混合现实：结合现实和虚拟环境的技术。

NAC（Network Access Control）网络访问控制：管理网络资源访问的系统。

NEC（Nippon Electric Company）日本电气公司：一家电子和信息技术公司。

NFC（Near Field Communication）近场通信：短距离无线通信技术。

NFT（Non-Fungible Token）非同质化代币：用于表示数字资产所有权的区块链技术。

No Show 未出现：预订后未按时到达并入住的情况。

Opera：一种国际通用的酒店管理系统。

Opera for China 中国版 Opera：为中国市场定制的 Opera 酒店管理云

系统。

OR（Occupancy Rate）入住率：酒店客房的占用比例。

OTA（Online Travel Agency）在线旅行社：通过互联网提供旅行预订服务的公司。

Over sale 超额销售：预订数量超过实际可用房的销售策略和状况。

PABX（Private Automatic Branch Exchange）私人自动交换机：企业内部程控电话交换系统。

PAD（Personal Access Device）个人访问设备：提供个人访问和使用的设备。

Paperwork 文书工作：涉及文档和记录的事务。

PC（Personal Computer）个人计算机：个人使用的计算机。

PK（Player Kill）玩家击杀：对决，通常用于游戏的术语。

PMS（Property Management System）物业管理系统：用于酒店或物业管理的系统。

POS（Point of Sale）销售点：用于处理销售交易的系统，俗称收款机。

POW（Proof of Work）工作量证明：区块链共识机制的一种。

Python：一种高级编程语言，因其简洁易学而广受欢迎，广泛用于数据分析、自动化、人工智能等领域。

R3CEV：一个区块链技术公司，专注于金融行业的分布式账本技术。

R&D（Research and Development）研究与开发：企业用于创新和开发新产品或服务的活动和部门。

RevPAR（Revenue per Available Room）每间可售房收入：衡量酒店收入效率的重要指标。

RFI（Radio Frequency Identification）射频识别：通过无线电波识别和追踪物体的技术。

ROI（Return on Investment）投资回报率：衡量投资收益的财务指标。

SaaS（Software as a Service）软件即服务：通过互联网提供的软件服务模式。

Salesforce：一家提供客户关系管理（CRM）软件和企业云计算解决方

案的美国公司。

SOP（Standard Operating Procedure）标准操作程序：酒店内部的标准化操作流程。

SQL（Structured Query Language）结构化查询语言：用于管理和操作关系数据库的标准语言。

SVP（Senior Vice President）高级副总裁：企业高级管理职位之一。

Switch：将预订业务翻译成不同网络需要的多种独特的格式的转换器（或承担这种功能的机构），方便用户在不同的预订系统上共享数据。

Token（标记）：是文本数据的基本单元，通常指的是文本被分割成的各种组成单元，比如单词、标点符号或者其他特定的符号。

Type-C：一种新的 USB 接口标准，支持更快的数据传输和充电速度。

UC（Unified Communications）统一通信：整合各种通信工具的系统（如语音、视频、即时消息等）。

UPS（Uninterruptible Power Supply）不间断电源：提供稳定电力供应的设备，防止电力中断。

VP（Vice President）副总裁：企业重要管理层职位之一。

WEB2.0：强调用户生成内容和社交互动的互联网发展阶段。

Wi-Fi 无线网络：通过无线电波提供互联网连接的技术。

Zigbee：用于低功耗设备之间通信的无线技术。

Z-Wave：一种用于家庭自动化的无线通信协议。

后　记

画上本书最后一个句号，轻轻舒了一口长气。平时自视用笔还算自如的我，亲身体会了写书的不易。

半年多的写作过程中，时常想起在锦江主持信息工作的点点滴滴。

2000 年，酒旅行业第一个具有内容管理器的上市公司（新亚股份）官网出炉，第一个利用协同办公系统搭起无纸化办公内网。2003 年，新亚、华亭、锦江三大集团重组，由我主持新酒店集团的 ICT，于是建立了行业第一个公司专业邮箱（@jinjianghotels.com）、统一锦江 PMS、引进第三代互联网的 CRS 系统。2006 年创立了中国高端酒店集团第一个中央预订系统 (锦江 CRS 捷瑞仕)、开发锦江积分管理系统、建立锦江共享采购系统，推广锦江舆评监控系统。2012 年与西软合作开发 R8，推出行业内第一套锦江云 PMS；筹建、运行了中国高端酒店集团第一个私有云；编制、推行锦江酒店第一套完整的 ICT—SOP。

真心感谢杨卫民、陈灏两位锦江领导的支持与投入，才有如此平台和成果；感谢李翔、薛圣韵、周建、张家华等同事的辅助，才有这些锦江 ICT 项目的如火如荼；感谢锦江所有成员酒店业主和总经理们的协助，才使众多项目落地成功，让我在锦江的业绩得到行业的认可。

2017 年夏末，离职锦江，从事了一段时间的高等教育。而后当顾问、搞咨询、做演讲、写案例、发论文、办协会；既当专家亦当学生；看望九十高堂，探视大孙子小孙女，家里家外、上海外地连轴转，忙得不亦乐乎。这几年走过的路程、到过的地方超出了在职期间，不知不觉飞成了东航的金卡客户。除了生活，围绕的轴心始终是酒旅行业的数字化。信息化—数字化征程一路走来，拢聚了许多新朋老友，少长咸集，志同道合，幸事一件，怡然自得。

嫦娥六号 53 天探月之旅，飞行了 76 万千米，相当于人类用脚丈量（5km/h）需要 17 年才能完成的路程。数字化提高人类的工作和生活的效率，实质性延长了人类寿命的长度，我想这才是隐藏在底层的最关键的本质。

十多年的经历和思考，记于小册之中，不在乎有多正确，只关注曾经的真诚。像极了交上答卷的小学生，期盼您真知灼见的批判。

太太善意嘲讽，真想“处江湖之远，思庙堂之高”啊？我答：不敢，只是初心而已：希望中国酒旅行业乘这波数字化之潮走得快些、远些、好些。

这期间，承蒙中国饭店协会领导的厚爱，CIO 职场圈朋友的相知、互联网大厂的支持、诸多酒店集团和科技公司同仁的信任与鼓励，以及对我在数字化思路上的奉献。

工信部原副部长杨学山亲自提笔为我写序，工程院院士李德毅先生寄语勉励，丁志刚等领导和一众酒店集团总裁、ICT 负责人，著名酒管学院、协会、IT 权威机构的朋友们为我撰写热情的“推荐语”，携手推广数字化，让我无比感动。

山东舜和酒店集团董事长任兴本先生，不但在传统的酒店餐饮业悉心耕耘，声誉远播，而且对数字化赋能行业情有所钟，实践有成。感谢任董对本书写作、出版给予的鼎力支持。

还要感谢黄志远、李军、田同勇、支涛、杨敏魁、邹叶龙、王敏敏、黄晴、任丛丛、刘衍哲、曹现贵、单海洋、高淑芬、谢舒颖、陈鸿安、肖海鹏等一群为本书写作、出版出力的朋友们。

最后，谢谢太太寒梅，相敬相扶四十余年，特别是在这次著述之旅，贡献了许多灵感上的点拨，还做了许多小秘的 paperwork，感谢感谢！

张兴国

2024 年盛夏

记于上海阿纳迪

责任编辑：黄志远　张政珉
责任印制：钱　宬
封面设计：谭雄军

图书在版编目（CIP）数据

坐看云起时 ： 酒旅数字化场景创新与实践 / 张兴国著. -- 北京 ： 中国旅游出版社， 2024. 9. -- ISBN 978-7-5032-7424-4

Ⅰ. F719.2

中国国家版本馆 CIP 数据核字第 2024ZE5340 号

书　　名：坐看云起时：酒旅数字化场景创新与实践

作　　者：张兴国　著
出版发行：中国旅游出版社
（北京静安东里 6 号　邮编：100028）
https://www.cttp.net.cn　E-mail:cttp@mct.gov.cn
营销中心电话：010-57377103，010-57377106
读者服务部电话：010-57377107
排　　版：北京旅教文化传播有限公司
经　　销：全国各地新华书店
印　　刷：三河市灵山芝兰印刷有限公司
版　　次：2024 年 9 月第 1 版　2024 年 9 月第 1 次印刷
开　　本：710 毫米 × 1000 毫米　1/16
印　　张：21.5
字　　数：325 千
定　　价：78.00 元
ISBN　978-7-5032-7424-4